ŒUVRES COMPLÈTES

DE

LAMARTINE

PUBLIÉES ET INÉDITES

HISTOIRE DES GIRONDINS

II

TOME DIXIÈME

PARIS

CHEZ L'AUTEUR, RUE DE LA VILLE-L'ÉVÊQUE, 43

M DCCC LXI

ŒUVRES COMPLÈTES

DE

LAMARTINE

—

TOME DIXIÈME

HISTOIRE

DES

GIRONDINS

II

HISTOIRE

DES

GIRONDINS

LIVRE ONZIÈME

Le triomphe de l'indiscipline et du meurtre a son contre-coup. — Le gouvernement impuissant et désarmé. — Rigueurs de l'hiver. — Cherté des grains. — Le gouvernement rendu responsable de ces calamités. — L'accusation d'accaparement est un arrêt de mort. — Assassinat de Simoneau, maire d'Étampes. — Le duc d'Orléans cherche à se rapprocher du roi. — Son portrait. — Sa disgrâce. — Ses voyages. — Madame de Genlis chargée de l'éducation de ses enfants. — Parti d'Orléans. — La réconciliation entre le duc d'Orléans et le roi échoue. — Le duc d'Orléans passe aux Jacobins. — Armements de l'empereur. — La France se décide à la guerre.

I

Le contre-coup de ces triomphes de l'indiscipline et du meurtre se fit ressentir partout dans l'insubordination des troupes, dans la désobéissance des gardes nationales et dans le soulèvement des populations. Pendant qu'on fêtait à Paris les Suisses de Châteauvieux, la populace de Marseille exigeait violemment l'expulsion du régiment suisse d'Ernst, en garnison à Aix, sous prétexte qu'il y favorisait l'aristocratie et qu'il y menaçait la sécurité de la Provence. Sur le refus de ce régiment de quitter la ville, les Marseillais marchèrent sur Aix, comme les Parisiens avaient marché sur Versailles aux journées d'octobre. Ils entraînaient dans leur violence la garde nationale destinée à la réprimer; ils cernaient avec du canon le régiment d'Ernst, lui faisaient déposer les armes et le chassaient honteusement devant la sédition. La garde nationale, force essentiellement révolutionnaire, parce qu'elle participe comme peuple aux opinions, aux sentiments et aux passions qu'elle doit contenir comme garde civique, suivait partout par faiblesse ou par entraînement les mobiles impressions de la foule. Comment des hommes sortant des clubs où ils venaient d'approuver, d'applaudir et souvent de souffler la sédition dans des discours patriotiques, pouvaient-ils, changeant de cœur et de rôle à la porte des sociétés populaires, prendre les armes contre les séditieux? Aussi restaient-ils spectateurs quand ils n'étaient pas complices des insurrections. La rareté des denrées coloniales, la cherté des grains, les rigueurs d'un hiver sinistre, tout contribuait à inquiéter le peuple; les agitateurs tournaient tous ces malheurs du temps en accusation et en haine contre la royauté.

II

Le gouvernement, impuissant et désarmé, était rendu responsable des sévérités de la nature. Des émissaires occultes, des bandes armées parcouraient les villes et les bourgs où se tenaient les marchés, y semaient les bruits alarmants, y provoquaient le peuple à taxer le grain et les farines, y désignaient les marchands de blé sous le nom d'accapareurs : l'accusation perfide d'accaparement était un arrêt de mort. La crainte d'être accusé d'affamer le peuple arrêtait toute spéculation de commerce et contribuait bien plus qu'une pénurie réelle à la disette sur les marchés. Il n'y a rien de si rare qu'une denrée qui se cache. Les magasins de blé étaient des crimes aux yeux des consommateurs de pain. Le maire d'Étampes, Simoneau, homme intègre et magistrat intrépide, fut une victime sacrifiée au soupçon du peuple. Étampes était un des grands marchés d'approvisionnement de Paris. Il importait plus qu'ailleurs d'y conserver la liberté du commerce et l'affluence des farines. Un attroupement, composé d'hommes et de femmes de villages voisins rassemblés au son du tocsin, marche sur la ville un jour de marché, précédé de tambours, armé de fusils et de fourches, pour taxer les grains, les enlever de force aux propriétaires, se les partager et exterminer, disaient-ils, les accapareurs, parmi lesquels des voix sinistres mêlaient tout bas le nom de Simoneau. La garde nationale s'effaçait. Cent hommes du 18e régiment de cavalerie, en détachement à Étampes, étaient toute la force publique à la disposition du maire. L'officier commandant répondit de ses soldats *comme de lui-même.* Après de longs pourparlers avec les séditieux, pour les ramener à la raison et à la loi, Simoneau rentra à la maison commune, fit déployer le drapeau rouge, proclama la loi martiale et marcha de nouveau contre les révoltés, entouré du corps municipal et au centre de la force armée. Arrivé sur la place d'Étampes, la foule enveloppe et coupe le détachement. Les cavaliers laissent le maire à découvert : pas un sabre n'est tiré pour sa défense. En vain il les somme au nom de la loi et au nom des armes qu'ils portent de prêter secours au magistrat contre ses assassins; en vain il saisit la bride d'un des cavaliers les plus rapprochés de lui en lui criant : *A moi, mes amis!* Atteint de coups de fourche et de coups de fusil, dans ce geste même de l'appel à la force, il tombe en tenant encore dans la main les rênes du lâche cavalier qu'il implore; celui-ci, pour se dégager, abat d'un revers de son sabre le bras du maire déjà expiré, et en laisse le corps aux insultes du peuple. Les scélérats maîtres du cadavre s'acharnent sur ses restes palpitants; ils délibèrent s'ils lui couperont la tête. Les chefs font défiler leur troupe en passant sur le corps du maire et en trempant leurs pieds dans son sang. Puis ils sortent tambour battant de la ville et vont s'enivrer toute la nuit dans les faubourgs : la taxe des grains, motif apparent de la sédition, fut négligée dans l'ivresse du triomphe. Il n'y eut point de pillage, soit que le sang fît oublier la faim au peuple, soit que la faim elle-même ne fût que le prétexte des assassinats.

III

Au moment où tout s'écroulait ainsi autour du trône, un homme, célèbre par l'immense part qu'on lui attribuait dans la ruine publique, chercha à se rapprocher du roi : c'était Louis-Philippe-Joseph, duc d'Orléans, premier prince du sang. Je m'arrête pour cet homme, devant lequel l'histoire s'est arrêtée jusqu'ici sans pouvoir discerner la vraie place qu'on doit lui donner dans ces événements. Énigme pour lui-même, il est resté énigme pour l'avenir. Le vrai mot de cette énigme fut-il ambition ou patriotisme, faiblesse ou conjuration? c'est aux faits de prononcer.

L'opinion publique a ses préjugés. Frappée de l'immensité de l'œuvre qui s'accomplit, étourdie, pour ainsi dire, par la rapidité du mouvement qui entraîne les choses, elle ne peut croire qu'un ensemble de causes naturelles combinées par la Providence avec l'avénement de certaines idées dans l'esprit humain, et aidées par la coïncidence des temps, puisse produire à lui seul ces grandes commotions. Elle y cherche le surnaturel, le merveilleux, la fatalité. Elle se plaît à imaginer des causes latentes agissant dans le mystère, et faisant mouvoir de là, en cachant la main, les hommes et les événements. Elle prend, en un mot, toute révolution pour une conjuration; et s'il se rencontre à l'origine, au nœud ou au dénoûment de ces crises, un homme principal à l'intérêt duquel ces événements puissent se rapporter, elle l'en suppose l'auteur, elle lui attribue dans ces révolutions toute l'action et toute la place de l'idée qui les accomplit, et, heureux ou malheureux, innocent ou coupable, elle lui donne à lui seul toute la gloire ou tout le tort du temps. Elle divinise son nom ou elle supplicie sa mémoire. Tel fut, depuis cinquante ans, le sort du duc d'Orléans.

IV

C'est une tradition historique dans les peuples, depuis la plus haute antiquité, que le trône use les races royales, et que pendant que les branches régnantes s'énervent par la possession de l'empire, les branches cadettes se fortifient et grandissent en nourrissant l'ambition de s'élever plus haut, et en respirant plus près du peuple un air moins corrompu que l'air des cours. Ainsi, pendant que la primogéniture donne le pouvoir aux aînés, les peuples donnent aux seconds la popularité.

Ce phénomène d'une famille plus forte et plus populaire que la famille régnante, croissant auprès du trône et affectant avec le trône sur l'esprit de la nation une dangereuse rivalité, se retrouvait depuis la mort de Louis XIV dans la maison d'Orléans. Si cette situation équivoque donnait aux princes de cette famille quelques vertus, elle leur donnait aussi des vices correspondants. Plus intelligents et plus ambitieux que les fils du roi, ils étaient aussi plus remuants. La contrainte même dans laquelle la politique de la maison régnante les tenait condamnait leur pensée ou leur courage à l'inaction et les forçait d'user dans les désordres ou dans la mollesse les facultés naturelles et l'immense fortune dont on ne leur laissait pas d'autre emploi. Trop grands pour des citoyens, trop dangereux à la tête des armées ou dans les affaires, ils n'avaient leur place ni dans le peuple, ni dans la cour; ils la prenaient dans l'opinion.

Le régent, homme supérieur, dégradé par la longue subalternité de son rôle, avait été le plus éclatant exemple de ces vertus et de ces vices du sang d'Orléans. Il avait perdu le commandement de l'armée d'Italie pour le désastre de Turin, dont la faute ne devait pourtant pas retomber sur lui; et, plus tard, il avait été rappelé d'Espagne pour avoir tenté, à la faveur de ses victoires, d'y supplanter Philippe V. Depuis le régent, quelques-uns de ces princes, doués comme lui de courage et d'esprit naturels, avaient tenté la gloire des grandes actions dans leur première jeunesse. Ils avaient été replongés avant l'âge dans l'obscurité, dans les plaisirs ou dans la dévotion. Au premier éclat qui s'était attaché à leur nom, on l'avait voilé. Ces princes devaient se transmettre avec leurs traditions de famille l'impatience d'un changement dans le gouvernement qui leur permît d'être grands.

Louis-Philippe-Joseph, duc d'Orléans, était né à l'époque précise où son rang, sa fortune et son caractère devaient le jeter dans un courant d'idées nouvelles que ses passions de famille l'appelaient à favoriser, et dans lequel une fois entraîné il lui serait impossible de s'arrêter ailleurs que sur le trône ou sur l'échafaud. Il avait vingt ans quand les premiers symptômes de cette révolution éclatèrent.

Ce prince était robuste comme ceux de sa race. Une taille élancée, une attitude ferme, un visage souriant, un regard lumineux; des membres assouplis par tous les exercices du corps, l'amour et le maniement du cheval, ce piédestal des princes; une familiarité sans bassesse, une élocution facile, des élans de courage, une libéralité prodigue envers les arts, ces vices mêmes qui ne sont que le luxe de l'âge, tout le signalait à l'engouement populaire. Il en jouissait avec ivresse. Ces enivrements précoces atteignirent peut-être son bon sens naturel. L'amour du peuple lui parut une vengeance du mépris où la cour le laissait. Il bravait intérieurement le roi de Versailles en se sentant le roi de Paris.

Il avait épousé une princesse d'une race aussi aimée du peuple, fille du duc de Penthièvre. Belle, aimable, vertueuse, elle apporta plus tard en dot à son mari, avec l'immense fortune du duc de Penthièvre, la clientèle de considération, de faveur populaire et de respect public qui s'attachait à sa maison. Le premier acte politique du duc d'Orléans fut une résistance hardie aux volontés de la cour à l'époque de l'exil des parlements. Exilé lui-même dans son château de Villers-Cotterets, l'intérêt du peuple l'y suivit. Les applaudissements de la France lui rendirent douce la disgrâce de la cour. Il crut comprendre le rôle d'un grand citoyen dans un pays libre; il y aspira. Il oublia trop aisément, dans l'atmosphère d'adulation qui l'entourait, qu'on n'est pas grand citoyen seulement pour complaire au peuple, mais pour le défendre, pour le servir et souvent pour lui résister.

Rentré à Paris, il voulut joindre le prestige de la gloire des armes aux couronnes civiques dont on décorait déjà son nom. Il sollicita de la cour la dignité de grand amiral de France, dont la survivance lui appartenait après le duc de Penthièvre, son beau-père. Elle lui fut refusée. Il s'embarqua comme volontaire à bord de la flotte commandée par le comte d'Orvilliers, et se trouva au combat d'Ouessant le 27 juillet 1778. Les suites de ce combat, où la victoire resta sans résultat par une fausse manœuvre, furent imputées à la faiblesse du duc d'Orléans, qui aurait arrêté la poursuite de l'ennemi. Ces bruits déshonorants, inventés et semés par la haine de la cour, aigrirent les ressentiments du jeune prince, mais ne purent voiler l'éclat de sa valeur. Il en prodigua les preuves jusqu'à des caprices de courage indignes de son rang. Il s'élança, à Saint-Cloud, dans le premier ballon qui emporta des navigateurs aériens dans l'espace. La calomnie le poursuivit jusque-là : on répandit le bruit qu'il avait crevé le ballon d'un coup d'épée pour forcer ses compagnons à redescendre. Il s'établit entre la cour et lui une lutte incessante d'audace d'un côté, de dénigrement de l'autre. Le roi le traitait néanmoins avec l'indulgence de la vertu pour les légèretés de la jeunesse. Le comte d'Artois le prenait pour compagnon assidu de ses plaisirs. La reine, qui aimait le comte d'Artois, craignait pour son beau-frère la contagion des désordres et des amours du duc d'Orléans. Elle redoutait à la fois dans ce jeune prince le favori du peuple de Paris et le corrupteur du comte d'Artois. Elle fit acheter au roi le château presque royal de Saint-Cloud, séjour préféré du duc d'Orléans. D'infâmes insinuations contre ses mœurs transpiraient sans cesse des demi-confidences des courtisans. On l'accusa d'avoir fait empoisonner par des courtisanes le sang du prince de Lamballe, son beau-frère, et de l'avoir énervé de débauches pour hériter seul de l'immense apanage de la maison de Penthièvre. Ce crime n'était que le crime de la haine qui l'inventait.

Persécuté ainsi par l'animosité de la cour, le duc d'Orléans fut refoulé de plus en plus dans l'isolement. Dans de fréquents voyages en Angleterre, il se lia d'amitié avec le prince de Galles, héritier du trône, prenant pour amis tous les ennemis de son père, jouant à la sédition, déshonoré de dettes, paré de scandales, prolongeant au delà de la jeunesse ces passions de princes, les chevaux, la table, le jeu, les femmes; souriant aux menées et aux discours tribunitiens de Fox, de Sheridan, de Burke, et préludant à l'exercice du pouvoir royal par toutes les audaces d'un fils insoumis et d'un citoyen factieux.

Le duc d'Orléans puisa ainsi le goût de la liberté dans la vie de Londres. Il en rapporta en France les habitudes d'insolence contre la cour, l'appétit des agitations populaires, le mépris pour son propre rang, la familiarité avec la foule, la vie bourgeoise dans le palais, et cette simplicité des habits qui, en enlevant à la noblesse française son uniforme et en rapprochant tous les rangs, détruisait déjà entre les citoyens les inégalités du costume.

Livré alors exclusivement au soin de réparer sa fortune obérée, le duc d'Orléans construisit le Palais-Royal. Il changea les nobles et spacieux jardins de son palais en un marché de luxe, consacré le jour au trafic, la nuit aux jeux, à la débauche; véritable sentine de vices bâtie au centre de la capitale : œuvre de cupidité que les antiques mœurs ne pardonnèrent pas à ce prince, et qui, adoptée peu à peu comme le Forum de l'oisiveté du peuple de Paris, devait devenir bientôt le berceau de la Révolution. Cette révolution s'avançait. Le prince l'attendait dans l'oisiveté, comme si la liberté du monde n'eût été qu'une favorite de plus.

Cependant sa haine connue contre la cour avait naturellement attiré dans sa familiarité tous ceux qui voulaient un renversement. Le Palais-Royal fut le centre élégant d'une conspiration, à portes ouvertes, pour la réforme du gouvernement. La philosophie du siècle s'y rencontrait avec la politique et la littérature. C'était le palais de l'opinion. Buffon y venait assidûment passer les dernières soirées de sa vie; Rousseau y recevait de loin le seul culte que sa fière susceptibilité permît à des princes; Franklin et les républicains d'Amérique, Gibbon et les orateurs de l'opposition anglaise, Grimm et les philosophes allemands, Diderot, Sieyès, Sillery, Laclos, Suard, Florian, Raynal, La Harpe et tous les penseurs ou les écrivains qui pressentaient le nouvel esprit, s'y rencontraient avec les artistes et les savants célèbres. Voltaire lui-même, proscrit de Versailles par le respect humain d'une cour qui adorait son génie, y vint à son dernier voyage. Le prince lui présenta ses enfants, dont l'un règne aujourd'hui [1] sur la France. Le philosophe mourant les bénissait, comme ceux de Franklin, au nom de la raison et de la liberté.

V

Ce n'est pas que ce prince eût par lui-même le sentiment des lettres et le culte de la pensée : il avait trop cultivé ses

---

[1] 1847.

sens pour être sensible aux délices de l'intelligence; mais le sentiment révolutionnaire lui conseillait instinctivement de rallier toutes les forces qui pouvaient un jour servir la liberté. Promptement lassé de la beauté et de la vertu de la duchesse d'Orléans, il avait conçu pour une femme belle, spirituelle, insinuante, un sentiment qui n'enchaînait pas les caprices de son cœur, mais qui dominait ses inconstances et qui gouvernait son esprit. Cette femme, séduisante alors, célèbre depuis, était mademoiselle du Crest, comtesse de Sillery-Genlis, fille du marquis de Saint-Aubin, gentilhomme du Charolais, sans fortune. Sa mère, jeune et belle encore elle-même, l'avait amenée à Paris, dans la maison de M. de La Popelinière, financier célèbre, dont elle avait captivé la vieillesse. Elle élevait sa fille pour la destinée douteuse de ces femmes à qui la nature a prodigué la beauté et l'esprit; et à qui la société a refusé le nécessaire; aventurières de la société, quelquefois élevées, quelquefois avilies par elle.

Les maîtres les plus célèbres formaient cette enfant à tous les arts de l'esprit et de la main; sa mère la formait à l'ambition. La condition subalterne de cette mère chez son opulent protecteur formait sa fille à la souplesse et à l'adulation des illustres domesticités. A seize ans, sa beauté précoce et son talent musical la faisaient déjà rechercher dans les salons; sa mère l'y produisait dans une publicité équivoque entre le théâtre et le monde. Artiste pour les uns, elle était fille bien née pour les autres; elle séduisait tous les yeux, les vieillards mêmes oubliaient leur âge. M. de Buffon l'appelait « ma fille »; sa parenté avec madame de Montesson, veuve du duc d'Orléans, la rapprochait de la maison du jeune prince. Le comte de Sillery-Genlis en devint amoureux et l'épousa, malgré la résistance de sa famille. Ami et confident du duc d'Orléans, le comte de Sillery obtint pour sa femme une place à la cour de madame la duchesse d'Orléans. Le temps et son esprit firent le reste.

Le duc s'attacha à elle avec la double force de son admiration pour sa beauté et de son admiration pour la supériorité de son intelligence; elle affermit un des empires par l'autre. Les plaintes de la duchesse outragée ne firent que changer le penchant du duc en obstination. Il fut dominé; il voulut s'honorer de son sentiment; il le proclama en cherchant seulement à le colorer du prétexte de l'éducation de ses enfants. La comtesse de Genlis poursuivait à la fois l'ambition des cours et la gloire des lettres : elle écrivait avec élégance ces ouvrages légers qui amusent l'oisiveté des femmes en égarant leur cœur sur des amours imaginaires. Les romans, dont plusieurs sont pour l'Occident ce que l'opium est pour les Orientaux, les rêves éveillés du jour, étaient devenus le besoin et l'événement des salons. Madame de Genlis en composait avec grâce, et elle les revêtait d'une certaine hypocrisie d'austérité qui donnait de la décence à l'amour; elle affectait de plus une universalité de sciences qui faisait disparaître son sexe sous les prétentions de son esprit, et qui rappelait dans sa personne ces femmes de l'Italie professant la philosophie un voile sur le visage.

Le duc d'Orléans, novateur en tout, crut avoir trouvé dans une femme le mentor de ses fils. Il la nomma *gouverneur* de ses enfants. La duchesse irritée protesta contre ce scandale; la cour se moqua, le public fut ébloui. L'opinion, qui cède à celui qui la brave, murmura, puis se tut; l'avenir donna raison au père : les élèves de cette femme ne furent pas des princes, mais des hommes. Elle attirait au

Palais-Royal tous les dictateurs de l'opinion. Le premier club de France se tenait ainsi dans les appartements mêmes du premier prince du sang. La littérature voilait au dehors ces conciliabules, comme la folie du premier Brutus voilait sa vengeance. Le duc n'était peut-être pas un conspirateur, mais il y eut dès lors un parti d'Orléans. Sieyès, l'oracle mystérieux de la Révolution, qui semblait la porter dans son front pensif et la couver dans son silence; le duc de Lauzun, passant des confidences de Trianon aux conciliabules du Palais-Royal; Laclos, jeune officier d'artillerie, auteur d'un roman obscène, capable au besoin d'élever l'intrigue romanesque jusqu'à la conjuration politique; Sillery, aigri contre sa caste, irréconciliable avec la cour, ambitieux mécontent, n'attendant plus rien que de l'inconnu; d'autres hommes, enfin, plus obscurs, mais non moins actifs, et servant d'échelons invisibles pour descendre des salons d'un prince dans les profondeurs du peuple; les uns la tête, les autres les bras de l'ambition du duc, se donnaient rendez-vous dans ces conseils. On ne se marquait sans doute pas le but, mais on se plaçait sur la pente et l'on se laissait aller à sa fortune. La fortune, c'était une révolution. Le merveilleux, ce prestige des masses, qui est à l'imagination ce que le calcul est à la raison, ne manquait pas même au parti d'Orléans. Des prophéties, ces pressentiments populaires de la destinée; des prodiges domestiques, admis par la crédulité intéressée des nombreux clients de cette maison, annonçaient le trône prochain à un de ses princes. Ces bruits couraient dans le peuple, ou d'eux-mêmes, ou par l'habile insinuation des partisans de la maison d'Orléans. A la convocation des états généraux, le duc n'avait pas hésité à se prononcer pour les réformes les plus populaires; les instructions qu'il fit rédiger pour les électeurs de ses domaines furent l'œuvre de l'abbé Sieyès. Le prince lui-même brigua le titre et le mandat de citoyen. Élu député de la noblesse de Paris à Crespy et à Villers-Cotterets, il choisit Crespy, parce que les cahiers de ce bailliage étaient les plus patriotiques. A la procession des états généraux, il laissa vide sa place parmi les princes et marcha au milieu des députés. Cette abdication de sa dignité près du trône, pour se parer de sa dignité de citoyen, lui valut les applaudissements de la nation.

VI

La faveur publique pour lui était telle que, s'il eût été un duc de Guise et que Louis XVI eût été un Henri III, les états généraux auraient fini comme ceux de Blois, par un assassinat ou par une usurpation. Réuni au tiers état pour conquérir l'égalité et l'amitié de la nation sur la noblesse, il fit le serment du Jeu de Paume. Il se rangea derrière Mirabeau pour désobéir au roi. Nommé président par l'Assemblée nationale, il refusa cet honneur, pour le laisser à un citoyen. Le jour où la destitution de M. Necker trahit les projets hostiles de la cour et où le peuple de Paris nomma d'acclamation ses chefs et ses défenseurs, le nom du duc d'Orléans sortit le premier; la France prit dans le jardin de son palais les couleurs de sa livrée pour cocarde. A la voix de Camille Desmoulins, qui jeta le cri d'alarme dans le Palais-Royal, les attroupements se formèrent, Legendre et Fréron les guidèrent ; ils arborèrent le buste du duc d'Orléans avec celui de Necker, les couvrirent d'un crêpe noir et les promenèrent, tête nue, au milieu des citoyens silencieux. Le sang coula, le cadavre d'un des citoyens qui portaient les bustes, tué par la troupe, servit d'étendard au peuple. Le duc d'Orléans fut ainsi mêlé, par son palais, par son nom, par son image, au premier combat et au premier meurtre de la Révolution. C'en fut assez pour que sa main parût faire mouvoir partout les fils des événements. Soit défaut d'audace, soit défaut d'ambition, il ne prit jamais l'attitude du rôle que l'opinion lui assignait. Il ne parut pas alors pousser les choses au delà de la conquête d'une constitution pour son pays et du rôle d'un grand patriote pour lui-même. Il respecta ou il dédaigna le trône. L'un ou l'autre de ces sentiments le grandit aux yeux de l'histoire. Tout le monde était de son parti, excepté lui-même.

Les hommes impartiaux en firent honneur à sa modération, les révolutionnaires en firent honte à son caractère. Mirabeau, qui cherchait un prétendant pour personnifier la révolte, avait eu des entrevues secrètes avec le duc d'Orléans ; il avait tâté son ambition pour juger si elle irait jusqu'au trône. Il s'était retiré mécontent : il avait trahi a déception par des mots injurieux. Mirabeau avait besoin d'un conspirateur, il n'avait trouvé qu'un patriote. Ce qu'il méprisait dans le duc d'Orléans, ce n'était pas la méditation d'un crime, c'était le refus d'être son complice. Il n'attendait pas tant de scrupules. Il s'en vengea en appelant ce désintéressement du trône la lâcheté d'un ambitieux.

La Fayette accusait le prince de fomenter des troubles qu'il se sentait quelquefois impuissant à réprimer. On prétendait avoir vu le duc d'Orléans ainsi que Mirabeau mêlés aux groupes d'hommes et de femmes et leur montrant du geste le château. Mirabeau se défendit par le sourire du mépris. Le duc d'Orléans démontra plus sérieusement son innocence. Un assassinat en tuant le roi ou la reine laissait vivre la monarchie, les lois du royaume et les princes héritiers du trône. Il ne pouvait y monter que sur cinq cadavres placés par la nature entre son ambition et lui. Ces échelons de crime ne l'auraient conduit qu'à l'exécration de la nation et auraient lassé même les assassins. De plus, il démontrait par de nombreux et irrécusables témoignages qu'il n'était allé à Versailles ni le 4 ni le 5 octobre. Parti de Versailles le 3 après la séance de l'Assemblée nationale, il était revenu à Paris. Il avait passé la journée du 4 dans son palais et dans ses jardins de Mousseaux. Le 5 il était reparti pour Mousseaux. Son cabriolet ayant cassé sur le boulevard, il avait continué sa course à pied par les Champs-Élysées. Il avait passé la journée à Passy avec ses enfants et madame de Genlis. Il avait soupé à Mousseaux avec son intimité et couché encore à Paris. Ce n'était que le 6 au matin, qu'instruit des événements de la veille, il était parti pour Versailles, et que sa voiture avait été arrêtée au pont de Sèvres par le cortége qui portait les têtes coupées des gardes du roi. Si ce n'était pas la conduite d'un prince du sang qui vole au secours de son roi et qui se place au pied du trône entre le souverain menacé et le peuple, ce n'était pas non plus celle d'un usurpateur audacieux qui tente la révolte par l'occasion, et qui présente au moins au peuple un crime tout fait.

La conduite de ce prince ne fut qu'une expectative, soit qu'il ne voulût recevoir la couronne que de la fatalité des événements et sans tendre la main vers sa fortune, soit qu'il eût plus d'indifférence que d'ambition pour le rang suprême, soit enfin qu'il ne voulût pas mettre sa royauté comme une halte sur la route de la liberté, qu'il aspirât sincèrement à la république, et que le titre de premier citoyen d'une nation libre lui parût plus grand que le titre de roi.

VII

Néanmoins, peu de temps après les journées des 5 et 6 octobre, La Fayette voulut rompre la liaison du duc d'Orléans et de Mirabeau. Il résolut d'éloigner à tout prix ce prince de la scène, et de le forcer, par une contrainte morale ou par la terreur d'un procès pour crime d'État, à s'exiler à Londres. Il fit entrer le roi et la reine dans ce plan en les alarmant sur les complots du prince et en leur montrant en lui un compétiteur du trône. La Fayette disait un jour à la reine que ce prince était le seul homme sur qui le soupçon d'une si haute ambition pût tomber. « Monsieur, lui répondit la reine en le regardant avec une affectation d'incrédulité, est-il donc nécessaire d'être prince pour prétendre à la couronne? — Du moins, madame, répliqua le général, je ne connais que le duc d'Orléans qui en voulût. » La Fayette présumait trop de l'ambition du prince.

VIII

Mirabeau, découragé des hésitations et des scrupules du duc d'Orléans, et le trouvant au-dessous ou au-dessus du crime, le rejeta comme un complice d'ambition méprisé, et chercha à se rapprocher de La Fayette. Celui-ci, qui n'avait que la force armée, mais qui sentait dans Mirabeau toute la force morale, sourit à l'idée de ce duumvirat qui leur assurait l'empire. Il y eut des entrevues secrètes à Paris et à Passy entre ces deux rivaux. La Fayette, repoussant toute idée d'usurpation au profit d'un prince, déclara à Mirabeau qu'il fallait renoncer à tout complot criminel contre la reine, si l'on voulait s'entendre avec lui. « Eh bien, général, répondit Mirabeau, puisque vous le voulez, qu'elle vive! Une reine humiliée peut être utile; mais une reine égorgée n'est bonne qu'à faire composer une mauvaise tragédie! » Cette saillie atroce, qui prenait le sang d'une femme en plaisanterie, fut connue plus tard de la reine, qui la pardonna à Mirabeau, et n'empêcha pas ses liaisons avec le grand orateur. Mais le mot dut rester sur le cœur de cette princesse comme un indice sanglant de ce qu'elle pouvait craindre.

La Fayette, sûr de l'assentiment du roi et de la reine, appuyé sur l'indignation de la garde nationale, qui commençait à se lasser des factieux, osa prendre tout bas envers ce prince le ton d'un dictateur et prononcer contre lui un exil arbitraire sous les apparences d'une mission librement acceptée. Il fit prier le duc d'Orléans de lui donner un rendez-vous chez la marquise de Coigny, femme noble et spirituelle, attachée à La Fayette, et dans le salon de laquelle le duc d'Orléans se rencontrait quelquefois avec lui. A la suite d'une conversation que les murs seuls entendirent, mais dont les résultats peuvent donner le sens, et que Mirabeau, dont elle fut connue, appelait *très-impérieuse d'un côté, très-résignée de l'autre*, il fut convenu que le duc d'Orléans partirait immédiatement pour Londres.

Les amis de ce prince le firent changer de résolution dans la nuit. Il en informa La Fayette par un billet. La Fayette lui indiqua un second rendez-vous, le somma de tenir sa parole, lui enjoignit de partir dans les vingt-quatre heures, et le conduisit chez le roi. Là, le prince accepta la mission fictive et promit de ne rien négliger pour déjouer en Angleterre les complots des artisans des troubles du royaume. « Vous y êtes plus intéressé que personne, lui dit La Fayette en présence du roi, car personne n'y est plus compromis que vous. » Mirabeau, instruit de cette oppression de La Fayette et de la cour sur l'esprit du duc d'Orléans, offrit au duc ses services, le tenta par les dernières séductions du rang suprême. Le plan de son discours du lendemain à l'Assemblée était déjà conçu. Il dénoncerait comme une conspiration du despotisme ce coup d'État contre un seul citoyen dans lequel la liberté de tous les citoyens était atteinte, « cette violation de l'inviolabilité des représentants de la nation dans l'exil transparent d'un prince du sang ; il montrerait La Fayette se servant de la main royale pour frapper ses rivaux de popularité, et pour couvrir sa dictature insolente de la sanction vénérable du chef de la nation et du chef de la famille. » Mirabeau ne doutait pas du soulèvement de l'Assemblée contre une si odieuse tentative, et promit aux amis du duc d'Orléans un de ces retours d'opinion qui élèvent un homme plus haut que le rang d'où il est tombé. Ces paroles, soutenues des supplications de Laclos, de Sillery, de Lauzun, ébranlèrent une seconde fois la résolution du prince. Il vit de la honte dans cet exil volontaire, où il n'avait vu d'abord que de la magnanimité. A la pointe du jour, il écrivit qu'il ne partirait pas.

La Fayette le fait appeler chez le ministre des affaires étrangères. Là, le prince, vaincu de nouveau, écrit à l'Assemblée une lettre qui détruit d'avance tout l'effet de la dénonciation de Mirabeau. « Mes ennemis prétendent, dit le duc à La Fayette, que vous vous vantez d'avoir contre moi des preuves de complicité dans les attentats du 5 octobre. —Ce sont plutôt mes ennemis qui le disent, lui répondit La Fayette; si j'avais des preuves contre vous, je vous aurais déjà fait arrêter. Je n'en ai pas, mais j'en cherche. » Le duc d'Orléans partit.

Neuf mois s'étaient écoulés depuis son retour. L'Assemblée constituante avait laissé sans autre tutelle que l'anarchie la constitution qu'elle venait de voter. Le désordre était dans le royaume; les premiers actes de l'Assemblée législative annonçaient l'hésitation d'un peuple qui fait une halte sur une pente, mais qui la descendra jusqu'au fond.

IX

Les Girondins, dépassant du premier pas le parti des Barnave et des Lameth, indiquaient la volonté de pousser la France sans préparation dans la république. Le duc d'Orléans, que son long séjour en Angleterre avait laissé réfléchir loin de l'entraînement des événements et des factions, sentit son sang de Bourbon parler en lui. Il ne cessa pas d'être patriote ; mais il comprit que le salut de la patrie, au moment d'une guerre imminente, n'était pas dans l'anéantissement du pouvoir exécutif. Sans doute aussi la pitié pour le roi et pour la reine se réveilla dans un cœur où la haine n'avait pas étouffé toute générosité. Il se sentit trop vengé par les journées des 5 et 6 octobre, par l'humiliation du roi devant l'Assemblée, par les insultes quotidiennes de la populace sous les fenêtres de Marie-Antoinette, et par les nuits sinistres de cette famille, dont le palais n'était plus qu'une prison ; peut-être aussi craignait-il pour lui-même l'ingratitude des révolutions.

Il était parti pour l'Angleterre par contrainte ; il y était resté par une appréhension réelle que son nom ne servît de prétexte à des agitations dans Paris. Laclos était venu de temps en temps à Londres pour tenter de nouveau l'ambition de l'exilé et lui faire honte d'une condescendance à La Fayette, que la France prenait pour lâcheté. L'orgueil du prince s'était soulevé à cette idée, il menaçait de repartir ;

les représentations de M. de La Luzerne, ministre de France à Londres, celles de M. de Boinville, aide de camp de La Fayette, et enfin sa propre prévoyance, avaient prévalu sur les incitations de Laclos. On en trouve la preuve dans ce billet de M. de La Luzerne, trouvé dans l'armoire de fer parmi les secrets papiers du roi. « J'atteste, dit M. de La Luzerne, que j'ai présenté à M. le duc d'Orléans M. de Boinville, aide de camp de M. de La Fayette ; que M. de Boinville a déclaré au duc d'Orléans qu'on était très-inquiet des troubles que pourraient exciter en ce moment dans Paris des malintentionnés qui ne manqueraient pas de se servir de son nom pour troubler la capitale, et peut-être le royaume, et qu'on le conjurait, par ce motif, de retarder l'époque de son retour. M. le duc d'Orléans, ne voulant en aucune manière donner lieu ou prétexte à ce que la tranquillité fût troublée, a consenti à différer son départ. »

X

Il partit enfin, et fit d'inutiles démarches à son retour pour être employé dans la marine. C'est dans ces dispositions flottantes d'esprit que M. Bertrand de Molleville lui adressa, de la part du roi, sa nomination au grade d'amiral. Le duc d'Orléans alla remercier le ministre. Il ajouta qu'il était heureux de la grâce que le roi lui accordait, parce qu'elle lui fournirait l'occasion de faire connaître à ce prince ses sentiments odieusement calomniés. « Je suis bien malheureux, poursuivit-il; on s'est servi de mon nom pour des horreurs qu'on m'a imputées, on m'en a cru coupable parce que j'ai dédaigné de me justifier. On jugera bientôt si ma conduite démentira mes paroles. »

L'air de franchise et de loyauté, le ton significatif avec lequel le duc d'Orléans prononça ces mots, frappèrent le ministre, violemment prévenu contre son innocence. Il demanda au prince s'il consentirait à tenir directement au roi un langage qui consolerait son cœur et dont il craignait d'affaiblir l'énergie en le transmettant. Le duc accueillit avec empressement l'idée de voir le roi, si le roi daignait le recevoir. Il manifesta l'intention de se rendre, le lendemain, au château. Le roi, prévenu par son ministre, attendit le prince et s'enferma longtemps seul avec lui.

Un écrit confidentiel de la main du prince lui-même, et rédigé d'abord pour justifier sa mémoire aux yeux de ses enfants et de ses amis, introduit dans les mystères de cet entretien. « Les démocrates outrés, dit le duc d'Orléans, ont pensé que je voulais faire de la France une République; les ambitieux ont cru que je voulais, à force de popularité, forcer le roi à remettre l'administration du royaume entre mes mains ; enfin, les patriotes vertueux ont eu sur moi l'illusion même de leur vertu : ils ont pensé que je m'immolais tout entier à la chose publique. Les uns m'ont fait pire, les autres meilleur que je ne suis. J'ai suivi ma nature, voilà tout. Elle me portait, avant tout, vers la liberté. Je crus en voir l'image dans les parlements, qui du moins en avaient le ton et les formes. J'embrassai ce fantôme de représentation. Trois fois je me sacrifiai pour ces parlements. Les deux premières fois, ce fut une conviction de ma part; la troisième, ce fut pour ne pas me démentir moi-même.

J'avais été en Angleterre, j'y avais vu la vraie liberté ; je ne doutai pas aux états généraux que la France ne voulût la conquérir. A peine eus-je entrevu que la France aurait des citoyens, que je voulus être un de ces citoyens moi-même. Je fis légèrement tous les sacrifices de rang et de privilége qui me séparaient de la nation. Ils ne me coûtèrent rien. J'aspirai à être député ; je le fus : je passai du côté du tiers état, non par faction, mais par justice. Il était, selon moi, impossible, dès ce moment, d'empêcher la Révolution de s'accomplir. Quelques personnes autour du roi pensèrent autrement. On rassembla des troupes ; elles entourèrent l'Assemblée nationale. Paris se crut menacé et se souleva ; les gardes françaises, vivant au milieu du peuple, suivirent le courant du peuple. On répandit le bruit que mon or avait acheté ce régiment. Je dirai franchement mon opinion. Si les gardes françaises s'étaient conduits autrement, c'est alors que j'aurais cru qu'on les avait achetés ; car leur hostilité au peuple de Paris eût été contre nature. On porta mon buste avec celui de M. Necker au 14 juillet ! Pourquoi ? Parce que ce ministre des espérances publiques était adoré de la nation, et que mon nom se trouvait sur les listes des députés à l'Assemblée qui devaient, disait-on, être arrêtés avec ce ministre par les troupes appelées autour de Versailles. Au milieu de ces événements si favorables à un factieux, que fis-je pour en profiter ? Je me dérobai sans affectation aux regards du peuple, je ne le flattai point sur ses excès, je me retirai à ma maison de Mousseaux, j'y passai la nuit ; le lendemain, je me rendis sans suite à l'Assemblée nationale à Versailles. Au moment plus heureux où le roi se décida à se jeter dans les bras de cette Assemblée, je me refusai à faire partie de la députation de ceux de ses membres qui allaient annoncer cette nouvelle à la capitale. Je craignis que quelques-uns de ces hommages que la capitale devait au roi seul ne fussent détournés vers moi. Même conduite de ma part aux journées d'octobre. Je m'absente pour ne pas ajouter un élément de plus à la fermentation du peuple. Je ne reparais qu'avec le calme. Rencontré à Sèvres par les bandes peu nombreuses d'assassins qui rapportaient les têtes coupées des gardes du roi, ces hommes se précipitent à la tête de mes chevaux, et l'un d'eux tire un coup de fusil sur mon postillon. C'est moi, prétendu chef de ces hommes, qui manque d'être leur victime ! Je ne dois mon salut qu'à un poste de la garde nationale qui me donne une escorte jusqu'à Versailles, où je me rends chez le roi en réprimant les dernières clameurs du peuple dans la cour des Ministres. Je concours au décret qui déclare l'Assemblée inséparable de la personne du roi. C'est alors que M. de La Fayette me demande un rendez-vous et me témoigne, de la part du roi, son désir de me voir m'éloigner de Paris, pour enlever tout prétexte aux agitations populaires. Sûr désormais du triomphe de la révolution accomplie, et ne redoutant pour elle que les troubles dont on pourrait vouloir entraver sa marche, j'obéis sans hésitation, ne demandant à mon départ d'autre condition que la permission de l'Assemblée nationale. Elle l'accorda, je partis. Le peuple de Boulogne, remué par une intrigue qui peut se rattacher à moi, mais à laquelle je me suis montré étranger, puisque je n'y cédai pas, voulut me retenir de force et s'opposa à mon embarquement. Je fus attendri, je l'avoue; mais je ne cédai pas à cette violence de la faveur du peuple, et je le ramenai moi-même au devoir. On abusa de ce voyage et de mon absence pour m'imputer, sans réfutation de ma part, les plus odieux attentats.

J'avais voulu forcer le roi à fuir avec le Dauphin de Versailles ; mais Versailles n'est pas la France. Le roi eût retrouvé son armée et la nation hors de cette ville, et mon ambition aurait eu pour unique effet la guerre civile et la dictature militaire donnée au roi. Mais le comte de Provence restait. Il était l'héritier naturel du trône abandonné. Il était populaire, il avait passé avec moi du côté des communes ; j'aurais donc travaillé pour lui ! Mais le comte d'Artois était en sûreté à l'étranger ; mais ses enfants étaient avec lui à l'abri de mes prétendus meurtres ! Ils étaient plus près du trône que moi ! Quelle série de folies, d'absurdités ou de crimes perdus ! Le peuple français n'a changé, par la Révolution, ni de sentiment ni de caractère. J'aime à croire que le comte d'Artois, que j'ai aimé moi-même, en fera l'épreuve ; j'aime à croire que, se rapprochant d'un roi qu'il chérit et dont il est tendrement aimé, d'un peuple à l'amour duquel ses brillantes qualités lui donnent tant de droits, il reviendra, après nos troubles apaisés, jouir de cette partie de son héritage, l'amour que la nation la plus sensible et la plus aimante a voué aux enfants d'Henri IV. »

XI

Ces raisons, entrecoupées sans doute de quelques repentirs, fortifiées de ces larmes d'attendrissement, de ces attitudes et de ces gestes plus persuasifs que la parole, qui donnent tant de pathétique et tant d'émotion à de si solennelles explications, convainquirent sinon l'esprit, du moins le cœur du roi. Il excusa, il pardonna et il espéra. « Je crois comme vous, dit-il encore tout attendri à son ministre, que le duc d'Orléans revient de bonne foi, et qu'il fera tout ce qui dépendra de lui pour réparer le mal qu'il a fait et auquel il est possible qu'il n'ait pas autant de part que nous l'avons cru. »

Le prince était sorti de l'appartement du roi réconcilié avec lui-même et résolu de retirer plus que jamais son nom aux factieux. Il avait peu de peine à sacrifier son ambition, car il en était dépourvu; et quant à sa popularité, elle le quittait d'elle-même pour se donner plus bas que lui. Il n'avait donc de sûreté et d'honneur que dans la constitution et au pied du trône. Son cœur l'y portait comme son devoir. L'homme, dans Louis XVI, le touchait encore plus que le roi. L'adulation et les ressentiments de cour perdirent tout.

Le dimanche qui suivit cette réconciliation, le duc d'Orléans se présenta pour rendre ses hommages au roi et à la reine. C'était le jour et l'heure des grandes réceptions. La foule des courtisans remplissait les cours, les escaliers, les appartements des Tuileries; quelques-uns espérant encore des retours de fortune, d'autres venus des provinces et attirés autour de leur malheureux maître par l'attrait de l'infortune et de la fidélité. A l'apparition inattendue du duc d'Orléans, dont la réconciliation avec le roi n'avait pas encore transpiré, l'étonnement et l'horreur assombrirent tous les visages. Un murmure d'indignation courut avec son nom dans les chuchotements ironiques. La foule s'ouvrit et s'écarta comme en répugnance d'un contact odieux sur son passage. Il chercha en vain un front accueillant ou respectueux dans tous ces fronts. En approchant de la chambre du roi, des groupes de courtisans et de gardes lui barrèrent avec affectation les portes en lui tournant le dos et en serrant les coudes; rebuté de ce côté, il entra dans les appartements de la reine. Le couvert était mis pour le dîner de la famille royale. « Prenez garde aux plats ! » crièrent des voix outrageantes, comme si on eût vu entrer un empoisonneur public. Le prince indigné rougit, pâlit, crut reconnaître la haine de la reine et un mot d'ordre donné par le roi dans ces insultes. Il regagna l'escalier pour sortir du palais. De nouvelles huées, de nouveaux outrages l'y poursuivirent. Du haut de la rampe qu'il descendait, on cracha sur ses habits et jusque sur sa tête. Des poignards l'auraient blessé moins cruellement que ces assassinats du mépris. Il était rentré apaisé, il sortit implacable. Il sentit qu'il n'avait de refuge contre la cour que dans les derniers rangs de la démocratie. Il s'y précipita résolûment, pour y trouver la sûreté ou la vengeance.

Informés bientôt de ces insultes, le roi et la reine, qui ne les avaient pas commandées, ne firent rien pour les réparer. Ils se sentirent secrètement flattés, peut-être, de la colère de leurs familiers, de l'avilissement de leur ennemi. La reine avait la faveur légère et la haine imprudente. La bonté ne manquait pas au roi, mais la grâce. Un mot d'Henri IV aurait puni ces insulteurs et ramené le prince à ses pieds : Louis XVI ne sut pas le dire; le ressentiment couva dans le silence, et la destinée s'accomplit.

XII

Le duc d'Orléans franchit, ce jour-là, les Girondins, auxquels il ne tenait que par Pétion et par Brissot; il passa aux Jacobins. Il ouvrit son palais à Danton et à Barère, et ne se rencontra plus que dans les partis extrêmes, qu'il suivit sans hésiter ni reculer un seul jour, en silence, partout, jusqu'à la république, jusqu'au régicide, jusqu'à la mort.

XIII

Cependant les alarmes qu'inspiraient à la nation les armements de l'empereur et la défiance que les Girondins semaient dans tous leurs discours contre la cour et contre les ministres agitaient de plus en plus la capitale. A chaque nouvelle communication de M. de Lessart, ministre des affaires étrangères, les cris de guerre et de trahison sortaient du parti de la Gironde. Fauchet dénonça le ministre. Brissot s'écria : « Le masque tombe! notre ennemi est connu : c'est l'empereur! Les princes possessionnés en Alsace, dont il feint de prendre la cause, ne sont que les prétextes de sa haine; les émigrés eux-mêmes ne sont que ses instruments. Méprisons ces émigrés. C'est à la haute cour nationale seule de nous faire justice de ces princes mendiants! Les électeurs de l'Empire ne sont pas dignes non plus de votre colère. La peur les fait d'avance se prosterner à vos pieds. Un peuple libre n'écrase pas ses ennemis à genoux. Frappez à la tête! la tête, c'est l'empereur! »

Il communiqua son emportement à l'Assemblée. Mais Brissot, politique habile, conseiller profond de son parti, n'était pas une de ces voix sonores qui élèvent l'accent d'une opinion jusqu'à la proportion d'une voix du peuple. Vergniaud seul avait ce don d'une âme où se résume en passion et où résonne en éloquence tout un parti. Il s'élevait par la méditation de l'histoire jusqu'aux scènes analogues de son temps dans les temps antiques, et il donnait à ses paroles la hauteur et la solennité de tous les temps.

« Notre Révolution, dit-il dans la même séance, a jeté l'alarme sur tous les trônes. Elle a donné l'exemple de la destruction du despotisme qui les soutient. Les rois haïssent notre constitution parce qu'elle rend les hommes libres et qu'ils veulent régner sur des esclaves. Cette haine s'est manifestée, de la part de l'empereur, par toutes les mesures qu'il a prises pour nous inquiéter ou pour fortifier nos ennemis et pour encourager les Français rebelles aux lois de leur patrie. Cette haine, il ne faut pas croire qu'elle cesse d'exister; mais il faut qu'elle cesse d'agir! Le génie veille sur nos frontières défendues par nos troupes de ligne, par nos gardes nationales, moins encore que par l'enthousiasme de la liberté. La liberté! depuis sa naissance, elle est l'objet d'une guerre cachée, honteuse, qu'on lui fait dans son berceau même. Quelle est donc cette guerre?

Trois armées de reptiles et d'insectes venimeux se meuvent et rampent dans votre propre sein. L'une est composée de libellistes à gages et de calomniateurs soudoyés; ils s'efforcent d'armer les deux pouvoirs l'un contre l'autre en leur inspirant de mutuelles défiances. L'autre armée, aussi dangereuse sans doute, est celle des prêtres séditieux, qui sentent que leur Dieu s'en va, que leur puissance s'écroule avec leur prestige, et qui, pour retenir leur empire, appellent la vengeance, que la religion défend, et prescrivent comme des vertus tous les crimes! La troisième est celle de ces financiers avides, de ces agioteurs, qui ne peuvent s'enrichir que de notre ruine; pour leurs spéculations égoïstes, la prospérité nationale serait leur mort, notre mort serait leur vie! Ils sont semblables à ces animaux carnassiers qui attendent l'issue des combats pour dévorer les cadavres restés sur le champ de bataille. (On applaudit.)

» Ils savent que vos préparatifs de défense sont ruineux; ils comptent sur le discrédit de votre trésor, sur la rareté du numéraire. Ils comptent sur la lassitude de ces citoyens qui ont abandonné femmes, enfants, pour voler aux frontières, et qui les abandonneront pendant que des millions, artificieusement semés à l'intérieur, susciteront des insurrections où le peuple, armé par le délire, détruira lui-même ses droits en croyant les défendre. Alors, l'empereur fera avancer une armée formidable pour vous donner des fers. Voilà la guerre qu'on vous fait, voilà celle qu'on vous veut faire. (On applaudit longtemps.)

» Le peuple a juré de maintenir la constitution, parce qu'il sent en elle son honneur et sa liberté; mais si vous le laissez dans un état d'immobilité inquiète, qui use ses forces dans l'attente et qui épuise toutes nos ressources, le jour de cet épuisement ne sera-t-il pas le dernier de la constitution? L'état où l'on nous tient est un véritable état d'anéantissement, qui peut nous conduire à l'opprobre ou à la mort. (Vifs applaudissements.) Aux armes donc, citoyens! aux armes, hommes libres! défendez votre liberté, assurez l'espoir de celle du genre humain, ou bien vous ne méritez pas même la pitié dans vos malheurs. (Les applaudissements recommencent.)

» Nous n'avons d'autres alliés que la justice éternelle dont nous défendons les droits. Nous est-il interdit cependant d'en chercher d'autres et d'intéresser les puissances qui seraient menacées avec nous par la rupture de l'équilibre de l'Europe? Non, sans doute; déclarez à l'empereur que dès ce moment les traités sont rompus! (Bravos prolongés.) L'empereur les a rompus lui-même. S'il hésite encore à vous attaquer, c'est qu'il n'est pas prêt! Mais il est démasqué. Félicitez-vous! l'Europe a les yeux fixés sur vous; apprenez-lui enfin ce que c'est que l'Assemblée nationale de France! Si vous vous montrez avec la dignité qui convient aux représentants d'un grand peuple, vous aurez ses applaudissements, son estime, son appui. Si vous montrez de la faiblesse, si vous manquez l'occasion que la Providence vous donne de vous affranchir d'une situation qui vous entrave, redoutez l'avilissement que vous prépare la haine de l'Europe, celle de la France, celle de votre siècle et de la postérité. (On applaudit.)

» Mais faites plus: exigez que vos couleurs soient respectées au delà du Rhin; exigez que l'on disperse vos émigrés. Je pourrais demander qu'on les rende à leur patrie, qu'ils outragent, pour les punir. Mais non! s'ils ont été avides de notre sang, ne nous montrons point avides du leur! leur crime est d'avoir voulu détruire leur patrie; eh bien, qu'errants et vagabonds sur le globe, leur punition soit de ne trouver de patrie nulle part! (On applaudit.) Si l'empereur tarde de répondre à vos sommations, que tout délai soit considéré comme un refus; que tout refus de s'expliquer, de sa part, soit considéré comme une déclaration de guerre! Attaquez pendant que l'heure est pour vous. Si dans la guerre de Saxe Frédéric eût temporisé, le roi de Prusse serait en ce moment le marquis de Brandebourg. Il a attaqué, et la Prusse dispute aujourd'hui à l'Autriche la balance de l'Allemagne qui a échappé à vos mains!

» Jusqu'ici vous n'avez suivi que des demi-déterminations, et l'on peut appliquer à vos mesures le langage que tenait, en pareille circonstance, Démosthène aux Athéniens : — « Vous vous conduisez à l'égard des Macédo-
» niens, leur disait-il, comme ces barbares qui combattent
» dans nos jeux à l'égard de leurs adversaires; quand on
» les frappe au bras, ils portent la main au bras; quand on
» les frappe à la tête, ils portent la main à la tête; ils ne
» songent à se défendre que lorsqu'ils sont blessés, sans
» jamais penser à parer d'avance les coups qu'on leur pré-
» pare. Philippe arme, vous armez aussi; désarme-t-il, vous
» posez les armes. S'il attaque un de vos alliés, aussitôt vous
» envoyez une armée nombreuse au secours de cet allié;
» s'il attaque une de vos villes, aussitôt vous envoyez une
» armée nombreuse à la défense de cette ville. Désarme-t-il
» encore; vous désarmez de nouveau, sans vous occuper
» des moyens de prévenir son ambition et de vous mettre à
» l'abri de ses attaques. Ainsi vous êtes aux ordres de votre
» ennemi, et c'est lui qui commande votre armée. »

» Et moi aussi, je vous dirai des émigrants : Entendez-vous dire qu'ils sont à Coblentz, des citoyens sans nombre volent pour les combattre. Sont-ils rassemblés sur les bords du Rhin, vous garnissez son cours de deux corps d'armée. Des puissances voisines leur accordent-elles un asile, vous vous proposez d'aller les attaquer. Entendez-vous dire, au contraire, qu'ils s'enfoncent dans le nord de l'Allemagne, vous posez les armes. Vous font-ils une nouvelle offense, votre indignation éclate. Vous fait-on de belles promesses, vous désarmez encore. Ainsi ce sont les émigrés et les cabinets qui les soutiennent qui sont vos chefs et qui disposent de vous, de vos conseils, de vos trésors et de vos armées! (On applaudit.) C'est à vous de voir si ce rôle humiliant est digne d'un grand peuple.

» Une pensée échappe en ce moment à mon cœur, et je terminerai par elle. Il me semble que les mânes des générations passées viennent se presser dans ce temple pour vous conjurer, au nom de tous les maux que l'esclavage leur a fait éprouver, d'en préserver les générations futures dont les destinées sont entre nos mains! Exaucez cette prière! soyez à l'avenir une autre providence! Associez-vous à la justice éternelle qui protége les peuples! En méritant le titre de bienfaiteurs de votre patrie, vous mériterez aussi celui de bienfaiteurs du genre humain. »

Les applaudissements prolongèrent longtemps dans la salle le retentissement de l'émotion que ce discours avait portée dans tous les cœurs. C'est que Vergniaud, à l'exemple des orateurs antiques, au lieu de refroidir son éloquence dans les combinaisons de la politique, qui ne parle qu'à l'esprit, la trempait au feu d'une âme pathétique. Le peuple ne comprend que ce qu'il sent. Les seuls orateurs pour lui sont ceux qui l'émeuvent. L'émotion est la conviction des masses. Vergniaud l'avait en lui et la communiquait à la foule. La conscience de travailler pour le bonheur du genre humain, la perspective de la reconnaissance des siècles, donnaient un noble orgueil à la France et une sorte d'enthousiasme à la cause de la liberté. C'est un des caractères de cet orateur qu'il élevait presque toujours la Révolution à la hauteur d'un apostolat, qu'il étendait son patriotisme à la proportion de l'humanité tout entière, et qu'il ne passionnait et n'entraînait le peuple que par ses vertus. De semblables paroles produisaient dans tout l'empire des contre-coups auxquels le roi et son ministère ne pouvaient résister.

XIV

D'ailleurs, on l'a vu, Vergniaud et ses amis avaient des intelligences dans le conseil. M. de Narbonne et les Girondins se rencontraient et se concertaient chez madame de Staël, dont le salon, tout retentissant des motions martiales, s'appelait alors le camp de la Révolution. L'abbé Fauchet, le dénonciateur de M. de Lessart, y puisait son ardeur pour le renversement de ce ministre. M. de Lessart, en amortissant autant qu'il le pouvait les menaces de la cour de Vienne et les colères de l'Assemblée, s'efforçait de donner du temps à de meilleurs conseils. Son attachement loyal à Louis XVI et sa prévoyance sensée et réfléchie lui faisaient voir dans la guerre non la restauration, mais l'ébranlement violent du trône. Dans ce choc de l'Europe et de la France, le roi devait être le premier écrasé. Homme de bien, l'attachement de M. de Lessart à son maître lui servait de génie. Obstacle aux trois partis qui voulaient la guerre, il fallait écarter à tout prix ce ministre de l'oreille du roi. Il pouvait se couvrir, soit en se retirant, soit en cédant à l'impatience de l'Assemblée. Il ne le voulut pas. Instruit de la terrible responsabilité qui pesait sur sa tête, sachant que cette responsabilité c'était la mort, il brava tout pour donner au roi quelques jours de négociation de plus. Ces jours étaient comptés.

LIVRE DOUZIÈME

Mort de Léopold. — Destitution de M. de Narbonne. — Assassinat de Gustave, roi de Suède. — Le cabinet de Louis XVI. — Tous les partis se réunissent pour le renverser. — Brissot l'homme politique de la Gironde. — Ministère girondin. — Dumouriez à la guerre. — Roland à l'intérieur.

I

Léopold, ce prince pacifique et philosophe, révolutionnaire s'il n'eût pas été empereur, avait tout tenté pour ajourner le choc des deux principes. Il ne demandait à la France que des concessions acceptables pour refouler l'élan de la Prusse, de l'Allemagne et de la Russie. Le prince de Kaunitz, son ministre, ne cessait d'écrire à M. de Lessart dans ce sens; les communications confidentielles que le roi recevait de son ambassadeur à Vienne, le marquis de Noailles, respiraient le même esprit d'apaisement. Léopold voulait seulement que l'ordre rétabli en France et la constitution pratiquée avec vigueur par le pouvoir exécutif donnassent des garanties aux puissances monarchiques. Mais les dernières séances de l'Assemblée, les armements de M. de Narbonne, les accusations de Brissot, le discours enflammé de Vergniaud, les applaudissements dont il avait été couvert, commencèrent à lasser sa patience, et la guerre, longtemps contenue, s'échappa malgré lui de son cœur. « Les Français veulent la guerre, dit-il un jour à son cercle, ils l'auront; ils verront que Léopold le pacifique sait être guerrier quand l'intérêt de ses peuples le lui commande. »

Les conseils de cabinet se multiplièrent à Vienne en présence de l'empereur. La Russie venait de signer la paix avec l'empire ottoman; elle était libre de se retourner du côté de la France. La Suède soufflait la colère des princes. La Prusse cédait aux conseils de Léopold. L'Angleterre observait, mais n'entravait rien; la lutte du continent devait accroître son importance. Les armements furent décidés, et, le 7 février 1792, le traité définitif d'alliance et de concert fut signé à Berlin entre l'Autriche et la Prusse. « Aujourd'hui, écrivait Léopold à Frédéric-Guillaume, c'est la France qui menace, qui arme, qui provoque. L'Europe doit armer. »

Le parti de la guerre en Allemagne triomphait. « Vous êtes bien heureux, disait au marquis de Bouillé l'électeur de Mayence, que les Français soient les agresseurs. Sans cela, nous n'aurions jamais eu la guerre! » La guerre était décidée dans les conseils, et Léopold espérait encore. Dans une note officielle que le prince de Kaunitz remit au marquis de Noailles pour la communiquer au roi, ce prince tendit encore une main à la conciliation. M. de Lessart répondit confidentiellement à ces dernières ouvertures dans une dépêche qu'il eut la loyauté de communiquer au comité diplomatique de l'Assemblée, composé de Girondins. Dans cette pièce, le ministre palliait les reproches adressés à l'Assemblée par l'empereur. Il semblait excuser la France plus que la justifier. Il confessait quelques troubles dans le royaume, quelques excès dans les clubs et dans la licence de la presse; il attribuait ces désordres à la fermentation produite par les rassemblements d'émigrés et à l'inexpérience d'un peuple qui essaye sa constitution et qui se blesse en la maniant.

« L'indifférence et le mépris, disait-il, sont les armes avec lesquelles il convient de combattre ce fléau. L'Europe pourrait-elle s'abaisser jusqu'à s'en prendre à la nation française, parce qu'elle recèle dans son sein quelques déclamateurs et quelques folliculaires, et voudrait-elle leur faire l'honneur de leur répondre à coups de canon? »

Dans une dépêche du prince de Kaunitz adressée à tous les cabinets étrangers, on lisait cette phrase : « Les derniers événements nous donnent des espérances; il paraît que la majorité de la nation française, frappée elle-même des maux qu'elle préparait, revient à des principes plus modérés, et tend à rendre au trône la dignité et l'autorité, qui sont l'essence du gouvernement monarchique. » L'Assemblée garda le silence du soupçon. Ce soupçon s'éveilla pendant la lecture de ces notes et contre-notes diplomatiques échangées entre le cabinet des Tuileries et le cabinet de Vienne. Mais à peine M. de Lessart fut-il descendu de la tribune et la séance fut-elle levée, que les chuchotements de la défiance se changèrent en une clameur sourde et unanime d'indignation.

II

Les Jacobins éclatèrent en menaces contre le ministre et la cour perfides, qui, réunis en un comité de trahison, qu'on appelait le *comité autrichien*, concertaient dans l'ombre des Tuileries des plans contre-révolutionnaires, faisaient signe, du pied même du trône, aux ennemis de la nation, communiquaient secrètement avec la cour de Vienne et lui dictaient le langage qu'il fallait tenir à la France pour l'intimider. Les Mémoires de Hardenberg, ministre de Prusse, publiés depuis, démontrent que ces accusations n'étaient pas toutes des rêves de démagogues, et que, dans des vues de paix au moins, les deux cours s'efforçaient de combiner leur langage. La mise en accusation de M. de Lessart fut résolue. Brissot, le chef du comité diplomatique et l'homme de la guerre, se chargea de prouver ses prétendus crimes.

Le parti constitutionnel abandonna M. de Lessart sans défense à la haine des Jacobins. Ce parti n'avait pas de soupçons; mais il avait une vengeance à exercer contre M. de Lessart. Le roi venait de congédier subitement M. de Narbonne, rival de ce ministre dans le conseil. M. de Narbonne, se sentant menacé, s'était fait écrire une lettre ostensible par M. de La Fayette. Dans cette lettre, M. de La Fayette conjurait, au nom de l'armée, M. de Narbonne de rester à son poste tant que les périls de la patrie l'y rendraient nécessaire. Cette démarche, dont M. de Narbonne était complice, parut au roi une oppression insolente exercée sur sa liberté personnelle et sur la constitution. La popularité de M. de Narbonne baissait à mesure que celle des Girondins devenait plus audacieuse. L'Assemblée commençait à changer ses applaudissements en murmures quand il paraissait à la tribune; on l'en avait fait honteusement descendre quelques jours auparavant pour avoir blessé la susceptibilité plébéienne, en faisant un appel aux membres *les plus distingués* de l'Assemblée. L'aristocratie de son rang perçait à travers son uniforme. Le peuple voulait des hommes rudes comme lui dans le conseil. Entre le roi offensé et les Girondins défiants, M. de Narbonne tomba. Le roi le destitua; il alla servir dans l'armée qu'il avait organisée.

Ses amis ne cachèrent pas leur ressentiment. Madame de Staël perdit en lui son idéal et son ambition dans un seul homme; mais elle ne perdit pas l'espérance de reconquérir pour M. de Narbonne la confiance du roi et un grand rôle politique. Elle avait voulu en faire un Mirabeau, elle rêva d'en faire un Monk. De ce jour-là elle conçut l'idée d'arracher le roi aux Girondins et aux Jacobins, de le faire enlever par M. de Narbonne et par les constitutionnels pour le placer au milieu de l'armée et pour le ramener par la force, écraser les partis extrêmes et fonder son gouvernement idéal : une liberté aristocratique. Femme de génie, son génie avait les préjugés de sa naissance; plébéienne de cœur, entre le trône et le peuple il lui fallait des patriciens. Le premier coup porté à M. de Lessart partit de la main d'un homme qui fréquentait le salon de madame de Staël.

III

Mais un coup plus inattendu et plus terrible éclata sur M. de Lessart, le jour même où il se livrait ainsi à ses ennemis. On apprit à Paris la mort inopinée de l'empereur Léopold. Avec la vie de ce prince s'éteignaient les dernières lueurs de la paix : il emportait avec lui sa sagesse. Qui savait quelle politique allait sortir de son cercueil? L'agitation des esprits jeta la terreur dans l'opinion : cette terreur se changea en haine contre l'infortuné ministre de Louis XVI. Il n'avait su, disait-on, ni profiter des dispositions pacifiques de Léopold, pendant que ce prince vivait, ni prévenir les desseins hostiles de ceux qui lui succédaient dans la direction de l'Allemagne. Tout lui était accusation, même la fatalité et la mort.

Au moment de cette mort, l'Empire était prêt aux hostilités. De Bâle à l'Escaut deux cent mille hommes allaient se trouver en ligne. Le duc de Brunswick, ce héros en espérance de la coalition, était à Berlin, donnant ses derniers conseils au roi de Prusse et recevant les derniers ordres. Bischoffwerder, général et confident du roi de Prusse, arrivait à Vienne pour concerter avec l'empereur le point et l'heure des hostilités. A son arrivée, le prince de Kaunitz éperdu lui apprit la maladie soudaine de l'empereur. Le 27, Léopold était en parfaite santé et donnait audience à l'envoyé turc; le 28, il est à l'agonie. Ses entrailles se gonflent, des vomissements convulsifs déchirent son estomac et sa poitrine. Les médecins, hésitant sur la nature des symptômes, se troublent; ils ordonnent des saignées : elles paraissent apaiser, mais elles énervent la force vitale d'un prince usé d'excès. Il s'endort un moment, les médecins et les ministres s'éloignent; il se réveille dans de nouvelles convulsions et expire sous les yeux d'un seul valet de chambre, nommé Brunetti, dans les bras de l'impératrice, qui vient d'accourir.

La nouvelle de la mort de l'empereur, d'autant plus sinistre qu'elle était moins attendue, se répandit en un instant dans la ville; elle surprenait l'Empire dans une crise. Les terreurs sur la destinée de l'Allemagne se joignaient à la pitié sur le sort de l'impératrice et de ses enfants : le palais était dans la confusion et dans le désespoir; les ministres sentaient le pouvoir tout à coup évanoui dans leurs mains; les grands de la cour, n'attendant pas qu'on eût attelé leur carrosse, accouraient à pied au palais dans le désordre de l'étonnement et de la douleur; les sanglots retentissaient dans les vestibules et sur les escaliers qui menaient aux appartements de l'impératrice. A ce moment cette princesse, sans avoir eu le temps de revêtir ses habits de deuil, apparut tout en larmes, entourée de ses nombreux enfants et les conduisant par la main devant le nouveau roi des Romains, fils aîné de Léopold : elle s'agenouilla et implora sa protection pour ces orphelins. François Ier, confondant ses sanglots avec ceux de sa mère et de ses frères, dont l'un n'avait pas plus de quatre ans, releva l'impératrice, embrassa les enfants et leur promit d'être pour eux un autre père.

IV

Cependant cette catastrophe semblait inexplicable aux hommes de l'art, les politiques y soupçonnaient un mystère, et le peuple parlait de poison; ces bruits d'empoisonnement n'ont été ni confirmés ni démentis par le temps. L'opinion la plus probable est que le prince, acharné au plaisir, avait fait, pour exciter en lui la nature, un usage immodéré de drogues qu'il composait lui-même, et que ses passions lui rendaient nécessaires quand ses forces physiques ne répondaient pas à l'ardeur de son imagination. Lagusius, son médecin ordinaire, qui avait assisté à l'autopsie du cadavre, affirmait le poison. Qui l'aurait donné? Les Jacobins et les émigrés se renvoyaient le crime : ceux-là l'auraient commis pour se débarrasser du chef armé de l'Empire, et pour jeter ainsi l'anarchie dans la fédération de l'Allemagne, dont l'empereur était le lien; ceux-ci auraient frappé dans Léopold le prince philosophe qui pactisait avec la France et qui retardait la guerre. On parlait d'une femme remarquée par Léopold au dernier bal masqué de la cour. Cette inconnue, à la faveur de son déguisement, lui aurait présenté des sucreries empoisonnées, sans qu'on pût retrouver la main qui lui avait offert la mort. D'autres accusaient la belle Florentine donna Livia, sa maîtresse, instrument, selon eux, du fanatisme de quelques prêtres. Ces anecdotes sont les chimères de l'étonnement et de la douleur ; les peuples ne veulent rien voir de naturel dans les événements qui ont une si immense portée sur leur destinée. Mais les crimes collectifs sont rares ; les opinions désirent des crimes, elles ne les commettent pas. Nul n'accepte pour tous l'exécration d'un forfait qui ne profite qu'à son parti. Le crime est personnel comme l'ambition ou comme la vengeance ; il n'y avait ni ambition ni vengeance. autour de Léopold, il n'y avait que quelques jalousies de femmes. Ses attachements mêmes étaient trop multipliés et trop fugitifs pour allumer dans l'âme de ses maîtresses une de ces passions qui s'arment du poison ou du poignard. Il aimait à la fois donna Livia, qu'il avait amenée avec lui de Toscane, et qui était connue de l'Europe sous le nom de la belle Italienne ; la Prokache, jeune Polonaise ; la charmante comtesse de Walkenstein, d'autres encore d'un rang inférieur. La comtesse de Walkenstein était depuis quelque temps sa maîtresse déclarée ; il venait de lui donner un million en obligations de la banque de Vienne ; il l'avait même présentée à l'impératrice, qui lui pardonnait ses faiblesses pourvu qu'il n'accordât pas sa confiance politique, que jusque-là il lui avait réservée. Il poussait la passion des femmes jusqu'au délire ; il faudrait remonter jusqu'aux époques les plus honteuses de l'empire romain pour trouver dans la cour des empereurs des scandales comparables à ceux de sa vie. On trouva dans son cabinet, après sa mort, une collection d'étoffes précieuses, de bagues, d'éventails, de bijoux, et même jusqu'à cent livres de fard superfin. Les traces de ses débauches firent rougir l'impératrice lorsqu'elle en fit l'inventaire en présence du nouvel empereur. « Mon fils, lui dit-elle, vous avez devant vous la triste preuve des désordres de votre père et de mes longues afflictions ; ne vous souvenez que de mon pardon et de ses vertus. Imitez ses grandes qualités, mais gardez-vous de tomber dans ses vices, pour ne pas faire rougir à votre tour ceux qui auront à scruter votre vie. »

Le prince dans Léopold était supérieur à l'homme. Il avait essayé le gouvernement philosophique en Toscane ; cet heureux pays bénit encore sa mémoire. Son génie n'était pas à la proportion d'un plus vaste empire. La lutte que lui proposait la Révolution française le forçait à saisir la direction de l'Allemagne ; il la saisit avec mollesse. Il opposa les temporisations de la diplomatie à l'incendie des idées nouvelles. Donner du temps à la Révolution, c'était lui assurer la victoire. On ne pouvait la vaincre que par surprise, et l'étouffer que dans son premier foyer. Elle avait le génie des peuples pour négociateur et pour complice ; elle avait pour armée sa popularité croissante. Ses idées lui recrutaient les princes, les peuples, les cabinets ; Léopold aurait voulu lui faire sa part, mais la part des révolutions c'est la conquête de tout ce qui s'oppose à leurs principes. Les principes de Léopold pouvaient bien se concilier avec la Révolution : mais sa puissance comme arbitre de l'Allemagne ne pouvait se concilier avec la puissance conquérante de la France. Son rôle était double, sa situation était fausse. Il mourut à propos pour sa gloire ; il paralysait l'Allemagne, il amortissait l'élan de la France. En disparaissant entre les deux, il laissait les deux principes s'entrechoquer : la guerre devait en sortir.

V

L'opinion, déjà agitée par la mort de Léopold, reçut un autre contre-coup par la nouvelle de la mort tragique du roi de Suède; il fut assassiné la nuit du 16 au 17 mars 1792, dans un bal masqué. La mort semblait atteindre, coup sur coup, tous les ennemis de la France. Les Jacobins voyaient sa main dans toutes ces catastrophes; ils s'en vantaient même par l'organe de leurs plus effrénés démagogues, mais ils proclamaient plus de crimes qu'ils n'en commettaient : ils n'avaient que leurs vœux dans tous ces tragiques événements.

Gustave, ce héros de la contre-révolution, ce chevalier de l'aristocratie, ne périt que sous les coups de sa noblesse. Prêt à partir pour l'expédition qu'il méditait contre la France, il avait assemblé sa diète pour assurer la tranquillité du royaume pendant son absence. Sa vigueur avait comprimé les mécontents; cependant on lui annonçait comme à César que les ides de mars seraient une époque critique pour sa destinée. Mille indices révélaient une trame; le bruit de son prochain assassinat était répandu dans toute l'Allemagne avant que le coup eût été frappé. Ces rumeurs sont le pressentiment des crimes qu'on médite; il échappe toujours quelque éclair de l'âme des conspirateurs : c'est à cette lueur qu'on aperçoit l'événement avant qu'il soit accompli.

Le roi de Suède, averti par ses nombreux amis, qui le suppliaient de se tenir sur ses gardes, répondit comme César que le coup une fois reçu était moins douloureux que la crainte perpétuelle de le recevoir, et qu'il ne pourrait plus boire même un verre d'eau s'il prêtait l'oreille à tous ces avertissements; il bravait la mort et se prodiguait à son peuple.

Les conjurés avaient fait plusieurs tentatives inutiles pendant la durée de la diète : le hasard avait sauvé le roi. Depuis son retour à Stockholm, ce prince allait souvent passer la journée seul à son château de Haga, à une lieue de la capitale. Trois des conjurés s'étaient approchés du château à cinq heures, pendant une soirée sombre d'hiver, armés de carabines; ils avaient épié le roi, prêts à faire feu sur lui. L'appartement qu'il occupait était au rez-de-chaussée; les flambeaux allumés dans la bibliothèque marquaient leur victime à leurs coups. Gustave, revenant de la chasse, se déshabilla, s'assit dans sa bibliothèque et s'endormit dans son fauteuil à quelques pas de ses assassins. Soit qu'un bruit inattendu leur donnât l'alarme, soit que le contraste solennel du sommeil de ce prince sans défiance avec la mort qui le menaçait attendrît leurs âmes, ils reculèrent cette fois encore, et ne révélèrent cette circonstance que dans leur interrogatoire, après l'assassinat. Le roi reconnut la vérité et la précision des circonstances. Ils étaient prêts à renoncer à leur projet, découragés par une sorte d'intervention divine et par la lassitude de porter si longtemps en vain leur complot, quand une occasion fatale vint les tenter avec plus de force et les décider au meurtre du roi.

VI

On donnait un bal masqué à l'Opéra ; le roi devait s'y trouver : ils résolurent de profiter du mystère du déguisement et du désordre d'une fête pour y frapper sans montrer la main. Un peu avant le bal, le roi soupait avec un petit nombre de favoris. On lui remit une lettre, il l'ouvrit et la lut en plaisantant, puis il la jeta sur la table. L'auteur anonyme de cette lettre lui disait qu'il n'était ni l'ami de sa personne, ni l'approbateur de sa politique, mais qu'en ennemi loyal il croyait devoir l'avertir de la mort qui le menaçait. Il lui conseillait de ne point aller au bal ; ou, s'il croyait devoir s'y rendre, il l'engageait à se défier de la foule qui se presserait autour de lui, parce que cet attroupement autour de sa personne devait être le prélude et le signal du coup qui lui serait porté. Pour accréditer auprès du roi l'avertissement qu'il lui donnait, il lui rappelait dans les moindres circonstances son costume, ses gestes, son attitude, son sommeil dans son appartement de Haga pendant la soirée où il avait cru se reposer sans témoin. De tels signes de reconnaissance devaient frapper et intimider l'esprit de ce prince ; son âme intrépide lui fit braver non l'avertissement, mais la mort : il se leva et alla au bal.

VII

A peine avait-il parcouru la salle, qu'il fut entouré, comme on le lui avait prédit, par un groupe de personnes masquées, et séparé, comme par un mouvement machinal, de la foule des officiers qui l'accompagnaient. A ce moment une main invisible lui tira par derrière un coup de pistolet chargé à mitraille. Le coup l'atteignit dans le flanc gauche au-dessus de la hanche; Gustave fléchit dans les bras du comte d'Armsfeld, son favori. Le bruit de l'arme, la fumée de la poudre, les cris : *Au feu!* qui s'élevèrent de partout, la confusion qui suivit la chute du roi, l'empressement réel ou simulé des personnes qui se précipitaient pour le relever, favorisaient la dispersion des assassins; le pistolet était tombé à terre. Gustave ne perdit pas un moment sa présence d'esprit; il ordonna qu'on fermât les portes de la salle et qu'on fît démasquer tout le monde. Transporté par ses gardes dans son appartement, attenant à l'Opéra, il y reçut les premiers soins des médecins; il admit en sa présence quelques-uns des ministres étrangers; il leur parla avec la sérénité d'une âme ferme. La douleur même ne lui inspira pas un sentiment de vengeance. Généreux jusque dans la mort, il demanda avec inquiétude si l'assassin avait été arrêté. On lui répondit qu'il était encore inconnu. « Ah! Dieu veuille, dit-il, qu'on ne le découvre pas! »

Pendant qu'on donnait au roi les premiers soins et qu'on le transportait dans son palais, les gardes postés aux portes du bal faisaient démasquer les assistants, les interrogeaient, prenaient leurs noms, visitaient leurs habits. Rien de suspect ne fut découvert. Quatre des principaux conjurés, hommes de la première noblesse de Stockholm, avaient réussi à s'évader de la salle dans la première confusion produite par le coup de pistolet et avant qu'on eût songé à fermer les portes. Des neuf confidents ou complices du crime, huit étaient déjà sortis sans avoir éveillé aucun soupçon ; il n'en restait plus qu'un dans la salle, affectant une lenteur et un calme garants de son innocence.

Il sortit le dernier de la salle ; il leva son masque devant l'officier de police, et lui dit en le regardant avec assurance : « Quant à moi, monsieur, j'espère que vous ne me soupçonnerez pas. » Cet homme était l'assassin.

On le laissa passer ; le crime n'avait d'autres indices que le crime lui-même : un pistolet et un couteau aiguisé en poignard, trouvés sous les masques et sous les fleurs sur le plancher de l'Opéra. L'arme seule révéla la main. Un armurier de Stockholm reconnut le pistolet et déclara l'avoir vendu peu de temps auparavant à un gentilhomme suédois, ancien officier des gardes, Ankarstroem. On trouva Ankarstroem chez lui, ne songeant ni à se disculper ni à fuir. Il reconnut l'arme et le crime. Un jugement injuste, selon lui, et à l'occasion duquel cependant le roi lui avait fait grâce de la vie, l'ennui de l'existence dont il voulait illustrer et utiliser la fin au profit de sa patrie, l'espoir, s'il réussissait, d'une récompense nationale digne de l'attentat, lui avaient, disait-il, inspiré ce projet. Il en revendiquait pour lui seul la gloire ou l'opprobre. Il niait tout complot et tout complice. Sous le fanatique il masquait le conjuré.

Ce rôle fléchit au bout de quelques jours sous la vérité et sous le remords. Il déroula le complot, il nomma les coupables, il confessa le prix du crime. C'était une somme d'argent qu'on avait pesée rixdale par rixdale contre le sang de Gustave. Ce plan, conçu depuis six mois, avait été déjoué trois fois, par le hasard ou par la destinée : à la diète de Telje, à Stockholm et à Haga. Le roi tué, tous les favoris de son cœur, tous les instruments de son gouvernement devaient être immolés à la vengeance du sénat et à la restauration de l'aristocratie. On devait promener leurs têtes, au bout de piques, dans les rues de la capitale, à l'imitation des supplices populaires de Paris. Le duc de Sudermanie, frère du roi, devait être sacrifié. Le jeune roi, livré aux conjurés, leur servirait d'instrument passif pour rétablir l'ancienne constitution et pour légitimer leur forfait. Les principaux complices appartenaient aux premières familles de Suède ; la honte de leur puissance perdue avait avili leur ambition jusqu'au crime. C'étaient le comte de Ribbing, le comte de Horn, le baron d'Ehrensvœrd, et enfin le colonel Lilienhorn. Lilienhorn, commandant des gardes, tiré de la misère et de l'obscurité par la faveur du roi, élevé aux premiers grades de l'armée et aux premières intimités du palais, avoua son ingratitude et son crime : séduit, confessa-t-il, par l'ambition de commander, pendant le trouble, les gardes nationales de Stockholm. Le rôle de La Fayette à Paris lui avait paru l'idéal du citoyen et du soldat. Il n'avait pu résister à l'éblouissement de cette perspective. A demi engagé dans le complot, il avait essayé de le rendre impossible tout en le méditant. C'était lui qui avait écrit au roi la lettre anonyme où on avertissait ce prince de l'attentat manqué à Haga, et de celui qui le menaçait dans cette fête; d'une main il poussait l'assassin, de l'autre il retenait la victime, comme s'il eût ainsi préparé lui-même une excuse à ses remords après le forfait consommé.

Le jour fatal il avait passé la soirée dans les appartements du roi, il lui avait vu lire la lettre, il l'avait suivi au bal : énigme du crime, assassin miséricordieux, l'âme ainsi partagée entre la soif et l'horreur du sang de son bienfaiteur.

VIII

Gustave mourut lentement, il voyait la mort s'approcher ou s'éloigner tour à tour avec la même indifférence ou avec la même résignation : il reçut sa cour, il s'entretint avec ses amis, il se réconcilia même avec les adversaires de son gouvernement, qui ne cachaient point leur opposition, mais qui ne poussaient pas leur ressentiment aristocratique jusqu'à l'assassinat. « Je suis consolé, dit-il au comte de Brahé, un des plus grands seigneurs et un des chefs des mécontents, puisque la mort me fait retrouver en vous un ancien ami. »

Il veilla jusqu'à la fin sur le royaume. Il nomma le duc de Sudermanie régent, il institua un conseil de régence; il nomma Armsfeld, son ami, gouverneur militaire de Stockholm; il enveloppa le jeune roi, âgé de treize ans, de tous les appuis qui pouvaient affermir sa minorité. Il prépara le passage d'un règne à l'autre, il arrangea sa mort pour qu'elle ne fût un événement que pour lui seul. « Mon fils, écrivait-il quelques heures avant d'expirer, ne sera majeur qu'à dix-huit ans, mais j'espère qu'il sera roi à seize. » Il présageait ainsi à son successeur la précocité de courage et de génie qui l'avait fait régner lui-même et gouverner avant le temps. Il dit à son grand aumônier en se confessant : « Je ne crois pas porter de grands mérites devant Dieu, mais j'emporte du moins la conscience de n'avoir volontairement fait de mal à personne. » Puis ayant demandé un moment de repos pour reprendre des forces avant d'embrasser pour la dernière fois sa famille, il dit adieu en souriant à son ami Bergenstiern, et s'étant endormi, il ne se réveilla plus.

Le prince royal, proclamé roi, monta le même jour sur le trône. Le peuple, que Gustave avait affranchi du joug du sénat, jura spontanément de défendre ses institutions dans son fils. Il avait si bien employé les jours que Dieu lui avait laissés entre l'assassinat et la mort, que rien ne périt de lui que lui-même, et que son ombre parut continuer de régner sur les Suédois.

Ce prince n'avait de grand que l'âme, et de beau que les yeux. Petit de taille, les épaules fortes, les hanches mal attachées, le front bizarrement modelé, le nez long, la bouche large ; mais la grâce et la vivacité de sa physionomie couvraient toutes ces imperfections de la forme et faisaient de Gustave un des hommes les plus séduisants de son royaume ; l'intelligence, la bonté, le courage, ruisselaient de ses yeux sur ses traits. On sentait l'homme, on admirait le roi, on devinait le héros ; il y avait du cœur dans son génie, comme chez tous les véritables grands hommes. Instruit, lettré, éloquent, il appliquait tous ces dons à l'empire; ceux qu'il avait vaincus par le courage, il les conquérait par la générosité, il les charmait par sa parole. Ses défauts étaient le faste et la volupté; il assaisonnait la gloire de ces plaisirs et de ces amours qu'on accuse et qu'on pardonne dans les héros; il avait les vices d'Alexandre, de César et de Henri IV. Il ne lui manqua, pour ressembler à ces grands hommes, que leur fortune.

Presque enfant, il s'était arraché à la tutelle de l'aristocratie; en émancipant le trône, il avait émancipé le peuple. A la tête d'une armée recrutée sans trésors et qu'il disciplina par l'enthousiasme, il envahit la Finlande russe, et menaça Saint-Pétersbourg. Arrêté dans ses progrès par une insurrection de ses officiers, enfermé dans sa tente par ses gardes, il leur avait échappé par la fuite, il avait couru au secours d'une autre partie de son royaume envahi par les Danois. Vainqueur de ces ennemis acharnés de la Suède, la reconnaissance de la nation lui avait rendu son armée repentante; il ne s'était vengé qu'en lui ramenant la fortune.

Il avait tout sauvé au dehors, tout pacifié au dedans; désintéressé de tout, excepté de la gloire, il n'avait plus qu'une ambition : venger la cause abandonnée de Louis XVI, et arracher à ses persécuteurs une reine qu'il adorait de loin. Ce rêve même était d'un héros; il n'eut qu'un tort : son génie fut plus vaste que son empire; l'héroïsme disproportionné aux moyens fait ressembler le grand homme à l'aventurier et transforme les grands desseins en chimères. Mais l'histoire ne juge pas comme la fortune : c'est le cœur plus que le succès qui fait le héros ; ce caractère romanesque et aventureux du génie de Gustave n'en est pas moins la grandeur de l'âme inquiète et agitée dans la petitesse de la destinée. Sa mort fit pousser un cri de joie aux Jacobins, ils déifièrent Ankarstroem; mais l'explosion de leur joie en apprenant la fin de Gustave trahit le peu de sincérité de leur mépris pour cet ennemi de la Révolution.

IX

Ces deux obstacles enlevés, rien ne retenait plus la France et l'Europe que le faible cabinet de Louis XVI. L'impatience de la nation, l'ambition des Girondins et le ressentiment des constitutionnels blessés dans M. de Narbonne, se réunirent pour renverser ce cabinet : Brissot, Vergniaud, Guadet, Condorcet, Gensonné, Pétion, leurs amis dans l'Assemblée, le conciliabule de madame Roland, leurs séides aux Jacobins, flottaient entre deux partis également ouverts à leur génie : briser le pouvoir ou s'en emparer. Brissot leur conseilla ce dernier parti. Plus versé que les jeunes orateurs de la Gironde dans la politique, il ne comprenait pas la Révolution sans gouvernement. L'anarchie, selon lui, ne perdait pas moins la liberté que la monarchie. Plus les événements étaient grands, plus la direction leur était nécessaire. Placé désarmé sur le premier plan de l'Assemblée et de l'opinion, le pouvoir s'offrait à eux, il fallait le saisir : une fois entre leurs mains, ils en feraient, selon les conseils de la fortune et selon la volonté du peuple, une monarchie ou une république. Prêts à tout ce qui les laisserait régner sous le nom du roi ou sous le nom du peuple, ces hommes qui sortaient à peine de l'obscurité, et qui, séduits par la facilité de leur fortune, la saisissaient à son premier sourire, s'abandonnaient à ses conseils. Les hommes qui montent vite prennent aisément le vertige.

Toutefois, une profonde politique se révéla, dans ce conseil secret des Girondins, par le choix des hommes qu'ils mirent en avant et qu'ils présentèrent pour ministres au roi. Brissot montra en cela la patience d'une ambition consommée. Il inspira sa prudence à Vergniaud, à Pétion, à Guadet, à Gensonné, à tous les hommes éminents de son parti. Il resta avec eux dans le demi-jour près du pouvoir ; mais en dehors du ministère projeté, il voulut tâter l'opinion par des hommes secondaires qu'on pouvait désavouer et sacrifier au besoin, et se tenir en réserve avec les premières têtes des Girondins, soit pour appuyer, soit pour renverser ce faible ministère de transition, si la nation commandait des mesures plus décisives. Brissot et les siens étaient prêts à tout, à diriger comme à remplacer le pouvoir : ils étaient maîtres et ils n'étaient pas responsables. On reconnaissait les disciples de Machiavel à cette tactique des Girondins. De plus, en s'abstenant d'entrer dans le premier cabinet, ils restaient populaires, ils conservaient à l'Assemblée et aux Jacobins ces voix puissantes qui auraient été étouffées dans le ministère : cette popularité leur était nécessaire pour lutter contre Robespierre, qui marchait de près sur leurs pas et qui se serait trouvé à la tête de l'opinion s'ils la lui avaient abandonnée. En entrant aux affaires, ils affectaient pour ce rival plus de mépris qu'ils n'en avaient : Robespierre balançait seul leur influence aux Jacobins. Les vociférations de Billaud-Varennes, de Danton, de Collot-d'Herbois, ne les alarmaient pas ; le silence de Robespierre les inquiétait : ils l'avaient vaincu dans la question de la guerre ; mais l'opposition stoïque de Robespierre et l'élan du peuple vers la guerre ne l'avaient pas décrédité. Cet homme avait retrempé sa force dans l'isolement. L'inspiration d'une conscience solitaire et incorruptible était plus forte que l'entraînement de tout un parti. Ceux qui ne l'approuvaient pas l'admiraient encore : il s'était rangé de côté pour laisser passer la guerre ; mais l'opinion avait toujours les yeux sur lui : on eût dit qu'un instinct secret révélait au peuple que cet homme était lui seul un avenir. Quand il marchait, on le suivait ; quand il ne marchait plus, on l'attendait : les Girondins étaient donc condamnés par la prudence à se défier de cet homme et à rester dans l'Assemblée entre leur ministère et lui. Ces précautions prises, ils cherchèrent autour d'eux quels étaient les hommes nuls par eux-mêmes, mais inféodés à leur parti, dont ils pouvaient faire des ministres ; il leur fallait des instruments, et non des maîtres ; des séides attachés à leur fortune, qu'ils pussent tourner à leur gré ou contre le roi ou contre les Jacobins, grandir sans crainte ou précipiter sans remords. Ils les cherchèrent dans l'obscurité, et crurent les avoir trouvés dans Clavières, dans Roland, dans Dumouriez, dans Lacoste et dans Duranton ; ils ne s'étaient trompés que d'un homme. Dumouriez se trouva le génie d'une circonstance caché sous l'habit d'un aventurier.

X

Les rôles ainsi préparés et madame Roland avertie de l'élévation prochaine de son mari, les Girondins attaquèrent le ministère dans la personne de M. de Lessart à la séance du 10 mars. Brissot lut contre ce ministre un acte d'accusation habilement et perfidement tissu, où les apparences présentées pour des faits et les conjectures données pour des preuves jetaient sur les négociations de M. de Lessart tout l'odieux et toute la criminalité d'une trahison. Il propose le décret d'accusation contre le ministre des affaires étrangères. L'Assemblée se tait ou applaudit. Quelques membres, sans défendre le ministre, demandent que l'Assemblée se donne le temps de la réflexion et affecte au moins l'impartialité de la justice. « Hâtez-vous, s'écrie Isnard ; pendant que vous délibérez, le traître fuit peut-être. — J'ai été longtemps juge, répond Boulanger ; je n'ai jamais décrété si légèrement la peine capitale. » Vergniaud, qui voit l'Assemblée indécise, s'élance deux fois à la tribune pour combattre les excuses et les temporisations du côté droit. Becquet, dont le sang-froid égale le courage, veut tourner le danger et demande le renvoi au comité diplomatique. Vergniaud craint que l'heure n'échappe à son parti. « Non, non, dit-il, il ne faut pas de preuves pour rendre un décret d'accusation : des présomptions suffisent. Il n'est aucun de nous dans l'esprit duquel la lâcheté et la perfidie qui caractérisent les actes du ministre n'aient produit la plus vive indignation. N'est-ce pas lui qui a gardé pendant deux mois dans son portefeuille le décret de réunion d'Avignon à la France? et le sang versé dans cette ville, les cadavres mutilés de tant de victimes, ne nous demandent-ils pas vengeance contre lui? Je vois de cette tribune le palais où des conseillers pervers trompent le roi que la constitution nous donne, forgent les fers dont ils veulent nous enchaîner, et ourdissent les trames qui doivent nous livrer à la maison d'Autriche. (La salle retentit d'applaudissements forcenés.) Le jour est arrivé de mettre un terme à tant d'audace, à tant d'insolence, et d'anéantir enfin les conspirateurs. L'épouvante et la terreur sont souvent sorties dans les temps antiques de ce palais fameux au nom du despotisme; qu'elles y rentrent aujourd'hui au nom de la loi (les applaudissements redoublent et se prolongent); qu'elles y pénètrent tous les cœurs; que tous ceux qui l'habitent sachent que la constitution ne promet l'inviolabilité qu'au roi; qu'ils apprennent que la loi y atteindra tous les coupables, et qu'il n'y sera pas une seule tête convaincue d'être criminelle qui puisse échapper à son glaive. »

Ces allusions à la reine, qu'on accusait de diriger le comité autrichien; ces paroles menaçantes adressées au roi, allèrent retentir jusque dans le cabinet de ce prince et forcer sa main à signer la nomination du ministère girondin. C'était ainsi une manœuvre de parti exécutée, sous les apparences de l'indignation et de l'improvisation, du haut de la tribune; c'était plus, c'était le premier signe fait par les Girondins aux hommes du 20 juin et du 10 août. L'acte d'accusation fut emporté, et de Lessart envoyé à la cour d'Orléans, qui ne le rendit qu'aux égorgeurs de Versailles.

Il pouvait s'enfuir, mais sa fuite eût été interprétée contre le roi. Il se plaça généreusement entre la mort et son maître, innocent de tout, excepté de son amour pour lui.

Le roi sentit qu'il n'y avait plus qu'un degré entre l'abdication et lui : c'était de prendre son ministère parmi ses ennemis, et de les intéresser au pouvoir en le remettant entre leurs mains. Il céda au temps, il embrassa son ministre, il demanda aux Girondins de lui en imposer un autre. Les Girondins s'en étaient déjà sourdement occupés. On avait fait, au nom de ce parti, des ouvertures à Roland dès la fin de février. « La cour, lui disait-on, n'est pas éloignée de prendre des ministres jacobins : ce n'est pas par penchant, c'est par perfidie. La confiance qu'elle feindra de leur donner sera un piége. Elle voudrait des hommes violents pour leur imputer les excès du peuple et le désordre du royaume; il faut tromper ses espérances perfides, et lui donner des patriotes fermes et sages. On songe à vous. »

XI

Roland, ambition aigrie dans l'obscurité, avait souri à ce pouvoir qui venait venger sa vieillesse. Brissot lui-même était venu chez madame Roland le 21 du même mois, et, répétant les mêmes paroles, lui avait demandé le consentement formel de son mari. Madame Roland était ambitieuse de puissance et de gloire. La gloire n'éclaire que les hauteurs. Elle désirait ardemment y faire monter son mari. Elle répondit en femme qui avait prédit l'événement, et que la fortune ne surprend pas. « Le fardeau est lourd, dit-elle à Brissot, mais le sentiment de ses forces est grand chez Roland; il en puisera de nouvelles dans la confiance d'être utile à la liberté et à son pays. »

Ce choix fait, les Girondins jetèrent les yeux sur Lacoste, commissaire ordonnateur de la marine, homme de bureau, esprit limité par la règle, mais cœur honnête et droit, échappant aux factions par la candeur de son âme. Jeté dans le conseil pour être le surveillant de son maître, il y devint naturellement son ami. Duranton, avocat de Bordeaux, fut appelé à la justice. Les Girondins, dont il était connu, se parèrent de son honnêteté, et comptèrent sur sa condescendance et sur sa faiblesse. Aux finances Brissot destina Clavière, économiste genevois, expulsé de son pays, parent et ami de Brissot, rompu à l'intrigue, émule de Necker, grandi dans le cabinet de Mirabeau pour élever un rival contre ce ministre odieux à Mirabeau. Homme du reste sans préjugés républicains et sans principes monarchiques, ne cherchant dans la Révolution qu'un rôle, et pour qui le dernier mot de tout était : parvenir. Son esprit, indifférent à tous les scrupules, était au niveau de toutes les situations et à la hauteur de tous les partis. Les Girondins, neufs aux affaires, avaient besoin d'hommes spéciaux à la guerre et aux finances, qui fussent pour eux des instruments de gouvernement. Clavière en était un. A la guerre ils avaient de Grave, par lequel le roi avait remplacé Narbonne; de Grave, qui, des rangs subalternes de l'armée, venait d'être élevé au ministère de la guerre, avait des affinités avouées avec les Girondins. Ami de Gensonné, de Vergniaud, de Guadet, de Brissot, de Danton même, il espérait en eux pour sauver à la fois la constitution et le roi. Dévoué à l'une et à l'autre, il était le nœud qui s'efforçait d'unir les Girondins à la royauté. Jeune, il avait les illusions de son âge. Constitutionnel, il avait la sincérité de sa conviction; mais faible, maladif, plus prompt à entreprendre que ferme à exécuter, il était de ces hommes provisoires qui aident les événements à s'accomplir, et qui ne les embarrassent pas quand ils sont accomplis.

Mais le principal ministre, celui entre les mains duquel allait reposer le sort de la patrie et se résumer toute la politique des Girondins, c'était le ministre des affaires étrangères, destiné à remplacer l'infortuné de Lessart. La rupture avec l'Europe était l'affaire la plus urgente de ce parti; il lui fallait un homme qui dominât le roi, qui déjouât les trames secrètes de la cour, qui connût le mystère des cabinets européens, et qui par son habileté et sa résolution sût à la fois forcer nos ennemis à la guerre, nos amis douteux à la neutralité, nos partisans secrets à notre alliance. Ils cherchaient cet homme. Ils l'avaient sous la main.

LIVRE TREIZIÈME

Dumouriez. — Son portrait. — Difficultés de la situation de Roland. — Dumouriez conciliateur entre le roi et la nation. — Conseils qu'il donne à la reine. — Sa présence aux Jacobins. — Il se coiffe du bonnet rouge et embrasse Robespierre. — Lettre du roi à l'Assemblée. — Le roi donne son adhésion au choix des nouveaux ministres. — L'harmonie semble régner dans le conseil. — Réunion des Girondins chez madame Roland. — Lettre confidentielle de Roland au roi. — Rapports secrets entre Vergniaud, Guadet, Gensonné et le château. — Dissentiments entre Dumouriez et les Girondins. — Dumouriez se rapproche de Danton. — Antagonisme de Brissot et de Robespierre. — Discours de Brissot. — Discours de Robespierre.

I

Dumouriez réunissait toutes les conditions d'audace, de dévouement à leur cause et d'habileté que désiraient les Girondins; et cependant, homme secondaire et presque inconnu jusque-là, il n'avait de fortune à espérer que de leur fortune. Son nom n'offusquerait point leur génie, et s'il se montrait insuffisant ou rebelle à leurs projets, ils le briseraient sans crainte et l'écraseraient sans pitié. Brissot, l'oracle diplomatique de la Gironde, était évidemment le ministre définitif qui devait gouverner un jour les relations étrangères, et qui en attendant gouvernerait d'avance sous le nom de Dumouriez.

Les Girondins avaient découvert Dumouriez dans l'obscurité d'une existence jusque-là subalterne, par l'intermédiaire de Gensonné. Gensonné avait eu Dumouriez pour collègue dans la mission que l'Assemblée constituante lui avait donnée d'aller examiner la situation des départements de l'Ouest, agités déjà par le pressentiment sourd de la guerre civile et par les premiers troubles religieux. Pendant cette mission, qui avait duré plusieurs mois, les deux commissaires avaient eu de fréquentes occasions d'échanger leurs pensées les plus intimes sur les grands événements qui agitaient en ce moment les esprits. Leurs cœurs s'étaient pénétrés. Gensonné avait reconnu avec tact dans son collègue un de ces génies retardés par les circonstances et voilés par l'obscurité de leur sort, qu'il suffit d'exposer au grand jour de l'action publique pour les faire briller de tout l'éclat dont la nature et l'étude les ont doués ; il avait senti de près aussi dans cette âme ce ressort de caractère assez fort pour porter l'action d'une révolution, assez élastique pour se plier à toutes les difficultés des affaires. En un mot, Dumouriez avait, au premier contact, exercé sur Gensonné cette séduction, cet ascendant, cet empire que la supériorité qui se dévoile et qui s'abaisse ne manque jamais d'exercer sur les esprits auxquels elle daigne se révéler.

Cette séduction, sorte de confidence du génie, était un des caractères de Dumouriez. C'est par elle qu'il conquit plus tard les Girondins, le roi, la reine, son armée, les Jacobins, Danton, Robespierre lui-même. C'est ce que les grands hommes appellent leur étoile, étoile qui marche devant eux et qui leur prépare les voies : l'étoile de Dumouriez était la séduction ; mais cette séduction elle-même n'était que l'entraînement de ses idées justes, pressées, rapides, dans l'orbite desquelles l'incroyable activité de son esprit emportait l'esprit de ceux qui l'écoutaient penser ou qui le voyaient agir. Gensonné, au retour de sa mission, avait voulu enrichir son parti de cet homme inconnu, dont il pressentait de loin la grandeur. Il présenta Dumouriez à ses amis de l'Assemblée, à Guadet, à Vergniaud, à Roland, à Brissot, à de Grave ; il leur communiqua l'étonnement et la confiance que les doubles facultés de Dumouriez, comme diplomate et comme militaire, lui avaient inspirés à lui-même. Il leur en parla comme du sauveur caché que la destinée préparait à la liberté. Il les conjura de s'attacher cet homme, qui les grandirait en grandissant par eux.

A peine eurent-ils vu Dumouriez qu'ils furent convaincus. Son esprit était électrique. Il frappait avant qu'on eût le temps de le discuter. Les Girondins le présentèrent à de Grave, de Grave au roi. Le roi lui proposa le ministère provisoire des affaires étrangères, en attendant que M. de Lessart, envoyé à la haute cour, eût démontré son innocence à ses juges et pût reprendre la place qu'il lui réservait dans son conseil. Dumouriez refusa ce rôle de ministre intermédiaire, qui l'effaçait et l'affaiblissait devant tous les partis en le rendant suspect à tous. Le roi céda, et Dumouriez fut nommé.

II

L'histoire doit s'arrêter un moment devant cet homme, qui, sans avoir pris le nom de dictateur, résuma pendant deux ans en lui seul la France expirante, et exerça sur son pays la plus incontestée des dictatures : la dictature de son génie. Dumouriez est du nombre de ces hommes qu'on ne dépeint pas seulement en les nommant, mais dont les antécédents expliquent la nature, qui ont dans le passé le secret de leur avenir, qui ont, comme Mirabeau, leur existence répandue dans deux époques, qui ont leurs racines dans deux sols, et qu'on ne connaît qu'en les détaillant.

Dumouriez, fils d'un commissaire des guerres, était né à Cambrai en 1739 ; quoique sa famille habitât le nord de la France, son sang était méridional. Sa famille, originaire d'Aix en Provence, se retrouvait tout entière dans la lumière, dans la chaleur et dans la sensibilité de sa nature ; on y sentait le ciel qui avait fécondé le génie de Mirabeau. Son père, militaire et lettré, l'éleva à la fois pour les lettres et pour la guerre. Un de ses oncles, employé au ministère des affaires étrangères, le façonna de bonne heure à la diplomatie. Esprit puissant et souple à la fois, il se prêtait également à tout ; aussi propre à l'action qu'à la pensée, il passait de l'une à l'autre avec complaisance, selon les phases de sa destinée. On sentait en lui la flexibilité du génie grec dans les temps mobiles de la démocratie d'Athènes.

Ses études fortes tournèrent de bonne heure son esprit vers l'histoire, ce poëme des hommes d'action. Plutarque le nourrissait de sa mâle substance. Il se moulait sur les figures antiques dessinées à nu par cet historien, l'idéal de sa propre vie ; seulement tous les rôles de ses divers grands hommes lui allaient également. Il les prenait tour à tour et les réalisait dans ses rêves, aussi propre à reproduire en lui le voluptueux que le sage, le factieux que le patriote, Aristippe que Thémistocle, Scipion que Coriolan. Il associait à ses études les exercices de la vie militaire, se façonnait le corps aux fatigues en même temps que l'âme aux grandes pensées ; également habile à manier l'épée et intrépide à dompter le cheval. Démosthène s'était fait par la patience un organe sonore avec une langue qui bégayait. Dumouriez, avec un tempérament faible et maladif dans son enfance, se faisait un corps pour la guerre. L'activité ambitieuse de son âme avait besoin de se préparer son instrument.

III

Rebelle à la volonté de son père, qui le destinait aux bureaux de la guerre, la plume lui répugnait ; il obtint une sous-lieutenance de cavalerie. Il fit, comme aide de camp du maréchal d'Armentières, la campagne du Hanovre ; dans la retraite, il saisit un drapeau des mains d'un fuyard, rallie deux cents cavaliers autour de lui, sauve une batterie de cinq pièces de canon et couvre le passage de l'armée.

Resté presque seul à l'arrière-garde, il se fait un rempart du cadavre de son cheval et blesse trois hussards ennemis. Criblé de balles et de coups de sabre, la cuisse engagée sous le corps de son cheval, deux doigts de la main droite coupés, le front déchiré, les yeux brûlés d'un coup de feu, il combat encore et ne se rend prisonnier qu'au baron de Beker, qui le sauve et le fait porter au camp des Anglais.

Sa jeunesse et sa séve le rétablissent au bout de deux mois. Destiné à se former à la victoire par l'exemple des défaites et de l'impéritie de nos généraux, il rejoint le maréchal de Soubise et le maréchal de Broglie, et il assiste aux déroutes que les Français doivent à leur envieuse rivalité.

A la paix, il va rejoindre son régiment en garnison à Saint-Lô. En passant à Pont-Audemer, il s'arrête chez une sœur de son père. Un amour passionné pour une des filles de son oncle l'y retient. Cet amour, partagé par sa cousine et favorisé par sa tante, est combattu par son père. La jeune fille désespérée se réfugie dans un couvent. Dumouriez jure de l'en arracher; il s'éloigne; le chagrin le saisit en route, il achète de l'opium à Dieppe, s'enferme dans sa chambre, écrit un adieu à son amante, un reproche à son père, et s'empoisonne; la nature le sauve, le repentir le prend, il va se jeter aux genoux de son père, et se réconcilie avec lui.

A vingt-quatre ans, après sept campagnes, il ne rapportait de la guerre que vingt-deux blessures, une décoration, le grade de capitaine, une pension de six cents livres, des dettes contractées au service, et l'amour sans espoir qui rongeait son âme. Son ambition aiguillonnée par son amour lui fait chercher dans la politique cette fortune que la guerre lui refuse encore.

Il y avait alors à Paris un de ces hommes énigmatiques qui tiennent à la fois de l'intrigant et de l'homme d'État ; subalternes et anonymes, ils jouent, sous le nom d'autrui, des rôles cachés, mais importants dans les affaires. Hommes de police autant que de politique, les gouvernements qui les emploient et qui les méprisent payent leurs services non en fonctions, mais en subsides. Manœuvres de la politique, on les salarie au jour le jour ; on les lance, on les compromet, on les désavoue, quelquefois même on les emprisonne : ils souffrent tout, même la captivité et le déshonneur, pour de l'argent. Ces hommes sont des choses à vendre auxquelles leur talent et leur utilité mettent le prix : tels furent Linguet et Brissot ; tel était alors un certain Favier.

Ce Favier, employé tour à tour par M. le duc de Choiseul et par M. d'Argenson à rédiger des mémoires diplomatiques, était consommé dans la connaissance de l'Europe. Il était l'espion vigilant de tous les cabinets, il en savait les arrière-pensées, il en devinait les intrigues, il les déjouait par des contre-mines dont le ministre des affaires étrangères qui l'employait ne connaissait pas toujours le secret. Louis XV, roi de petites pensées et de petits moyens, ne dédaignait pas de mettre Favier dans la confidence des trames qu'il ourdissait contre ses propres ministres. Favier était l'intermédiaire de la correspondance politique que ce prince entretenait avec le comte de Broglie, à l'insu et contre les vues de son cabinet. Une telle confidence, soupçonnée plus que connue des ministres, un talent d'écrivain distingué, des connaissances vastes en droit public, en histoire et en diplomatie, donnaient à Favier un crédit sur l'administration et une influence sur les affaires trèssupérieurs à son rôle obscur et à sa considération discréditée ; il était en quelque sorte le ministre des hautes intrigues de son temps.

IV

Dumouriez, voyant les grandes voies de la fortune fermées devant lui, résolut de s'y jeter par les voies obliques ; il s'attacha à Favier. Favier s'attacha à lui, et c'est dans ce commerce de ses premières années que Dumouriez contracta ce caractère d'aventure et de témérité qui donna toute sa vie à son héroïsme et à sa politique quelque chose d'habile comme l'intrigue et d'inconsidéré comme le coup de main. Favier l'initia aux secrets des cours, et engagea Louis XV et le duc de Choiseul à employer les talents de Dumouriez dans la diplomatie et dans la guerre à la fois.

C'était le moment où le grand patriote corse Paoli s'efforçait d'arracher son pays à la tyrannie de la république de Gênes, et d'assurer à ce peuple une indépendance dont il offrait tour à tour le patronage à l'Angleterre et à la France. Arrivé à Gênes, Dumouriez entreprend de déjouer à la fois la république, l'Angleterre et Paoli ; il se lie avec des aventuriers corses, conspire contre Paoli, fait une descente dans l'île, qu'il appelle à l'indépendance, et réussit à demi. Il se jette dans une felouque pour venir apporter au duc de Choiseul les renseignements sur la nouvelle situation de la Corse, et implorer le secours de la France. Retardé par une tempête, ballotté plusieurs semaines sur les côtes d'Afrique, il arrive trop tard à Marseille : le traité de la France avec Gênes était signé. Il descend à Paris chez son ami Favier.

Favier lui confie qu'il est chargé de rédiger un mémoire pour démontrer au roi et aux ministres la nécessité de soutenir la république de Gênes contre les indépendants corses; que ce mémoire lui a été demandé secrètement par l'ambassadeur de Gênes et par une femme de chambre de la duchesse de Grammont, sœur favorite du duc de Choiseul, intéressée, ainsi que les frères de la du Barry, dans les fournitures de l'armée; que cinq cents louis sont pour lui le prix de ce mémoire et du sang des Corses; il offre une part de l'intrigue et des bénéfices à Dumouriez. Celui-ci feint d'accepter, vole chez le duc de Choiseul, lui révèle la manœuvre, en est bien accueilli, croit avoir convaincu le ministre, et se prépare à repartir pour porter aux Corses les subsides et les armes attendus. Le lendemain il trouve le ministre changé. Chassé de son audience avec des paroles outrageantes, Dumouriez se retire et passe en Espagne secrètement. Secouru par Favier, qui se contentait de l'avoir joué et qui avait pitié de sa candeur; assisté par le duc de Choiseul, il conspire avec le ministre espagnol et l'ambassadeur de France la conquête du Portugal, dont il est chargé d'étudier militairement la topographie et les moyens de défense. Le marquis de Pombal, premier ministre de Portugal, conçoit des soupçons sur la mission de Dumouriez, et l'oblige à quitter Lisbonne. Le jeune diplomate revient à Madrid, apprend que sa cousine, captée par les religieuses de son couvent, l'abandonne et va prononcer ses vœux. Il s'attache à une autre maîtresse, jeune

Française, fille d'un architecte établi à Madrid, et endort quelques années son activité dans les délices d'un amour partagé. Un ordre du duc de Choiseul le rappelle à Paris, il hésite; son amante elle-même le décide et se sacrifie à sa fortune, comme si elle eût entendu de si loin le pressentiment de sa gloire. Il arrive à Paris; il est nommé maréchal général des logis de l'armée française en Corse : il s'y distingue comme partout. A la tête d'un détachement de volontaires il s'empare du château de Corte, dernier asile et demeure personnelle de Paoli. Il prend pour sa part du butin la bibliothèque de cet infortuné patriote. Le choix de ces livres et les notes dont ils étaient couverts de la main de Paoli révélaient un de ces caractères qui cherchent leur analogue dans les grandes figures de l'antiquité. Dumouriez était digne de cette dépouille, puisqu'il l'appréciait au-dessus de l'or. Le grand Frédéric appelait Paoli le premier capitaine de l'Europe. Voltaire le nommait le vainqueur et le législateur de sa patrie. Les Français rougissaient de le vaincre, la fortune de l'abandonner. S'il n'affranchit pas sa patrie, il mérita d'immortaliser sa lutte. Trop grand citoyen pour un si petit peuple, il ne laissa pas une gloire à la proportion de sa patrie, mais à la proportion de ses vertus. La Corse est restée au rang des provinces conquises, mais Paoli est resté au rang des grands hommes.

V

De retour à Paris, Dumouriez y passa un an dans la société des hommes de lettres et des femmes de plaisir qui donnaient aux réunions de ce temps l'esprit et le ton d'une orgie décente. Lié d'un attachement de cœur avec une ancienne compagne de madame du Barry, il connaissait cette courtisane parvenue, que le libertinage avait élevée jusqu'au trône. Mais dévoué au duc de Choiseul, ennemi de cette maîtresse du roi, et conservant ce supplément à la vertu, chez les Français, qu'on appelle honneur, il ne prostitua pas son uniforme dans sa cour; il rougit de voir le vieux monarque, aux revues de Fontainebleau, marcher à pied, la tête découverte, devant son armée, à côté du carrosse où cette femme étalait sa beauté et son empire. Madame du Barry s'offensa de l'oubli du jeune officier : elle devina le mépris sous l'absence. Dumouriez fut envoyé en Pologne, au même titre qu'il avait été envoyé en Portugal. Cette mission, à la fois diplomatique et militaire, était une secrète pensée du roi, conseillé par son confident, le comte de Broglie, et par Favier, l'inspirateur du comte.

C'était le moment où la Pologne opprimée et à demi occupée par les Russes, menacée par la Prusse, abandonnée par l'Autriche, essayait quelques mouvements incohérents pour renouer ses tronçons épars, et disputer du moins par lambeaux sa nationalité à ses oppresseurs : dernier soupir de la liberté d'un peuple. Le roi, qui craignait de heurter l'impératrice de Russie Catherine, de donner des prétextes d'hostilité à Frédéric et des ombrages à la cour de Vienne, voulait cependant tendre à la Pologne expirante la main de la France, mais en cachant cette main et en se réservant de la couper même s'il était nécessaire. Dumouriez fut l'intermédiaire choisi pour ce rôle, ministre secret de la France auprès des confédérés polonais, général au besoin, mais général aventurier et désavoué, pour rallier et diriger leurs efforts.

Le duc de Choiseul, indigné de l'abaissement de la France, préparait sourdement la guerre contre la Prusse et l'Angleterre. Cette diversion puissante en Pologne était nécessaire à son plan de campagne. Il donna ses instructions confidentielles à Dumouriez; mais, renversé du ministère par les intrigues de madame du Barry et de M. d'Argenson, le duc de Choiseul fut tout à coup exilé de Versailles avant que Dumouriez fût arrivé en Pologne. La politique de la France, changeant avec le ministre, déroutait d'avance les plans de Dumouriez; il les suivit cependant avec une ardeur et une suite dignes d'un meilleur succès. Il trouva le peuple polonais avili par la misère, l'esclavage et l'habitude du joug étranger; il trouva les aristocrates polonais corrompus par le luxe, endormis dans les voluptés, usant en intrigues et en paroles la chaleur de leur patriotisme dans les conférences d'Épéries, qui avaient suivi la confédération de Bar. Une femme d'une beauté célèbre, d'un rang élevé, d'un génie oriental, la comtesse de Mniszek, fomentait, nouait ou dénouait ces parties diverses. Quelques orateurs patriotes y faisaient retentir vainement les derniers accents de l'indépendance. Quelques princes et quelques gentilshommes y formaient des rassemblements sans concert entre eux, qui combattaient en partisans plus qu'en citoyens, et qui se paraient d'une gloire personnelle sans influence pour le salut de la patrie. Dumouriez se servit de l'ascendant de la comtesse, s'efforça d'unir ces efforts isolés, forma une infanterie, créa une artillerie, s'empara de deux forteresses, menaça partout les Russes disséminés en corps épars sur les vastes plaines de la Pologne, aguerrit, disciplina ce patriotisme insubordonné des insurgés, et combattit avec succès Souwarow, ce général russe qui devait plus tard menacer de si près la république.

Mais le roi de Pologne Stanislas, créature couronnée de Catherine, voit le danger d'une insurrection nationale qui, en chassant les Russes, emporterait son trône. Il la paralyse en proposant aux fédérés d'adhérer lui-même à la confédération. Un d'eux, Bohucz, le dernier grand orateur de la liberté polonaise, renvoie au roi, dans un discours sublime, son perfide secours, et entraîne l'unanimité des confédérés dans le dernier parti qui reste aux opprimés, l'insurrection. Elle éclate, Dumouriez en est l'âme, il vole d'un camp à l'autre, il donne de l'unité au plan d'attaque. Cracovie, cernée, est près de tomber dans ses mains. Les Russes regagnent la frontière en désordre. Mais l'anarchie, ce fatal génie de la Pologne, dissout promptement l'union des chefs; ils se livrent les uns les autres aux efforts réunis des Russes. Tous veulent avoir l'honneur exclusif de sauver la patrie; ils aiment mieux la perdre que de devoir son salut à un rival. Sapieha, le principal chef, est massacré par ses nobles. Pulaski et Mickzenski, blessés, sont livrés aux Russes. Zaremba trahit sa patrie. Oginski, le dernier de ces grands patriotes, soulève la Lithuanie au moment même où la Petite-Pologne dépose les armes. Abandonné et fugitif, il s'échappe à Dantzig, et erre pendant trente ans en Europe et en Amérique, emportant seul sa patrie dans son cœur. La belle comtesse de Mniszek languit et succomba de douleur avec la Pologne. Dumouriez pleure cette héroïne, « adorée d'un pays où les femmes, dit-il, sont plus hommes que les hommes. » Il brise son épée, désespère à jamais de cette aristocratie sans peuple, et lui lance en partant le nom de *nation asiatique de l'Europe.*

VI

Il revient à Paris. Le roi et M. d'Argenson, pour sauver les apparences avec la Russie et avec la Prusse, le font jeter à la Bastille, ainsi que Favier ; il y passe un an à maudire l'ingratitude des cours et la faiblesse des rois, et retrouve son énergie naturelle dans la retraite et dans l'étude. Le roi change sa prison en un exil dans la citadelle de Caen. Là, Dumouriez retrouve dans un couvent la cousine qu'il avait aimée. Libre et lasse de la vie monastique, elle s'attendrit en revoyant son ancien amant. Il l'épouse. Il est nommé commandant de Cherbourg. Son génie actif s'exerce contre les éléments comme il s'était exercé contre les hommes. Il conçoit le plan de ce port militaire, qui devait emprisonner une mer orageuse dans un bassin de granit, et donner à la marine française une halte sur la Manche. Il passe ainsi quinze ans de sa vie dans un intérieur domestique troublé par l'humeur et par la dévotion chagrine de sa femme, dans des études militaires assidues mais sans application, et dans les dissipations de la société philosophique et voluptueuse de son temps.

La Révolution qui s'approche le trouve indifférent à ses principes, préparé à ses vicissitudes. La justesse de son esprit lui a fait d'un coup d'œil mesurer la portée des événements. Il comprend vite qu'une révolution dans les idées doit emporter les institutions, à moins que ces institutions ne se moulent sur les idées nouvelles; il se donne sans enthousiasme à la constitution, il désire le maintien du trône, il ne croit pas à la république, il pressent un changement de dynastie, on l'accuse même de le méditer. L'émigration, en décimant les hauts grades de l'armée, lui fait place; il est nommé général par ancienneté. Il se tient dans une mesure ferme et habile, à égale distance du trône et du peuple, du contre-révolutionnaire et du factieux, prêt à passer avec l'opinion à la cour ou à la nation, selon l'événement. Il s'approche tour à tour, comme pour tâter la force naissante de Mirabeau et de Montmorin, du duc d'Orléans et des Jacobins, de La Fayette et des Girondins. Dans ses divers commandements, pendant ces jours de crise, il maintient la discipline par sa popularité, il transige avec le peuple insurgé, et se met à la tête des mouvements pour les contenir. Le peuple le croit tout à sa cause, le soldat l'adore; il déteste l'anarchie, mais il flatte les démagogues. Il applique avec bonheur à sa fortune populaire ces manéges habiles dont Favier lui a appris l'art. Il voit dans la Révolution une héroïque intrigue. Il manœuvre son patriotisme comme il aurait manœuvré ses bataillons sur un champ de bataille. Il voit venir la guerre avec ivresse, il sait d'avance le métier des héros. Il pressent que la Révolution, désertée par la noblesse et attaquée par l'Europe entière, aura besoin d'un général tout formé pour diriger les efforts désordonnés des masses qu'elle soulève. Il lui prépare ce chef. La longue subalternité de son génie le fatigue. A cinquante-six ans il a le feu de ses premières années avec le sang-froid de l'âge ; son oracle, c'est l'ardeur de parvenir : l'élan de son âme vers la gloire est d'autant plus rapide qu'il a plus de temps perdu derrière lui. Son corps, fortifié par les climats et par les voyages, se prête comme un instrument passif à son activité ; tout était jeune en lui, excepté la date de sa vie. Ses années étaient dépensées, non sa force. Il avait la jeunesse de César, l'impatience de sa fortune et la certitude de l'atteindre : vivre, pour les grands hommes, c'est grandir ; il n'avait pas vécu, car il n'avait pas assez grandi.

VII

Dumouriez était de cette stature moyenne du soldat français qui porte gracieusement l'uniforme, légèrement le sac, vivement le sabre ou le fusil ; à la fois leste et solide, son corps avait l'aplomb de ces statues de guerriers qui reposent sur leurs muscles tendus, mais qui semblent prêtes à marcher. Son attitude était confiante et fière ; tous ses mouvements étaient prompts comme son esprit. Il maniait aussi vivement la baïonnette du simple soldat que l'épée du général. Sa tête, un peu rejetée en arrière, était bien détachée des épaules. Ses fiers mouvements de tête le grandissaient sous son panache tricolore. Son front était élevé, bien modelé, serré des tempes. Ses angles saillants et bien détachés annonçaient la sensibilité de l'âme sous les délicatesses de l'intelligence et les finesses du tact; ses yeux étaient noirs, larges, noyés de feu; ses longs cils en relevaient l'éclat; son nez et l'ovale de sa figure étaient de ce type aquilin qui révèle les races ennoblies par la guerre et par l'empire; sa bouche, entr'ouverte et gracieuse, était presque toujours souriante; aucune tension des lèvres ne trahissait l'effort de ce caractère souple et de cet esprit dispos qui jouait avec les difficultés et tournait les obstacles; son menton, relevé et prononcé, portait son visage comme sur un socle ferme et carré; l'expression habituelle de sa figure était une gaieté sereine et communicative. On sentait que nul poids d'affaires n'était lourd pour lui, et qu'il conservait toujours assez de liberté d'esprit pour plaisanter avec la bonne ou avec la mauvaise fortune. Il traitait gaiement la politique, la guerre et le gouvernement. Le son de sa voix était vibrant, sonore, mâle : on l'entendait par-dessus le bruit du tambour et le froissement des baïonnettes. Son éloquence était directe, spirituelle, inattendue; elle frappait et éblouissait comme l'éclair; ses mots rayonnaient dans le conseil, dans les confidences et dans l'intimité : cette éloquence s'attendrissait et s'insinuait comme celle d'une femme. Il était persuasif, car son âme, mobile et sensible, avait toujours dans l'accent la vérité de l'impression du moment. Passionné pour les femmes et très-accessible à l'amour, leur commerce avait communiqué à son âme quelque chose de la plus belle vertu de ce sexe, la pitié. Il ne savait pas résister aux larmes : celles de la reine en auraient fait un séide du trône; il n'y avait pas de fortune ou d'opinion qu'il n'eût sacrifiée à un mouvement de générosité : sa grandeur d'âme n'était pas du calcul, c'était avant tout du sentiment. Quant aux principes politiques, il n'en avait pas ; la Révolution pour lui n'était qu'un beau drame propre à fournir une grande scène à ses facultés et un rôle à son génie. Grand homme au service des événements, si la Révolution ne l'eût pas choisi pour son général et pour son sauveur, il eût été tout aussi bien le général et le sauveur de la coalition. Dumouriez n'était pas le héros d'un principe, c'était le héros de l'occasion.

VIII

Les nouveaux ministres se réunirent chez madame Roland, l'âme du ministère girondin; Duranton, Lacoste, Cahier-Gerville, y reçurent passivement l'impulsion des hommes dont ils n'étaient que les prête-noms dans le conseil. Dumouriez affecta comme eux, les premiers jours, une pleine condescendance aux intérêts et aux volontés de ce parti. Ce parti, personnifié chez Roland dans une femme jeune, belle, éloquente, devait avoir pour le général un attrait de plus. Il espéra le dominer en dominant le cœur de cette femme. Il déploya pour elle tout ce que son caractère avait de souplesse, sa nature de grâce, son génie de séductions. Mais madame Roland avait contre les séductions de l'homme de guerre un préservatif que Dumouriez n'était pas accoutumé à rencontrer dans les femmes qu'il avait aimées : une vertu austère et une conviction forte. Il n'y avait qu'un moyen de capter l'admiration de madame Roland, c'était de la surpasser en dévouement patriotique. Ces deux caractères ne pouvaient se rencontrer sans se faire contraste ni se comprendre sans se mépriser. Pour Dumouriez, madame Roland ne fut bientôt qu'une fanatique revêche; pour madame Roland, Dumouriez ne fut plus tard qu'un homme léger et présomptueux; elle lui trouvait dans le regard, dans le sourire et dans le ton une audace de succès envers son sexe qui trahissait les mœurs libres des femmes au milieu desquelles il avait vécu et qui offensait son austérité. Il y avait plus du courtisan que du patriote dans Dumouriez. Cette aristocratie française des manières déplaisait à l'humble fille du graveur; elle lui rappelait peut-être sa condition inférieure et les humiliations de son enfance à Versailles. Son idéal n'était pas le militaire, c'était le citoyen; une âme républicaine était la seule séduction qui pût conquérir son amour. De plus, elle s'aperçut, dès le premier coup d'œil, que cet homme était trop ambitieux pour passer longtemps sous le niveau de son parti; elle soupçonna son génie sous ses complaisances, et son ambition sous sa bonhomie. « Prends garde à cet homme, dit-elle à son mari après la première entrevue; il pourrait bien cacher un maître sous un collègue, et chasser du conseil ceux qui l'y ont introduit. »

IX

Roland, trop heureux d'être au pouvoir, n'entrevoyait pas de si loin la disgrâce ; il rassurait sa femme et se fiait de plus en plus à la feinte admiration de Dumouriez pour lui. Il se croyait l'homme d'État du conseil. Sa vanité satisfaite le rendait crédule aux avances de Dumouriez, et l'attendrissait même pour le roi. A son entrée au ministère, Roland avait affecté sous son costume l'âpreté de ses principes, et dans ses manières la rudesse de son républicanisme. Il s'était présenté aux Tuileries en habit noir, en chapeau rond, en souliers sans boucles et tachés de poussière ; il voulait montrer en lui l'homme du peuple entrant au palais dans le simple habit du citoyen et affrontant l'homme du trône. Cette insolence muette devait, selon lui, flatter la nation et humilier le roi ; les courtisans s'en étaient indignés, le roi en avait gémi, Dumouriez en avait ri. « Ah ! tout est perdu, en effet, messieurs ! avait-il dit aux courtisans ; puisqu'il n'y a plus d'étiquette, il n'y a plus de monarchie ! » Cette plaisanterie avait emporté à la fois toute la colère de la cour et tout l'effet de la prétention lacédémonienne de Roland.

Le roi ne s'apercevait plus de l'inconvenance, et traitait Roland avec cette cordialité qui lui ouvrait les cœurs. Les nouveaux ministres s'étonnaient de se sentir confiants et émus en présence du monarque. Entrés ombrageux et républicains à la séance du conseil, ils en sortaient presque royalistes.

« Le roi n'est pas connu, disait Roland à sa femme; prince faible, c'est le meilleur des hommes; ce ne sont pas les bonnes intentions qui lui manquent, ce sont les bons conseils; il n'aime pas l'aristocratie, et il a des entrailles pour le peuple; il est né peut-être pour servir de transaction entre la république et la monarchie. En lui rendant la constitution douce, nous la lui ferons aimer; sa popularité, qu'il reconquerra par son abandon à nos conseils, nous rendra à nous-mêmes le gouvernement facile. Sa nature est si bonne que le trône n'a pu le corrompre; il est aussi loin d'être l'imbécile abruti qu'on expose à la risée du peuple, que l'homme sensible et accompli que ses courtisans veulent faire adorer en lui; son esprit, sans être supérieur, est étendu et réfléchi; dans un état obscur son mérite aurait suffi à sa destinée; il a des connaissances diverses et profondes, il connaît les affaires par les détails, il traite avec les hommes avec cette habileté simple mais persuasive que donne aux rois la nécessité précoce de gouverner leurs impressions; sa mémoire prodigieuse lui rappelle toujours à propos les choses, les noms, les visages; il aime le travail et lit tout; il n'est jamais un moment oisif; père tendre, modèle des époux, cœur chaste, il a éloigné tous les scandales qui salissaient la cour de ses prédécesseurs; il n'aime que la reine, et sa condescendance, quelquefois funeste pour sa politique, n'est du moins que la faiblesse d'une vertu. S'il fût né deux siècles plus tôt, son règne paisible eût été compté au nombre des années heureuses de la monarchie. Les circonstances paraissent avoir agi sur son esprit. La Révolution l'a convaincu de sa nécessité, il faut le convaincre de sa possibilité. Entre nos mains le roi peut la servir mieux qu'aucun autre citoyen du royaume; en éclairant ce prince nous pouvons être fidèles à la fois à ses vrais intérêts et à ceux de la nation : il faut que le roi et la Révolution ne fassent qu'un en nous. »

X

Ainsi parlait Roland dans le premier éblouissement du pouvoir : sa femme l'écoutait, le sourire de l'incrédulité sur les lèvres; son regard plus ferme avait mesuré du premier coup d'œil une carrière plus vaste et un but plus décisif que cette transaction timide et transitoire entre une royauté dégradée et une révolution incomplète. Il lui en aurait trop coûté de renoncer à l'idéal de son âme ardente : tous ses vœux tendaient à la république; tous ses actes, toutes ses paroles, tous ses soupirs devaient à son insu y pousser son mari et ses amis.

« Défie-toi de la perfidie de tous et surtout de ta propre vertu, répondait-elle au faible et orgueilleux Roland; tu vis dans ce monde des cours où tout n'est qu'apparence, et où les surfaces les plus polies cachent les combinaisons les plus sinistres. Tu n'es qu'un bourgeois honnête égaré parmi ces courtisans, une vertu en péril au milieu de tous ces vices; ils parlent notre langue et nous ne savons pas la leur : comment ne nous tromperaient-ils pas? Louis XVI, d'une race abâtardie, sans élévation dans l'esprit, sans énergie dans la volonté, s'est laissé garrotter dans sa jeunesse par des préjugés religieux qui ont encore rapetissé son âme ; entraîné par une reine étourdie qui joint à l'insolence autrichienne l'ivresse de la beauté et du rang suprême, ce prince, aveuglé d'un côté par les prêtres et de l'autre par l'amour, tient au hasard les rênes flottantes d'un empire qui lui échappe ; la France, épuisée d'hommes, ne lui suscite, ni dans Maurepas, ni dans Necker, ni dans Calonne, un ministre capable de le diriger ; l'aristocratie est stérilisée, elle ne produit plus que des scandales : il faut que le gouvernement se retrempe dans une couche plus saine et plus profonde de la nation ; le temps de la démocratie est venu, pourquoi le retarder ? Vous êtes ses hommes, ses vertus, ses caractères, ses lumières ; la Révolution est derrière vous, elle vous salue, elle vous pousse, et vous la livreriez confiante et abusée au premier sourire d'un roi, parce qu'il a la bonhomie d'un homme du peuple ! Non, Louis XVI, à demi détrôné par la nation, ne peut aimer la constitution qui l'enchaîne ; il peut feindre de caresser ses fers, mais chacune de ses pensées aspire au moment de les secouer. Sa seule ressource aujourd'hui est de protester de son attachement à la Révolution et d'endormir les ministres que la Révolution charge de surveiller de près ses trames ; mais cette feinte est la dernière et la plus dangereuse des conspirations du trône. La constitution est la déchéance de Louis XVI, et les ministres patriotes sont ses surveillants ; il n'y a pas de grandeur abattue qui aime sa déchéance, il n'y a pas d'homme qui aime son humiliation : crois à la nature humaine, Roland, elle seule ne trompe jamais, et défie-toi des cours ; ta vertu est trop haute pour voir les piéges que les courtisans sèment sous tes pas. »

XI

Un tel langage ébranlait Roland. Brissot, Condorcet, Vergniaud, Gensonné, Guadet, Buzot surtout, ami et confident plus intime de madame Roland, fortifiaient dans les réunions du soir la défiance du ministre. Il s'armait dans leurs entretiens de nouveaux ombrages. Il entrait au conseil avec un sourcil plus froncé et un stoïcisme plus implacable ; le roi le désarmait par sa franchise, Dumouriez le décourageait par sa gaieté, le pouvoir l'amollissait par son prestige. Il atermoyait avec les deux grandes difficultés du moment, la double sanction à obtenir du roi pour les décrets qui répugnaient le plus à son cœur et à sa conscience, le décret contre les émigrés et le décret contre les prêtres non assermentés; enfin il atermoyait avec la guerre.

Pendant cette tergiversation de Roland et de ses collègues, Dumouriez s'emparait du roi et de la faveur publique, tant le secret de sa conduite était dans le mot qu'il avait dit peu de temps auparavant à M. de Montmorin dans une conférence secrète avec ce ministre : « Si j'étais roi de France, je déjouerais tous les partis en me plaçant à la tête de la Révolution. »

Ce mot contenait la seule politique qui pût sauver Louis XVI. Dans un temps de révolution, tout roi qui n'est pas révolutionnaire est inévitablement écrasé entre les deux partis ; un roi neutre ne règne plus, un roi pardonné abaisse

le trône, un roi vaincu par son peuple n'a pour refuge que
l'exil ou l'échafaud. Dumouriez sentait qu'il fallait avant
tout convaincre le roi de son attachement intime à sa personne, le mettre dans la confidence et pour ainsi dire dans
la complicité du rôle patriotique qu'il se proposait de jouer;
se faire l'intermédiaire secret entre les volontés du monarque et les exigences du conseil, et dominer ainsi le roi
par son influence sur les Girondins, les Girondins par son
influence sur le roi; ce rôle de favori du malheur et de
protecteur d'une reine persécutée plaisait à son ambition
comme à son cœur. Militaire, diplomate, gentilhomme,
il y avait dans son âme un tout autre sentiment pour la
royauté dégradée que le sentiment de jalousie satisfaite qui
éclatait dans l'âme des Girondins. Le prestige du trône
existait pour Dumouriez; le prestige de la liberté existait
seul pour les Girondins. Cette nuance, révélée dans l'attitude, dans le langage, dans le geste, ne pouvait pas échapper longtemps à l'observation de Louis XVI. Les rois ont
le tact double, l'infortune le rend plus délicat; les malheureux sentent la pitié dans un regard : c'est le seul hommage
qu'il leur soit permis de recevoir; ils en sont d'autant plus
jaloux. Dans un entretien secret, le roi et Dumouriez se révélèrent l'un à l'autre.

XII

Les apparences turbulentes de Dumouriez dans ses commandements de Normandie, l'amitié de Gensonné, la faveur

des Jacobins pour lui, avaient prévenu Louis XVI contre son nouveau ministre. Le ministre, de son côté, s'attendait à trouver dans le roi un esprit rebelle à la constitution, un cœur aigri par les outrages du peuple, un esprit borné par la routine, un caractère violent, un extérieur brusque, une parole impérieuse et blessante pour ceux qui l'approchaient. C'était le portrait travesti de cet infortuné prince. Pour le faire haïr de la nation, il fallait le défigurer.

Dumouriez trouva en lui ce jour-là, et durant les trois mois de son ministère, un esprit juste, un cœur ouvert à tous les sentiments bienveillants, une politesse affectueuse, une longanimité et une patience qui défiaient les calamités de sa situation. Seulement une timidité extrême, résultat de la longue retraite où Louis XV avait séquestré la jeunesse de ce prince, comprimait les élans de son cœur, et donnait à son langage et à ses rapports avec les hommes une sécheresse et un embarras qui lui enlevaient la grâce de ses qualités. D'un courage réfléchi et impassible, il parla souvent à Dumouriez de sa mort comme d'un événement probable et fatal, dont la perspective n'altérait point sa sérénité et ne l'empêcherait pas d'accomplir jusqu'au terme son devoir de père et de roi.

« Sire, lui dit Dumouriez en l'abordant avec cet attendrissement chevaleresque que la compassion ajoute au respect, et avec cette physionomie où le cœur parle plus que le langage lui-même, vous êtes revenu des préventions qu'on vous avait données contre moi. Vous m'avez fait ordonner par M. de Laporte d'accepter le poste que j'avais refusé. — Oui, dit le roi. — Eh bien, je viens me dévouer tout entier à votre service, à votre salut. Mais le rôle de ministre n'est plus le même qu'autrefois. Sans cesser d'être le serviteur du roi, je suis l'homme de la nation. Je vous parlerai toujours le langage de la liberté et de la constitution. Souffrez que, pour mieux vous servir, je me renferme en public et au conseil dans ce que mon rôle a de constitutionnel, et que j'évite tous les rapports qui sembleraient révéler l'attachement personnel que j'ai pour vous. Je romprai à cet égard toutes les étiquettes; je ne vous ferai point ma cour;. au conseil, je contrarierai vos goûts; je nommerai pour représenter la France à l'étranger des hommes dévoués à la nation. Quand votre répugnance à mon choix sera invincible et motivée, j'obéirai; si cette répugnance va jusqu'à compromettre le salut de la patrie et le vôtre, je vous supplierai de me permettre de me retirer et de me nommer un successeur. Pensez aux dangers terribles qui assiégent votre trône. Il faut le raffermir sur la confiance de la nation dans la sincérité de votre attachement à la Révolution. C'est une conquête qu'il dépend de vous de faire. J'ai préparé quatre dépêches dans ce sens aux ambassadeurs. J'y parle un langage inusité dans les rapports des cours entre elles, le langage d'une nation offensée et résolue. Je les lirai ce matin devant vous au conseil. Si vous approuvez mon travail, je continuerai à parler ainsi et j'agirai dans le sens de mes paroles; sinon, mes équipages sont prêts, et, ne pouvant vous servir dans vos conseils, j'irai où mes goûts et mes études de trente ans m'appellent, servir ma patrie dans les armées. »

Le roi, étonné et attendri, lui dit : « J'aime votre franchise, je sais que vous m'êtes attaché, j'attends tout de vos services. On m'avait donné bien des impressions contre vous, ce moment les efface. Allez, et faites selon votre cœur et selon les intérêts de la nation, qui sont les miens. » Dumouriez se retira, mais il savait que la reine, adorée de son mari, tenait la politique du roi dans la passion et dans la mobilité de son âme. Il désirait et redoutait à la fois une entrevue avec cette princesse. Un mot d'elle pouvait accomplir ou déjouer l'entreprise hardie qu'il osait former de réconcilier le roi avec la nation.

XIII

La reine fit appeler le général dans ses appartements les plus reculés : Dumouriez la trouva seule, les joues animées par l'émotion d'une lutte intérieure et se promenant vivement dans la chambre, comme quelqu'un à qui l'agitation de ses pensées commande le mouvement du corps. Dumouriez alla se placer en silence au coin de la cheminée dans l'attitude du respect et de la douleur que la présence d'une princesse si auguste, si belle et si misérable lui inspira. Elle vint à lui d'un air majestueux et irrité.

« Monsieur, lui dit-elle avec cet accent qui révèle à la fois le ressentiment de l'infortune et le mépris du sort, vous êtes tout-puissant en ce moment, mais c'est par la faveur du peuple, qui brise bien vite ses idoles. » Elle n'attendit pas la réponse et continua : « Votre existence dépend de votre conduite. On dit que vous avez beaucoup de talents. Vous devez juger que ni le roi ni moi ne pouvons souffrir toutes ces nouveautés de la constitution. Je vous le déclare franchement. Ainsi prenez votre parti. — Madame, répondit

Dumouriez confondu, je suis atterré de la dangereuse confidence que vient de me faire Votre Majesté; je ne la trahirai pas; mais je suis entre le roi et la nation, et j'appartiens à ma patrie. Laissez-moi, continua-t-il avec une instance respectueuse, vous représenter que le salut du roi, le vôtre, celui de vos enfants, le rétablissement même de l'autorité royale, sont attachés à la constitution. Vous êtes entourés d'ennemis qui vous sacrifient à leurs propres intérêts. La constitution seule peut, en s'affermissant, vous couvrir et faire le bonheur et la gloire du roi. — Cela ne durera pas, prenez garde à vous! » répliqua la reine avec un regard d'irritation et de menace. Dumouriez crut voir dans ce regard et entendre dans ce mot une allusion à des dangers personnels et une insinuation à la peur. « J'ai plus de cinquante ans, madame, reprit-il à voix basse et avec un accent où la fermeté du soldat s'unissait à l'attendrissement de l'homme, j'ai traversé bien des périls dans ma vie; en acceptant le ministère, j'ai bien compris que ma responsabilité n'était pas le plus grand de mes dangers. — Ah! s'écria la reine avec un geste d'horreur, il ne me manquait plus que cette calomnie et cet opprobre; vous semblez croire que je suis capable de vous faire assassiner! » Des larmes d'indignation lui coupèrent la voix. Dumouriez, aussi ému que la reine, rejeta loin de lui cette odieuse interprétation donnée à sa réponse. « Dieu me préserve, madame, de vous faire une si grave injure! Votre âme est grande et noble, et l'héroïsme que vous avez montré dans tant de circonstances m'a pour jamais attaché à vous. » Elle fut calmée en un moment, et appuya sa main sur le bras de Dumouriez en signe de réconciliation.

Le ministre profita de ce retour de sérénité et de confiance pour donner à Marie-Antoinette les conseils dont l'émotion de ses traits et de sa voix attestait assez la sincérité. « Croyez-moi, madame, je n'ai aucun intérêt à vous tromper, j'abhorre autant que vous l'anarchie et ses crimes ; mais j'ai de l'expérience, je vis au milieu des partis, je suis mêlé aux opinions, je touche au peuple, je suis mieux placé que Votre Majesté pour juger la portée et la direction des événements. Ceci n'est pas un mouvement populaire comme vous semblez le croire, c'est l'insurrection presque unanime d'une grande nation contre un ordre de choses invétéré et en décadence. De grandes factions attisent l'incendie, il y a dans toutes des scélérats et des fous. Je ne vois, moi, dans la Révolution, que le roi et la nation. Ce qui tend à les séparer les perd tous les deux. Je veux les réunir. C'est à vous de m'aider. Si je suis un obstacle à vos desseins et si vous y persistez, dites-le-moi, à l'instant je me retire et je vais dans la retraite gémir sur le sort de ma patrie et sur le vôtre. » La reine fut attendrie et convaincue. La franchise de Dumouriez lui plut et l'entraîna. Ce cœur de soldat lui répondait des paroles de l'homme d'État. Ferme, brave, héroïque, elle aimait mieux cette épée dans le conseil du roi que ces politiques et ces orateurs à langue dorée, mais pliant à tous les vents de l'opinion ou de la sédition. Une confiance intime s'établit entre la reine et le général.

La reine fut fidèle quelque temps à ses promesses. Les outrages répétés du peuple la rejetèrent malgré elle dans la colère et dans la conspiration. « Voyez ! disait-elle un jour au roi devant Dumouriez en montrant de la main la cime des arbres des Tuileries ; prisonnière dans ce palais, je n'ose me mettre à ma fenêtre du côté du jardin. La foule, qui stationne et qui épie jusqu'à mes larmes, me hue quand j'y parais. Hier, pour respirer, je me suis montrée à la fenêtre du côté de la cour, un canonnier de garde m'a apostrophée d'une injure infâme... « Que j'aurais de plaisir, » a-t-il ajouté, à voir ta tête au bout de ma baïonnette !... » Dans cet affreux jardin on voit, d'un côté, un homme monté sur une chaise, vociférant les injures les plus odieuses contre nous et menaçant du geste les habitants du palais ; de l'autre côté, un militaire ou un prêtre que la foule ameutée traîne au bassin en les accablant de coups et d'outrages. Pendant ce temps-là et à deux pas de ces scènes sinistres, d'autres jouent au ballon et se promènent tranquillement dans les allées. Quel séjour ! quelle vie ! quel peuple ! » Dumouriez ne pouvait que gémir avec la famille royale et conseiller la patience. Mais la patience des victimes est plus tôt lasse que la cruauté des bourreaux. Pouvait-on de bonne foi demander qu'une princesse, courageuse, fière, nourrie de l'adoration de sa cour et du monde, aimât dans la Révolution l'instrument de ses humiliations et de ses supplices, et vît dans ce peuple indifférent ou cruel une nation digne de l'empire et de la liberté ?

XIV

Ses mesures prises avec la cour, Dumouriez n'hésita pas à franchir tout l'espace qui séparait le roi du parti extrême et à jeter le gouvernement en plein patriotisme. Il fit les avances aux Jacobins et se présenta hardiment à leur séance du lendemain. La salle était pleine, Dumouriez frappe les tribunes d'étonnement et de silence par son apparition. Sa figure martiale et l'impétuosité de sa démarche lui gagnent d'avance la faveur de l'assemblée. Nul ne soupçonne que tant d'audace cache tant de ruse. On ne voit en lui qu'un ministre qui se donne au peuple, et les cœurs s'ouvrent pour le recevoir.

C'était le moment où le bonnet rouge, symbole des opinions les plus extrêmes, espèce de livrée du peuple portée par ses démagogues et ses flatteurs, venait d'être adopté par la presque unanimité des Jacobins. Ce signe, comme beaucoup de signes semblables que les révolutions prennent de la main du hasard, était un mystère pour ceux mêmes qui le portaient. On l'avait vu arboré pour la première fois le jour du triomphe des soldats de Châteauvieux. Les uns disaient qu'il était la coiffure des galériens, infâme jadis, glorieuse depuis qu'elle avait couvert le front de ces martyrs de l'insurrection ; on ajoutait que le peuple avait voulu purifier de toute infamie cette coiffure en la portant avec eux. Les autres y voyaient le bonnet phrygien, symbole d'affranchissement pour les esclaves.

Le bonnet rouge, dès le premier jour, avait été un sujet de dispute et de division parmi les Jacobins. Les exaltés s'en couvraient, les modérés et les penseurs s'abstenaient encore. Dumouriez n'hésite pas. Il monte à la tribune, il place sur ses cheveux ce signe du patriotisme, il prend l'uniforme du parti le plus prononcé. Cette éloquence muette, mais significative, fait éclater l'enthousiasme dans tous les rangs. « Frères et amis, dit Dumouriez, tous les moments de ma vie vont être consacrés à faire la volonté du peuple et à justifier le choix du roi constitutionnel. Je porterai, dans les négociations toutes les forces d'un peuple libre, et ces négociations produiront sous peu une paix solide ou une guerre décisive. (On applaudit.) Si nous avons cette guerre, je briserai ma plume politique et je prendrai mon rang dans l'armée pour triompher ou mourir libre avec mes frères! Un grand fardeau pèse sur moi! Frères, aidez-moi à le porter. J'ai besoin de conseils. Faites-les-moi passer par vos journaux. Dites-moi la vérité, les vérités les plus dures! Mais repoussez la calomnie et ne rebutez pas un citoyen que vous connaissez sincère et intrépide, et qui se dévoue à la cause de la Révolution et de la nation! »

Le président répondit au ministre que la société se faisait gloire de le compter parmi ses frères. Ces mots soulevèrent un murmure. Ce murmure fut étouffé par les acclamations qui suivirent Dumouriez à sa place. On demanda l'impression des deux discours. Legendre s'y opposa sous prétexte d'économie : il fut hué par les tribunes. « Pourquoi ces honneurs inusités et cette réponse du président au ministre, dit Collot-d'Herbois. S'il vient ici comme ministre, il n'y a rien à lui répondre. S'il vient comme affilié et comme frère, il ne fait que son devoir, il se met au niveau de nos opinions. Il n'y a qu'une réponse à faire : qu'il agisse comme il a parlé! » Dumouriez lève la main et fait le geste des paroles de Collot-d'Herbois.

Robespierre se lève, sourit sévèrement à Dumouriez et parle ainsi : « Je ne suis point de ceux qui croient qu'il est absolument impossible qu'un ministre soit patriote, et même j'accepte avec plaisir les présages que M. Dumouriez nous donne. Quand il aura vérifié ces présages, quand il aura dissipé les ennemis armés contre nous par ses prédécesseurs et par les conjurés qui dirigent encore aujourd'hui le gouvernement malgré l'expulsion de quelques ministres, alors, seulement alors, je serai disposé à lui décerner les éloges dont il sera digne, et même alors je ne penserai point que tout bon citoyen de cette société ne soit pas son égal. Le peuple seul est grand, seul respectable à mes yeux ! les hochets de la puissance ministérielle s'évanouissent devant lui. C'est par respect pour le peuple, pour le ministre lui-même, que je demande que l'on ne signale pas son entrée ici par des hommages qui attesteraient la déchéance de l'esprit public. Il nous demande des conseils aux ministres. Je promets pour ma part de lui en donner qui seront utiles à eux et à la chose publique. Aussi longtemps que M. Dumouriez, par des preuves de patriotisme, et surtout par des services réels rendus à la patrie, prouvera qu'il est le frère des bons citoyens et le défenseur du peuple, il n'aura ici que des soutiens. Je ne redoute pour cette société la présence d'aucun ministre, mais je déclare qu'à l'instant où un ministre y aurait plus d'ascendant qu'un citoyen, je demanderais son ostracisme. Il n'en sera jamais ainsi ! »

Robespierre descend. Dumouriez se jette dans ses bras. L'assemblée se lève, les tribunes scellent de leurs applaudissements ces embrassements fraternels. On y voit l'augure de l'union du pouvoir et du peuple. Le président Doppet lit, le bonnet rouge sur la tête, une lettre de Pétion à la société sur la nouvelle coiffure adoptée par les patriotes. Pétion s'y prononce contre ce signe superflu de civisme. « Ce signe, dit-il, au lieu d'accroître votre popularité, effarouche les esprits et sert de prétexte à des calomnies contre vous. Le moment est grave, les démonstrations du patriotisme doivent être graves comme le temps. Ce sont les ennemis de la Révolution qui la poussent à ces frivolités pour avoir le droit de l'accuser ensuite de légèreté et d'inconséquence. Ils donnent ainsi au patriotisme les apparences d'une faction. Ces signes divisent ceux qu'il faut rallier. Quelle que soit la vogue qui les conseille aujourd'hui, ils ne seront jamais universellement adoptés. Tel homme passionné pour le bien public sera très-indifférent à un bonnet rouge. Sous cette forme, la liberté ne sera ni plus belle ni plus majestueuse; mais les signes mêmes dont vous la parez serviront de prétexte aux divisions entre ses enfants. Une guerre civile commençant par le sarcasme et finissant par du sang versé peut s'engager pour une manifestation ridicule. Je livre ces idées à vos réflexions. »

XV

Pendant la lecture de cette lettre, le président, homme timoré et qui pressentait dans les conseils de Pétion la volonté de Robespierre, avait subrepticement fait disparaître de son front le signe répudié. Les membres de la société imitaient un à un son exemple. Robespierre, qui seul n'avait jamais adopté ce hochet de la mode, et avec lequel la lettre de Pétion avait été concertée, monte à la tribune et dit : « Je respecte comme le maire de Paris tout ce qui est l'image de la liberté, mais nous avons un signe qui nous rappelle sans cesse le serment de vivre libres ou de mourir, et ce signe, le voilà. (Il montre sa cocarde.) En déposant le bonnet rouge, les citoyens qui l'avaient pris par un louable patriotisme ne perdront rien. Les amis de la Révolution continueront à se reconnaître au signe de la raison et de la vertu ! Ces emblèmes seuls sont à nous, tous les autres peuvent être imités par les aristocrates et par les traîtres ! Je vous rappelle au nom de la France à l'étendard qui seul impose à ses ennemis ! Ne conservons que la cocarde et le drapeau sous lequel est née la constitution. »

Le bonnet rouge disparut dans la salle. Mais la voix même de Robespierre et la résolution des Jacobins ne purent arrêter l'élan qui avait porté ce signe de l'*égalité vengeresse* sur toutes les têtes. Le soir même où il était répudié aux Jacobins, on l'inaugurait sur les théâtres. Le buste de Voltaire, destructeur des préjugés, fut coiffé du bonnet phrygien, aux applaudissements des spectateurs. Le bonnet rouge et la pique devinrent l'un l'uniforme, l'autre l'arme du soldat citoyen. Les Girondins, qui répugnèrent à ce signe tant qu'il leur parut la livrée de Robespierre, commencèrent à l'excuser dès que Robespierre l'eut repoussé. Brissot lui-même, en rendant compte de cette séance, donne un regret à ce symbole, parce que, adopté, dit-il, par la partie la plus indigente du peuple, il devenait l'humiliation de la richesse et l'effroi de l'aristocratie. » La division de ces deux hommes s'élargissait tous les jours, et il n'y avait assez de place ni aux Jacobins, ni à l'Assemblée, ni au pouvoir, pour ces deux ambitions qui se disputaient la dictature de l'opinion.

La nomination des ministres faite tout entière sous l'influence des Girondins, les conseils tenus chez madame Roland, la présence de Brissot, de Guadet, de Vergniaud, aux délibérations des ministres, leurs amis élevés à tous les emplois, servaient tout bas de texte aux objurgations des Jacobins exaltés. On appelait ces Jacobins Montagnards, par allusion aux bancs élevés de l'Assemblée où siégeaient les amis de Robespierre et de Danton. « Souvenez-vous, disaient-ils, de la sagacité de Robespierre, presque semblable au don de la prophétie, quand, répondant à Brissot, qui attaquait l'ancien ministre de Lessart, il lançait au chef girondin cette allusion si tôt justifiée : « Pour moi qui ne spécule le ministère ni pour moi ni pour mes amis... » De leur côté, les journaux girondins couvraient d'opprobre cette poignée de calomniateurs et de petits tyrans qui ressemblaient à Catilina par ses crimes, s'ils ne lui ressemblaient par son courage. Ainsi commençait la guerre, par l'injure.

Le roi cependant, une fois son ministère complété, écrivit à l'Assemblée une lettre plus semblable à une abdication entre les mains de l'opinion qu'à l'acte constitutionnel d'un pouvoir libre. Cette résignation humiliée était-elle un signe de servitude, d'abaissement et de contrainte fait du haut du trône aux puissances armées, pour qu'elles comprissent qu'il n'était plus libre, et ne vissent plus en lui que l'automate couronné des Jacobins? Voici cette lettre :

« Profondément touché des désordres qui affligent la France et du devoir que m'impose la constitution de veiller au maintien de l'ordre et de la tranquillité publique, je n'ai cessé d'employer tous les moyens qu'elle met en mon pouvoir pour faire exécuter les lois. J'avais choisi pour mes premiers agents des hommes que l'honnêteté de leurs principes et de leurs opinions rendait recommandables. Ils ont quitté le ministère, j'ai cru devoir les remplacer par des hommes accrédités par leurs opinions populaires. Vous m'avez si souvent répété que ce parti était le seul moyen de parvenir au rétablissement de l'ordre et à l'exécution des lois, que j'ai cru devoir m'y livrer, afin qu'il ne reste plus de prétexte à la malveillance de douter de mon désir sincère de concourir à la prospérité et au vrai bonheur de mon pays. J'ai nommé au ministère des contributions M. Clavière, et au ministère de l'intérieur M. Roland. La personne que j'avais choisie pour ministre de la justice m'ayant demandé de faire un autre choix, lorsque je l'aurai fait, j'aurai soin d'en informer l'Assemblée nationale...

» *Signé* : Louis. »

L'Assemblée reçut avec acclamations ce message. Maîtresse du roi, elle pouvait en faire un instrument de régénération. L'harmonie la plus parfaite paraissait régner dans le conseil. Le roi étonnait ses nouveaux ministres par son assiduité et son aptitude aux affaires. Il parlait à chacun sa langue. Il questionnait Roland sur ses ouvrages, Dumouriez sur ses aventures, Clavière sur les finances ; il éludait les questions irritantes de la politique générale. Madame Roland reprochait ces causeries à son mari ; elle l'engageait à utiliser le temps, à préciser les discussions et à en tenir registre authentique pour sauver un jour sa responsabilité. Les ministres convinrent de se réunir chez elle à dîner quatre fois par semaine, avant le conseil, pour y concerter leurs actes et leur langage devant le roi. C'est dans ces conseils intimes que Buzot, Guadet, Vergniaud, Gensonné, Brissot, soufflaient aux ministres l'esprit de leur parti, et régnaient anonymes sur l'Assemblée et sur le roi. Dumouriez ne tarda pas à leur devenir suspect. Son esprit échappait à leur empire par sa grandeur, et son caractère échappait à leur fanatisme par sa souplesse. Madame Roland, séduite par son élégance, ne l'admirait pas sans remords; elle sentait que le génie de cet homme était nécessaire à son parti, mais que le génie sans vertu pouvait être fatal à la république. Elle semait ses défiances contre Dumouriez dans l'âme de ses amis. Le roi ajournait sans cesse la sanction que lui demandaient les Girondins aux décrets de l'Assemblée contre les émigrés et les prêtres. Prévoyant que les ministres auraient tôt ou tard un compte sévère à rendre au public de ces sanctions ajournées, madame Roland voulut prendre ses mesures avec l'opinion. Elle persuada à son mari d'écrire au roi une lettre confidentielle pleine des plus austères leçons de patriotisme, de la lire lui-même en plein conseil devant ce prince, et d'en garder une copie que Roland rendrait publique au moment marqué, pour servir d'acte d'accusation contre Louis XVI et de justification pour lui-même. Cette précaution perfide contre la perfidie de la cour était odieuse comme un piége et lâche comme une dénonciation. La passion, qui trouble la vue de l'âme, pouvait seule aveugler une femme loyale sur la nature d'un pareil acte; mais l'esprit de parti tient lieu de morale, de justice et aussi de vertu. Cette lettre était une arme cachée avec laquelle Roland se réservait de frapper à mort la réputation du roi en sauvant la sienne; sa femme rédigea la lettre après l'avoir inspirée. Ce fut son seul crime, ou plutôt ce fut le seul égarement de sa haine; ce fut aussi son seul remords au pied de l'échafaud.

XVI

« Sire, disait Roland dans cette lettre fameuse, les choses ne peuvent rester dans l'état où elles sont : c'est un état de crise, il faut en sortir par une explosion quelconque. La France s'est donné une constitution, la minorité la sape, la majorité la défend. De là une lutte intestine, acharnée, où personne ne reste indifférent. Vous jouissiez de l'autorité suprême, vous n'avez pas pu la perdre sans regrets. Les ennemis de la Révolution font entrer vos sentiments présumés dans leurs calculs. Votre faveur secrète fait leur force. Devez-vous aujourd'hui vous allier aux ennemis ou aux amis de la constitution? Prononcez-vous une fois pour toutes. Royauté, clergé, noblesse, aristocratie, doivent abhorrer les changements qui les détruisent; d'un autre côté, le peuple voit le triomphe de ses droits dans la Révolution, il ne se les laissera plus arracher. La déclaration des droits est devenue le nouvel Évangile. La liberté est désormais la religion du peuple. Dans ce choc d'intérêts opposés, tous les sentiments sont devenus extrêmes; les opinions ont pris l'accent de la passion. La patrie n'est plus une abstraction, c'est un être réel auquel on s'est attaché par le bonheur qu'elle promet et par les sacrifices qu'on lui a faits. A quel point ce patriotisme va-t-il s'exalter au moment prochain où les forces ennemies du dehors vont se combiner pour l'attaquer avec les intrigues de l'intérieur! La colère de la nation sera terrible, si elle ne prend confiance en vous.

» Mais cette confiance, vous ne la conquerrez pas par des paroles ; il faut des actes. Donnez des gages éclatants de votre sincérité. Par exemple, deux décrets importants ont été rendus ; tous deux intéressent le salut de l'État ; le retard de leur sanction excite la défiance. Prenez-y garde ! la défiance n'est pas loin de la haine, et la haine ne recule pas devant le crime. Si vous ne donnez pas satisfaction à la Révolution, elle sera cimentée par le sang. Les mesures désespérées qu'on pourrait vous conseiller pour intimider Paris, pour dominer l'Assemblée, ne feraient que développer cette sombre énergie, mère des grands dévouements et des grands attentats. (Ceci s'adressait indirectement à Dumouriez, conseiller de mesures de fermeté.) On vous trompe, Sire, en vous représentant la nation comme hostile au trône et à vous. Aimez, servez la Révolution, et ce peuple l'aimera en vous. Les prêtres dépossédés agitent les campagnes, ratifiez les mesures propres à étouffer leur fanatisme. Paris est inquiet sur sa sécurité, sanctionnez les mesures qui appellent un camp de citoyens sous ses murs. Encore quelques délais, et on verra en vous un conspirateur et un complice ! Juste ciel ! avez-vous frappé les rois d'aveuglement ? Je sais que le langage de la vérité est rarement accueilli près du trône ; je sais aussi que c'est ce silence de la vérité dans les conseils des rois qui rend les révolutions si souvent nécessaires. Comme citoyen et comme ministre, je dois la vérité au roi, rien ne m'empêchera de la faire entendre. Je demande qu'il y ait ici un secrétaire du conseil qui enregistre nos délibérations. Il faut pour des ministres responsables un témoin de leurs opinions ! Si ce témoin existait, je ne m'adresserais pas par écrit à Votre Majesté ! »

La menace n'était pas moins évidente que la perfidie dans cette lettre, et la dernière phrase indiquait, en termes équivoques, l'usage odieux que Roland se réservait d'en faire un jour. La magnanimité de Vergniaud s'était soulevée contre cette démarche du principal ministre girondin. La loyauté militaire de Dumouriez s'en indigna. Le roi en écouta la lecture avec l'impassibilité d'un homme accoutumé à dévorer l'injure. Les Girondins en reçurent la confidence dans les conciliabules secrets de madame Roland, et Roland en garda copie pour se couvrir au jour de sa chute.

XVII

Au même moment, des rapports secrets, ignorés de Roland lui-même, s'établissaient entre les trois chefs girondins, Vergniaud, Guadet, Gensonné, et le château, par l'intermédiaire de Boze, peintre du roi. Une lettre destinée à être mise sous les yeux du prince était écrite par eux. L'armoire de fer la garda pour le jour de leur accusation. « Vous nous demandez, disaient-ils dans cette lettre, quelle est notre opinion sur l'état de la France et sur le choix des mesures propres à sauver la chose publique. Interrogés par vous sur d'aussi grands intérêts, nous n'hésitons pas à vous répondre : La conduite du pouvoir exécutif est la cause de tout le mal. On trompe le roi en le persuadant que ce sont les clubs et les factions qui entretiennent l'agitation publique. C'est placer la cause du mal dans les symptômes. Si le peuple était rassuré par la confiance dans la loyauté du roi, il se calmerait, et les factions mourraient d'elles-mêmes. Mais tant que les conspirations du dehors et du dedans paraîtront favorisées par le roi, les troubles renaîtront et s'aggraveront de toute la défiance des citoyens. L'état de choses actuel marche évidemment à une crise dont toutes les chances sont contre la royauté. On fait du chef d'une nation libre un chef de parti. Le parti opposé doit le considérer non comme un roi, mais comme un ennemi. Que peut-on espérer du succès des manœuvres tramées avec l'étranger pour restaurer l'autorité du trône ? Elles donneraient au roi l'apparence d'une usurpation violente sur les droits de la nation. La même force qui aurait servi cette restauration violente serait nécessaire pour la maintenir. Ce serait la guerre civile en permanence. Attachés que nous sommes aux intérêts de la nation, dont nous ne séparerons jamais ceux du roi, nous pensons que le seul moyen pour lui de prévenir les maux qui menacent l'empire et le trône, c'est de se confondre avec la nation. Des protestations nouvelles n'y suffiraient pas, il faut des actes. Que le roi renonce à tout accroissement de pouvoir qui lui serait offert par les secours de l'étranger. Qu'il obtienne des cabinets hostiles à la Révolution l'éloignement des troupes qui pressent nos frontières. Si cela lui est impossible, qu'il arme lui-même la nation et la soulève contre les ennemis de la constitution. Qu'il choisisse ses ministres parmi les hommes les plus prononcés pour la Révolution. Qu'il offre les fusils et les chevaux de sa propre garde. Qu'il mette au grand jour la comptabilité de la liste civile, et qu'il prouve ainsi que son trésor secret n'est pas la source des complots contre-révolutionnaires. Qu'il sollicite lui-même une loi sur l'éducation du prince royal, et qu'il le fasse élever dans l'esprit de la constitution. Qu'il retire enfin à M. de La Fayette son commandement dans l'armée. Si le roi prend ces résolutions et y persiste avec fermeté, la constitution est sauvée ! »

Cette lettre, remise au roi par Thierri, n'avait point été provoquée par ce prince. Il s'irrita des secours qu'on lui prodiguait. « Que veulent ces hommes? dit-il à Boze. Tout ce qu'ils me conseillent, ne l'ai-je pas fait? N'ai-je pas choisi des patriotes pour ministres? N'ai-je pas repoussé des secours du dehors? N'ai-je pas désavoué mes frères? empêché autant qu'il était en moi la coalition et armé les frontières? Ne suis-je pas, depuis l'acceptation de la constitution, plus fidèle que les factieux à mon serment? »

Les chefs girondins, encore indécis entre la république et la monarchie, tâtaient ainsi le pouvoir, tantôt dans l'Assemblée, tantôt dans le roi, prêts à le saisir où ils le rencontreraient. Ne le trouvant point du côté du roi, ils jugèrent qu'il y avait plus de sûreté à saper le trône qu'à le consolider, et ils se tournèrent de plus en plus vers les factieux.

XVIII

Cependant, maîtres à demi du conseil par Roland, par Clavière et par Servan, qui avait succédé à de Grave, ils portaient jusqu'à un certain point la responsabilité de ces trois ministres. Les Jacobins commençaient à leur demander compte des actes d'un ministère qui était dans leurs mains et qui portait leur nom. Dumouriez, placé entre le roi et les Girondins, voyait de jour en jour s'accumuler contre lui les ombrages de ses collègues; sa probité ne leur était pas moins suspecte que son patriotisme. Il avait profité de sa popularité et de son ascendant sur les Jacobins pour demander à l'Assemblée une somme de six millions de fonds secrets à son avénement au ministère. La destination apparente de ces fonds était de corrompre les cabinets étrangers, de détacher de la coalition des puissances vénales, et de fomenter des germes révolutionnaires en Belgique. Dumouriez seul savait par quels canaux s'écoulaient ces millions. Sa fortune personnelle obérée, ses goûts dispendieux, son attachement à une femme séduisante, madame de Beauvert, sœur de Rivarol; ses intimités avec des hommes sans principes et sans mœurs, des bruits de concussion semés autour de son ministère et retombant sinon sur lui, du moins sur ses affidés, ternissaient son caractère aux yeux de madame Roland et de son mari. La probité est la vertu des démocrates; car le peuple regarde avant tout aux mains de ceux qui le gouvernent. Les Girondins, hommes antiques, craignaient l'ombre d'un soupçon de cette nature sur leur caractère; la légèreté de Dumouriez sur ce point les offensait. Ils murmurèrent. Gensonné et Brissot lui firent des insinuations sur ce sujet chez Roland. Roland lui-même s'autorisa de son âge et de l'austérité de ses principes pour rappeler à Dumouriez ce qu'un homme public devait de respect à la décence et d'exemples aux mœurs révolutionnaires. L'homme de guerre tourna la remontrance en plaisanterie : il répondit à Roland qu'il devait son sang à la nation, mais qu'il ne lui devait ni le sacrifice de ses goûts ni celui de ses amours; qu'il comprenait le patriotisme en héros, et non en puritain. L'aigreur des paroles laissa du venin dans les âmes. Ils se séparèrent avec des ombrages mutuels.

De ce jour il s'abstint de venir aux réunions de madame Roland. Cette femme, qui connaissait le cœur humain par l'instinct supérieur de son génie et de son sexe, ne se trompa point aux dispositions du général. « L'heure est venue de perdre Dumouriez, dit-elle hardiment à ses amis : je sais bien, ajouta-t-elle en s'adressant à Roland, que tu ne saurais descendre ni à l'intrigue ni à la vengeance; mais souviens-toi que Dumouriez doit conspirer dans son cœur contre ceux qui l'ont offensé. Quand on a osé faire de pareilles remontrances à un tel homme et qu'on les a faites inutilement, il faut frapper ou s'attendre à être frappé soi-même. » Elle sentait juste et elle disait vrai. Dumouriez, dont le coup d'œil rapide avait aperçu derrière les Girondins un parti plus fort et plus audacieux que le leur, commença dès lors à se lier avec les meneurs des Jacobins. Il pensa avec raison que la haine entre les partis serait plus puissante que le patriotisme, et qu'en flattant la rivalité de Robespierre et de Danton contre Brissot, Pétion et Roland, il trouverait dans les Jacobins mêmes un appui pour le gouvernement. Il aimait le roi, il plaignait la reine; tous ses préjugés étaient pour la monarchie. Il eût été aussi fier de restituer le trône que de sauver la république. Habile à manier les hommes, tous les instruments lui étaient bons pour ses desseins : franchir les Girondins, qui, en opprimant le roi, le menaçaient lui-même, et aller chercher plus loin et plus bas que ces rhéteurs la popularité dont il avait besoin contre eux, c'était une manœuvre de génie ; il la tenta, et elle réussit. C'est de cette époque en effet que date sa liaison avec Camille Desmoulins et Danton.

Danton et Dumouriez devaient s'entendre par la ressemblance de leurs vices autant que par la ressemblance de leurs qualités. Danton, comme Dumouriez, ne voulut de la Révolution que l'action. Peu lui importaient les principes ; ce qui souriait à son énergie et à son ambition, c'était ce mouvement tumultueux des choses qui précipitait et qui élevait les hommes, du trône au néant, et du néant à la fortune et au pouvoir. L'ivresse de l'action était pour Danton comme pour Dumouriez un besoin continuel de leur nature ; la Révolution était pour eux un champ de bataille dont le vertige les charmait et les grandissait.

Mais toute autre révolution leur eût également convenu : despotisme ou liberté, roi ou peuple. Il y a des hommes dont l'atmosphère est le tourbillon des événements. Ils ne respirent à l'aise que dans l'air agité. De plus, si Dumouriez avait les vices ou les légèretés des cours, Danton avait les vices et la licence de cœur de la foule. Ces vices, bien que si différents de forme, sont les mêmes au fond ; ils se comprennent, ils sont un point de contact entre les faiblesses des grands et les corruptions des petits. Dumouriez comprit du premier coup d'œil Danton, et Danton se laissa approcher et apprivoiser par Dumouriez. Leurs relations, souvent suspectes de concussion d'une part et de vénalité de l'autre, subsistèrent secrètement ou publiquement jusqu'à l'exil de Dumouriez et jusqu'à la mort de Danton. Camille Desmoulins, ami de Danton et de Robespierre, se passionna aussi pour Dumouriez, et vulgarisa son nom dans ses pamphlets.

Le parti d'Orléans, qui tenait par Sillery, Laclos, madame de Genlis aux Jacobins, rechercha l'amitié du nouveau ministre. Quant à Robespierre, dont la politique était une réserve habile avec tous les partis, il n'affecta à l'égard de Dumouriez ni faveur ni antipathie ; mais il éprouva une joie secrète de voir s'élever en lui un rival de ses ennemis. Il est difficile de haïr l'ennemi de ceux qui nous haïssent.

XIX

L'antagonisme naissant de Robespierre et de Brissot s'envenimait de jour en jour davantage. Les séances des Jacobins et les feuilles publiques étaient le théâtre continuel de la lutte et des réconciliations de ces deux hommes. Égaux de forces dans la nation, égaux de talents à la tribune, on voyait qu'ils se craignaient en s'attaquant. Ils masquaient de respect mutuel jusqu'à leurs offenses. Mais cette animosité comprimée n'en rongeait que plus profondément leurs âmes. Elle éclatait de temps en temps sous la politesse de leurs paroles, comme la mort sous le poli de l'acier.

Tous ces ferments de division, de rivalité et de ressentiment, bouillonnèrent dans les séances d'avril. Elles furent comme une revue générale des deux grands partis qui allaient déchirer l'empire en se disputant l'ascendant. Les Feuillants ou les constitutionnels modérés étaient les victimes que chacun des deux partis populaires immolait, à l'envi, aux soupçons et à la colère des patriotes. Rœderer, Jacobin modéré, était accusé d'avoir assisté à un dîner de Feuillants, amis de La Fayette. « Je n'inculpe pas seulement Rœderer, s'écrie Tallien, je dénonce Condorcet et Brissot. Chassons de notre société tous les ambitieux et tous les Cromwellistes. »

« Le moment de démasquer les traîtres arrivera bientôt, dit à son tour Robespierre. Je ne veux pas qu'on les démasque aujourd'hui. Il faut que quand nous frapperons le coup, il soit décisif. Je voudrais ce jour-là que la France entière m'entendît; je voudrais que le chef coupable de ces factions, La Fayette, assistât à cette séance avec toute son armée. Je dirais à ses soldats, en leur présentant ma poitrine : « Frappez! » Ce moment serait le dernier de La Fayette et de la faction des intrigants. » (C'est le nom que Robespierre avait inventé pour les Girondins.) Fauchet s'excusa d'avoir dit que Guadet, Vergniaud, Gensonné et Brissot pouvaient se mettre heureusement pour la patrie à la tête du gouvernement. Les Girondins étaient accusés de rêver un *protecteur*, les Jacobins un *tribun* du peuple. Brissot monte enfin à la tribune. « Je viens me défendre, dit-il. Quels sont mes crimes? J'ai fait, dit-on, des ministres. J'entretiens une correspondance avec La Fayette. Je veux faire de lui un protecteur. Certes, ils m'accordent un grand pouvoir, ceux qui pensent que de mon quatrième étage j'ai dicté des lois au château des Tuileries. Mais quand il serait vrai que j'eusse fait les ministres, depuis quand serait-ce un crime d'avoir confié aux mains des amis du peuple les intérêts du peuple? Ce ministre va, dit-on, distribuer toutes les faveurs à des Jacobins. Ah! plût au ciel que toutes les places fussent occupées par des Jacobins! ».

A ces mots, Camille Desmoulins, ennemi de Brissot, caché dans la salle, se penche vers l'oreille de son voisin et lui dit tout haut, avec un rire ironique : « Que d'art dans ce coquin! Cicéron et Démosthène n'ont pas d'insinuations plus éloquentes. » Des cris de colère partent des rangs des amis de Brissot et demandent l'expulsion de Camille Desmoulins. Un censeur de la salle qualifie de propos infâmes l'exclamation du pamphlétaire et rétablit le silence. Brissot continue : « La dénonciation est l'arme du peuple : je ne m'en plains pas. Savez-vous quels sont ses plus cruels ennemis? Ce sont ceux qui prostituent la dénonciation. Des dénonciations, oui! mais des preuves! Couvrez du plus profond mépris celui qui dénonce et qui ne prouve pas! Depuis quelque temps on parle de protecteur et de protectorat? Savez-vous pourquoi? C'est pour accoutumer les esprits au nom de tribunat et de tribun. Ils ne voient pas que jamais le tribunat n'existera. Qui oserait détrôner le roi constitutionnel? Qui oserait se mettre la couronne sur la tête? Qui peut s'imaginer que la race de Brutus est éteinte? Et quand il n'y aurait plus de Brutus, où est l'homme qui ait dix fois le talent de Cromwell? Croyez-vous que Cromwell lui-même eût réussi dans une révolution comme la nôtre? Il avait pour lui deux avenues faciles de l'usurpation qui n'existent pas aujourd'hui : l'ignorance et le fanatisme. Vous qui croyez voir un Cromwell dans La Fayette, vous ne connaissez ni La Fayette ni votre siècle. Cromwell avait du caractère, La Fayette n'en a pas. On ne devient pas protecteur sans audace et sans caractère; et quand il aurait l'un et l'autre, cette société renferme une foule d'amis de la liberté qui périraient plutôt que de le soutenir. J'en fais le premier le serment, ou l'égalité régnera en France, ou je mourrai en combattant les protecteurs et les tribuns!... Les tribuns, voilà les vrais ennemis du peuple. Ils le flattent pour l'enchaîner; ils sèment les soupçons sur la vertu qui ne veut pas s'avilir. Rappelez-vous ce qu'étaient Aristide et Phocion : ils n'assiégeaient pas toujours la tribune. »

Brissot, en lançant ce trait, se tourne vers Robespierre, à qui il adressait l'injure indirecte. Robespierre pâlit et relève brusquement la tête. « Ils n'assiégeaient pas toujours la tribune, répète Brissot; ils étaient à leurs postes, aux camps ou dans les tribunaux. (Un rire ironique parcourt les rangs des Girondins, qui accusaient Robespierre d'abandonner son poste dans le danger.) Ils ne dédaignaient aucun emploi, quelque modeste qu'il fût, quand il était imposé par le peuple; ils parlaient peu d'eux-mêmes, ils ne flattaient pas les démagogues, ils ne dénonçaient jamais sans preuves! Les calomniateurs n'épargnèrent pas Phocion. Il fut victime d'un adulateur du peuple!... Ah! ceci me rappelle l'horrible calomnie vomie sur Condorcet! Qui êtes-vous pour calomnier ce grand homme? Qu'avez-vous fait? Où sont vos travaux, vos écrits? Pouvez-vous citer, comme lui, tant d'assauts livrés pendant trente ans, avec Voltaire et d'Alembert, au trône, à la superstition, aux préjugés, à l'aristocratie? Où en seriez-vous, où serait cette tribune, sans ces grands hommes? Ce sont vos maîtres, et vous insultez ceux qui ont donné la voix au peuple!... Vous déchirez Condorcet, quand sa vie n'est qu'une suite de sacrifices! Philosophe, il s'est fait politique; académicien, il s'est fait journaliste; courtisan, il s'est fait peuple; noble, il s'est fait Jacobin!... Prenez-y garde, vous suivez les impulsions cachées de la cour... Ah! je n'imiterai pas mes adversaires, je ne répéterai pas ces bruits qui répandent qu'ils sont payés par la liste civile. (Le bruit courait que Robespierre était gagné pour s'opposer à la guerre.) Je ne dirai rien d'un comité secret qu'ils fréquentent et où on concerte les moyens d'influencer cette société. Mais je dirai qu'ils tiennent la même marche que les fauteurs de guerre civile ; je dirai que, sans le vouloir, ils font plus de mal aux patriotes que la cour. Et dans quel moment jettent-ils la division parmi nous? dans le moment où nous avons la guerre étrangère, et où la guerre intestine nous menace... Mettons une trêve à ces débats, et reprenons l'ordre du jour, en écartant par le mépris d'odieuses et funestes dénonciations. »

XX

A ces mots, Robespierre et Guadet, également provoqués, se disputent la tribune. « Il y a quarante-huit heures que le besoin de me justifier pèse sur mon cœur, dit Guadet; il y a seulement quelques minutes que ce besoin pèse sur l'âme de Robespierre, à moi la parole. » On la lui donne. Il se disculpe en peu de mots. « Soyez surtout en garde, dit-il en finissant et en désignant du geste Robespierre, contre ces orateurs empiriques qui ont sans cesse à la bouche les mots de liberté, de tyrannie, de conjuration, qui mêlent toujours leur propre éloge aux flagorneries qu'ils adressent au peuple; faites justice de ces hommes! — A l'ordre! s'écrie Fréron, l'ami de Robespierre; à l'ordre l'injure et le sarcasme! » Les tribunes éclatent en applaudissements et en huées. La salle elle-même se divise en deux camps, séparés par un large intervalle. Les apostrophes se croisent, les gestes se combattent, on élève et on agite les chapeaux au bout des cannes. « On m'a bien appelé scélérat ! reprend Guadet, et je ne pourrais pas dénoncer un homme qui met sans cesse son orgueil avant la chose publique ! un homme qui, parlant sans cesse de patriotisme, abandonne le poste où il était appelé ! Oui, je vous dénonce un homme qui, soit ambition, soit malheur, est devenu l'idole du peuple ! » Le tumulte est au comble, et couvre la voix de Guadet.

Robespierre réclame lui-même le silence pour son ennemi. « Eh bien, poursuit Guadet effrayé ou attendri par la feinte générosité de Robespierre, je vous dénonce un homme qui, par amour pour la liberté de sa patrie, devrait peut-être s'imposer à lui-même la loi de l'ostracisme : car c'est servir le peuple que de se dérober à son idolâtrie ! » Ces paroles sont étouffées sous des éclats de rire affectés. Robespierre monte avec un calme étudié les marches de la tribune, aux sourires et aux applaudissements des Jacobins. « Ce discours remplit tous mes vœux, dit-il en regardant Brissot et ses amis ; il renferme à lui seul toutes les inculpations qu'accumulent contre moi les ennemis dont je suis entouré. En répondant à M. Guadet, je leur aurai répondu à tous. On m'invite à l'ostracisme : il y aurait sans doute quelque excès de vanité à moi de m'y condamner ; car c'est la punition des grands hommes, et il n'appartient qu'à M. Brissot de les classer. On me reproche d'assiéger sans cesse la tribune. Ah ! que la liberté soit assurée, que l'égalité soit affermie, que les *intrigants* disparaissent, et vous me verrez aussi empressé de fuir cette tribune et même cette enceinte que vous m'y voyez maintenant assidu. Alors, en effet, le plus cher de mes vœux serait rempli. Heureux de la félicité publique, je passerais des jours paisibles dans les délices d'une douce et obscure intimité. »

Ces mots sont interrompus par le murmure d'une émotion fanatique. Robespierre se borne à ce peu de paroles, et ajourne sa réponse à la séance suivante. Le lendemain, Danton s'assied au fauteuil et préside la lutte entre ses ennemis et son rival. Robespierre commence par élever sa propre cause à la hauteur d'une cause nationale. Il se défend d'avoir provoqué le premier ses adversaires. Il cite les accusations intentées et les injures vomies contre lui par le parti de Brissot. « Chef de parti, agitateur du peuple, agent secret du comité autrichien, dit-il, voilà les noms qu'on me jette et les accusations auxquelles on veut que je fasse réponse ! Je ne ferai point celle de Scipion ou de La Fayette, qui, accusés à la tribune du crime de lèse-nation, ne répondirent que par le silence. Je répondrai par ma vie.

» Élève de Jean-Jacques Rousseau, ses doctrines m'ont inspiré son âme pour le peuple. Le spectacle des grandes assemblées aux premiers jours de notre révolution me remplit d'espérance. Bientôt je compris la différence qu'il y a entre ces assemblées étroites composées d'ambitieux ou d'égoïstes, et la nation elle-même. Ma voix y fut étouffée, mais j'aimai mieux exciter les murmures des ennemis de la vérité que d'obtenir de honteux applaudissements. Je portais mes regards au delà de l'enceinte, et mon but était de me faire entendre de la nation et de l'humanité. C'est pour cela que j'ai fatigué la tribune. Mais j'ai fait plus, j'ai donné Brissot et Condorcet à la France. Ces grands philosophes ont sans doute ridiculisé et combattu les prêtres ;

mais ils n'en ont pas moins courtisé les rois et les grands, dont ils ont tiré un assez bon parti. (On rit.) Vous n'oubliez pas avec quel acharnement ils ont persécuté le génie de la liberté dans la personne de Jean-Jacques, le seul philosophe qui ait mérité, selon moi, ces honneurs publics prodigués depuis quelque temps par l'intrigue à tant de charlatans politiques et à de si méprisables héros. Brissot devrait du moins m'en savoir gré. Où était-il pendant que je défendais cette société des Jacobins contre l'Assemblée constituante elle-même. Sans ce que j'ai fait à cette époque, vous ne m'auriez point outragé dans cette tribune, car elle n'existerait pas. Moi le corrupteur, l'agitateur, le tribun du peuple! Je ne suis rien de tout cela. Je suis peuple moi-même. Vous me reprochez d'avoir quitté ma place d'accusateur public! Je l'ai fait quand j'ai vu que cette place ne me donnerait d'autre droit que celui d'accuser des citoyens pour des délits civils, et m'ôterait le droit d'accuser les ennemis politiques. Et c'est pour cela que le peuple m'aime. Et vous voulez que je me condamne à l'ostracisme pour me soustraire à sa confiance. L'exil! De quel front osez-vous me le proposer! Et où voulez-vous que je me retire? Quel est le peuple où je serai reçu? Quel est le tyran qui me donnera asile? Ah! on peut abandonner sa patrie heureuse, libre et triomphante; mais sa patrie menacée, déchirée, opprimée, on ne la fuit pas, on la sauve ou l'on meurt pour elle! Le ciel qui me donna une âme passionnée pour la liberté, et qui me fit naître sous la domination des tyrans; le ciel, qui plaça ma vie au milieu du règne des factions et des crimes, m'appelle peut-être à tracer de mon sang la route du bonheur et de la liberté des hommes. Exigez-vous de moi un autre sacrifice? Celui de ma renommée, je vous la livre : je ne voulais de réputation que pour le bien de mes semblables ; si pour la conserver il faut trahir par un lâche silence la cause du peuple, prenez-la, souillez-la, je ne la défends plus.

» Maintenant que je me suis défendu, je pourrais vous attaquer. Je ne le ferai pas ; je vous offre la paix. J'oublie vos injures, je dévore vos outrages, mais à une condition, c'est que vous combattrez avec moi les partis qui déchirent notre pays, et le plus dangereux de tous, celui de La Fayette ; de ce prétendu héros des deux mondes, qui, après avoir assisté à la révolution du nouveau monde, ne s'est appliqué jusqu'ici qu'à arrêter les progrès de la liberté dans l'ancien. Vous, Brissot, n'êtes-vous pas convenu avec moi que ce chef était le bourreau et l'assassin du peuple, que le massacre du Champ de Mars avait fait rétrograder de vingt ans la Révolution ? Cet homme est-il moins redoutable parce qu'il est aujourd'hui à la tête de l'armée ? Non. Hâtez-vous donc. Faites mouvoir horizontalement le glaive des lois pour frapper toutes les têtes des grands conspirateurs. Les nouvelles qui nous arrivent de son armée sont sinistres. Déjà il sème la division entre les gardes nationales et la troupe de ligne. Déjà le sang des citoyens a coulé à Metz. Déjà on emprisonne les meilleurs patriotes à Strasbourg. Je vous le dis, vous êtes accusés de tous ces maux ; effacez ces soupçons en vous unissant à nous, et réconcilions-nous, mais dans le salut de la patrie ! »

LIVRE QUATORZIÈME

Les journaux prennent parti dans ces guerres intestines. — Négociations de Dumouriez avec l'Autriche. — Le duc de Brunswick. — Le roi propose la guerre. — Acclamations générales. — La guerre est votée. — Plan de campagne de Dumouriez. — La Fayette temporise. — Considérations sur la Belgique. — Coblentz capitale de l'émigration française. — Le comte de Provence. — Le comte d'Artois. — Le prince de Condé. — Louis XVI otage de la France. — La reine regardée comme l'âme du comité autrichien. — Manifeste du duc de Brunswick.

I

La nuit était avancée au moment où Robespierre terminait son éloquent discours au milieu du recueillement des Jacobins. Les Jacobins et les Girondins, plus exaspérés que jamais, se séparent. Ils hésitaient devant ce grand déchirement, qui, en affaiblissant le parti des patriotes, pouvait livrer l'armée à La Fayette, et l'Assemblée aux Feuillants. Pétion, ami à la fois de Robespierre et de Brissot, cher aux Jacobins, lié avec madame Roland, tenait la balance de sa popularité en équilibre, de peur d'avoir à en perdre la moitié en se prononçant entre les deux factions. Il essaya le lendemain d'opérer une réconciliation générale. « Des deux côtés, dit-il en finissant, je vois mes amis. » Il y eut une trêve apparente; mais Guadet et Brissot firent imprimer leurs discours avec des additions injurieuses contre Robespierre. Ils sapèrent sourdement sa réputation par de nouvelles calomnies. Un nouvel orage éclata le 30 avril.

On proposait d'interdire les dénonciations sans preuves. « Réfléchissez à ce qu'on vous propose, dit Robespierre. La majorité ici est une faction qui veut par ce moyen nous calomnier librement et étouffer nos accusations par le silence. Si vous décrétez qu'il me sera interdit de me défendre contre les libellistes conjurés contre moi, je quitte cette enceinte et je m'ensevelis dans la retraite. — Robespierre, nous t'y suivrons! s'écrient des voix de femmes dans les tribunes. — On a profité du discours de Pétion, continue-t-il, pour répandre d'odieux libelles contre moi. Pétion lui-même en est indigné. Son cœur s'est répandu dans le mien. Il gémit des outrages dont on m'abreuve. Lisez le journal de Brissot, vous y verrez qu'on m'invite à ne pas apostropher toujours le peuple dans mes discours. Oui, il faut s'interdire de prononcer le nom du peuple, sous peine de passer pour un factieux, pour un tribun. On me compare aux Gracques. On a raison de me comparer à eux. Ce qu'il y aura de commun entre nous, peut-être, ce sera leur fin tragique. C'est peu : on me rend responsable d'un écrit de Marat qui me désigne pour tribun en prêchant sang et carnage. Ai-je professé jamais de pareils principes? suis-je coupable de l'extravagance d'un écrivain exalté tel que Marat? »

A ces mots, Lasource, ami de Brissot, demande la parole; on la lui refuse. Merlin demande si la paix jurée hier ne doit engager qu'un des deux partis et autoriser l'autre à semer des calomnies contre Robespierre. L'Assemblée en tumulte impose silence aux orateurs. Legendre accuse la partialité du bureau. Robespierre quitte la tribune, s'approche du président et lui adresse avec des gestes de menace des paroles couvertes par le bruit de la salle et par les injures échangées entre les tribunes.

« Pourquoi cet acharnement des intrigants contre Robespierre? s'écrie un de ses partisans quand le calme est rétabli. Parce qu'il est le seul homme capable de s'élever contre leur parti, s'ils réussissent à le former. Oui, il faut dans les révolutions de ces hommes qui, faisant abnégation d'eux-mêmes, se livrent en victimes volontaires aux factieux. Le peuple doit les soutenir. Vous les avez trouvés, ces hommes. Ce sont Robespierre et Pétion. Les abandonnerez-vous à leurs ennemis? — Non! non! » s'écrient des milliers de voix, et un arrêté proposé par le président déclare que Brissot a calomnié Robespierre.

II

Les journaux prirent parti selon leur couleur dans ces guerres intestines des patriotes. « Robespierre! disent les

Révolutions de Paris, comment se fait-il que ce même homme que le peuple portait en triomphe à sa maison au sortir de l'Assemblée constituante soit devenu aujourd'hui un problème? Vous vous êtes cru longtemps la seule colonne de la liberté française. Votre nom était comme l'arche sainte. On ne pouvait y toucher sans être frappé de mort. Vous voulez être l'homme du peuple. Vous n'avez ni l'extérieur de l'orateur, ni le génie qui dispose des volontés des hommes. Vous avez animé les clubs de votre parole. L'encens qu'on y brûle en votre honneur vous a enivré. Le dieu du patriotisme est devenu un homme. L'apogée de votre gloire fut au 17 juillet 1791. De ce jour votre astre a décliné. Robespierre, les patriotes n'aiment pas que vous vous donniez en spectacle. Quand le peuple se presse autour de la tribune où vous montez, ce n'est pas pour entendre votre propre éloge, c'est pour vous entendre éclairer l'opinion publique. Vous êtes incorruptible, oui; mais il y a encore de meilleurs citoyens que vous : ce sont ceux qui le sont autant que vous et qui ne s'en vantent pas. Que n'avez-vous la simplicité qui s'ignore elle-même, et cette bonhomie des vertus antiques que vous rappelez quelquefois en vous!

» On vous accuse, Robespierre, d'avoir assisté à une conférence secrète qui s'est tenue il n'y a pas longtemps chez la princesse de Lamballe en présence de la reine Marie-Antoinette. On ne dit pas les clauses du marché entre vous et ces deux femmes, qui vous auraient corrompu. Depuis ce jour on s'est aperçu de quelques changements dans vos mœurs domestiques, et vous avez eu l'argent nécessaire pour fonder un journal. Aurait-on eu des soupçons aussi injurieux contre vous en juillet 1791 ?

Nous ne croyons rien de ces infamies; nous ne vous croyons pas complice de Marat, qui vous offre la dictature. Nous ne vous accusons pas d'imiter César se faisant présenter le diadème par Antoine! Non; mais prenez-y garde! parlez de vous-même avec moins de complaisance! Nous avons dans le temps aussi averti La Fayette et Mirabeau, et indiqué la roche Tarpéienne pour les citoyens qui se croient plus grands que la patrie. »

III

« Les misérables! répondait Marat, qui alors se couvrait encore du patronage de Robespierre, ils jettent leur ombre sur les plus pures vertus! Son génie les offusque. Ils le punissent de ses sacrifices. Ses goûts l'appelaient dans la retraite. Il n'est resté dans le tumulte des Jacobins que par dévouement à son pays; mais les hommes médiocres ne s'accoutument point aux éloges d'autrui, et la foule aime à changer de héros.

» La faction des La Fayette, des Guadet, des Brissot, l'enveloppe. Ils l'appellent chef de parti! Robespierre chef de parti! Ils montrent sa main dans le trésor honteux de la liste civile. Ils lui font un crime de la confiance du peuple, comme si un simple citoyen sans fortune et sans puissance avait d'autre moyen de conquérir l'amour du peuple que ses vertus! Comme si un homme qui n'a que sa voix isolée au milieu d'une société d'intrigants, d'hypo-

crites et de fourbes, pouvait jamais devenir à craindre!
Mais ce censeur incorruptible les inquiète. Ils disent qu'il
s'est entendu avec moi pour se faire offrir la dictature. Ceci
me regarde. Je déclare donc que Robespierre est si loin de
disposer de ma plume, que je n'ai jamais eu avec lui la
moindre relation. Je l'ai vu une seule fois, et cet unique
entretien m'a convaincu qu'il n'était pas l'homme que je
cherche pour le pouvoir suprême et énergique réclamé par
la Révolution.

» Le premier mot qu'il m'adressa fut le reproche de
tremper ma plume dans le sang des ennemis de la liberté,
de parler toujours de corde, de glaive, de poignard, mots
cruels que désavouait sans doute mon cœur et que discréditaient mes principes. Je le détrompai. « Apprenez, lui
» répondis-je, que mon crédit sur le peuple ne tient pas à
» mes idées, mais à mon audace, mais aux élans impé-
» tueux de mon âme, mais à mes cris de rage, de déses-
» poir et de fureur contre les scélérats qui embarrassent
» l'action de la Révolution. Je sais la colère, la juste colère
» du peuple, et voilà pourquoi il m'écoute et il croit en
» moi. Ces cris d'alarme et de fureur que vous prenez pour
» des paroles en l'air sont la plus naïve et la plus sincère
» expression des passions qui dévorent mon âme. Oui, si
» j'avais eu dans ma main les bras du peuple après le décret
» contre la garnison de Nancy, j'aurais décimé les députés
» qui l'avaient rendu; après l'instruction sur les événe-
» ments des 5 et 6 octobre, j'aurais fait périr dans un
» bûcher tous les juges; après les massacres du Champ de
» Mars, si j'avais eu deux mille hommes animés des mêmes
» ressentiments qui soulevaient mon sein, je serais allé à
» leur tête poignarder La Fayette au milieu de ses bataillons

» de brigands, brûler le roi dans son palais, et égorger nos
» atroces représentants sur leurs siéges!... » Robespierre
m'écoutait avec effroi. Il pâlit et garda longtemps le silence.
Je m'éloignai. J'avais vu un homme intègre ; je n'avais pas
rencontré un homme d'État. » Ainsi le scélérat avait fait
horreur au fanatique ; Robespierre avait fait pitié à Marat.

IV

Ces premières luttes entre les Jacobins et la Gironde donnaient à l'habile Dumouriez un double point d'appui pour
sa politique. L'inimitié de Roland, de Clavière et de Servan ne l'inquiétait plus dans le conseil. Il balançait leur
influence par son alliance avec leurs ennemis. Mais les Jacobins voulaient des gages, il les leur offrait dans la guerre.
Danton, aussi violent et plus politique que Marat, ne cessait de répéter que la Révolution et les despotes étaient
irréconciliables, et que la France n'avait de salut à espérer que de son audace et de son désespoir. La guerre,
selon Danton, était le baptême ou le martyre par lequel
devait passer la liberté comme une religion nouvelle. Il
fallait retremper la France dans le feu, pour qu'elle se pu-
rifiât des souillures et des hontes de son passé.

Dumouriez, d'accord en cela avec La Fayette et les
Feuillants, voulait aussi la guerre ; mais c'était comme un
soldat, pour y conquérir la gloire et pour en foudroyer ensuite les factions. Depuis le premier jour de son ministère,

il négociait de manière à obtenir de l'Autriche une réponse décisive. Il avait renouvelé presque tous les membres du corps diplomatique; il les avait remplacés par des hommes énergiques. Ses dépêches avaient un accent martial et militaire qui ressemblait à la voix d'un peuple armé. Il sommait les princes du Rhin, l'empereur, le roi de Prusse, le roi de Sardaigne, l'Espagne, de reconnaître ou de combattre le roi constitutionnel de la France. Mais pendant que ces envoyés officiels demandaient à ces cours des réponses promptes et catégoriques, les agents secrets de Dumouriez s'insinuaient dans les cabinets des princes et s'efforçaient de détacher quelques États de la coalition qui se formait. Ils leur montraient les avantages de la neutralité pour leur agrandissement; ils leur promettaient après la victoire le patronage de la France. N'osant pas espérer des alliés, le ministre ménageait au moins à la France des complicités secrètes; il corrompait par l'ambition les États qu'il ne pouvait entraîner par la terreur; il amortissait la coalition, espérant plus tard la briser.

V

Le prince sur l'esprit duquel il agissait le plus puissamment était précisément ce duc de Brunswick que l'empereur et le roi de Prusse destinaient de concert au commandement des armées combinées contre nous. Ce prince était dans leur espoir l'Agamemnon de l'Allemagne.

Charles-Frédéric-Ferdinand de Brunswick-Wolfenbuttel, nourri dans les combats, dans les lettres et dans les plaisirs, avait respiré dans les camps du grand Frédéric le génie de la guerre, l'esprit de la philosophie française et le machiavélisme de son maître. Il avait fait avec ce roi philosophe et soldat toutes les campagnes de la guerre de Sept ans. A la paix il voyagea en France et en Italie. Accueilli partout comme le héros de l'Allemagne et comme l'héritier du génie de Frédéric, il avait épousé une sœur du roi d'Angleterre George III. Sa capitale, où brillaient ses maîtresses et où dissertaient les philosophes, réunissait l'épicurisme des cours à l'austérité des camps. Il régnait selon les préceptes des sages; il vivait selon les exemples des Sybarites. Mais son âme de soldat, qui se livrait trop facilement à la beauté, ne s'éteignait pas dans l'amour; il ne donnait que son cœur aux femmes, il réservait sa tête à sa gloire, à la guerre et au gouvernement de ses États. Mirabeau, jeune alors, s'était arrêté à sa cour en allant à Berlin recueillir les dernières lueurs du grand Frédéric. Le duc de Brunswick avait apprécié Mirabeau. Ces deux hommes placés à des rangs si divers se ressemblaient par leurs qualités et par leurs défauts. C'étaient deux esprits révolutionnaires; mais, par la différence des situations et des patries, l'un était destiné à faire une révolution et l'autre à la combattre.

Quoi qu'il en soit, Mirabeau fut séduit par le souverain qu'il avait mission de séduire. « La figure de ce prince, écrit-il dans sa Correspondance secrète, annonce la profondeur et la finesse. Il parle avec élégance et précision; il est prodigieusement instruit, laborieux, perspicace; il a des correspondances immenses, il ne les doit qu'à son mérite;

il est économe même pour ses passions. Sa maîtresse, mademoiselle de Hartfeld, est la femme la plus raisonnable de sa cour. Véritable Alcibiade, il aime le plaisir, mais il ne le prend jamais sur son travail. Est-il à son rôle de général prussien, personne n'est aussi matinal, aussi actif, aussi minutieusement exact que lui. Sous une apparence calme qui vient de la possession exercée de lui-même, son imagination brillante et sa verve ambitieuse l'emportent souvent ; mais la circonspection qu'il s'impose et le soin réfléchi de sa gloire le retiennent et le ramènent à des hésitations qui sont peut-être son seul défaut. » Mirabeau prédit dès cette époque au duc de Brunswick la suprême influence dans les affaires de l'Allemagne après la mort du roi de Prusse, que l'Allemagne appelait le grand roi.

Le duc avait alors cinquante ans. Il se défendait dans ses conversations avec Mirabeau d'aimer la guerre. « Jeux de hasard que les batailles, disait-il au voyageur français. Je n'y ai pas été malheureux jusqu'ici. Qui sait si aujourd'hui, quoique plus habile, je serais aussi bien servi par la fortune ! » Un an après cette parole, il faisait l'invasion triomphante de la Hollande à la tête des troupes de l'Angleterre. Quelques années plus tard, l'Allemagne le désignait pour son généralissime.

Mais la guerre à la France, qui souriait à son ambition de soldat, répugnait à son âme de philosophe. Il sentait qu'il combattrait mal les idées dont il avait été nourri. Mirabeau avait dit de lui ce mot profond qui prophétisait ses mollesses et les défaites de la coalition guidée par ce prince : « Cet homme est d'une trempe rare, mais il est trop sage pour être redoutable aux sages. »

Ce mot explique l'offre de la couronne de France faite au

duc de Brunswick par Custine au nom du parti monarchique de l'Assemblée. La franc-maçonnerie, cette religion souterraine dans laquelle étaient entrés presque tous les princes régnants de l'Allemagne, couvrait de ses mystères de secrètes intelligences entre la philosophie française et les souverains des bords du Rhin. Frères en conjuration religieuse, ils ne pouvaient pas être des ennemis bien sincères en politique. Le duc de Brunswick était au fond du cœur plus citoyen que prince, plus Français qu'Allemand. L'offre d'un trône à Paris avait chatouillé son cœur. On combat mal un peuple dont on espère être le roi, et une cause que l'on veut vaincre, mais que l'on ne veut pas perdre : telle était la situation d'esprit du duc de Brunswick. Consulté par le roi de Prusse, il conseillait à ce monarque de tourner ses forces du côté de la Pologne et d'y conquérir des provinces, au lieu de conquérir des principes en France.

VI

Le plan de Dumouriez était de séparer, autant que possible, la Prusse de l'Autriche, pour n'avoir affaire qu'à un ennemi à la fois. L'union de ces deux puissances, rivales naturelles et jalouses, lui paraissait tellement contre nature, qu'il se flattait de l'empêcher ou de la rompre. La haine instinctive du despotisme contre la liberté trompa toutes ses prévisions. Le Russie, par l'ascendant de Catherine, força la Prusse et l'Autriche à faire cause commune contre la

Révolution. A Vienne, le jeune empereur, François Ier, se préparait à combattre beaucoup plus qu'à négocier. Le prince de Kaunitz, son principal ministre, répondait aux notes de Dumouriez dans un langage qui portait le défi à l'Assemblée nationale.

Dumouriez communiqua ces pièces à l'Assemblée. Il prévint les éclats de sa juste colère, en éclatant lui-même en indignation et en patriotisme. Le contre-coup de ces scènes à Paris revint se faire sentir jusque dans le cabinet de l'empereur à Vienne. François Ier, pâle et tremblant de colère, gourmanda la lenteur de son ministre. Il allait tous les jours assister, auprès du lit du prince de Kaunitz, aux conférences entre ce vieillard et les envoyés prussiens et russes, chargés par leur souverain de fomenter la guerre. Le roi de Prusse demandait à avoir seul la direction de la campagne. Il proposait l'invasion subite du territoire français comme le moyen le plus propre à économiser le sang, en frappant la Révolution d'étonnement et en faisant éclater en France la contre-révolution dont les émigrés le flattaient. Une entrevue, pour concerter les mesures de l'Autriche et de la Prusse, fut assignée à Leipzig entre le duc de Brunswick et le général des troupes de l'empereur, le prince de Hohenlohe. Des conférences pour la forme continuaient cependant encore à Vienne entre M. de Noailles, ambassadeur de France, et le comte Philippe de Cobentzel, vice-chancelier de cour. Ces conférences, où luttaient pour se concilier deux principes inconciliables, la liberté des peuples et la souveraineté absolue des monarques, n'amenèrent que des reproches mutuels. Un dernier mot de M. de Cobentzel rompit les négociations. Ce mot en éclatant à Paris y fit éclater la guerre. Dumouriez la proposa au conseil et entraîna le roi, comme par la main de la fatalité, à venir lui-même la proposer à son peuple. « Le peuple, lui dit-il, croira à votre attachement le jour où il vous verra embrasser sa cause et combattre les rois pour la défendre. »

Le roi, entouré de tous les ministres, parut inopinément à l'Assemblée le 20 avril, à l'issue du conseil. Un redoutable silence se fit dans la salle. On pressentait que le mot décisif allait être prononcé. Il le fut. Après la lecture d'un rapport complet sur les négociations avec la maison d'Autriche, par Dumouriez, le roi ajouta d'une voix concentrée, mais ferme : « Vous venez d'entendre le rapport qui a été fait à mon conseil. Les conclusions en ont été unanimement adoptées. Moi-même j'ai adopté la résolution. J'ai épuisé tous les moyens de maintenir la paix. Maintenant je viens, aux termes de la constitution, vous proposer formellement la guerre contre le roi de Hongrie et de Bohême. »

Le roi sortit, après ces paroles, au milieu des cris et des gestes d'enthousiasme qui éclatèrent dans la salle et dans les tribunes. Le peuple s'y associa sur son passage ; la France se sentait sûre d'elle-même en attaquant la première l'Europe conjurée contre elle. Il semblait aux bons citoyens que tous les troubles intérieurs allaient cesser devant cette grande action extérieure d'un peuple qui défend ses frontières, que le procès de la liberté allait se juger en quelques heures sur le champ de bataille, et que la constitution n'avait besoin que d'une victoire pour que la nation fût désormais libre au dedans et triomphante au dehors. Le roi lui-même rentra dans son palais soulagé du poids cruel de ses irrésolutions. La guerre contre ses alliés et contre ses frères avait coûté bien des angoisses à son cœur. Ce sacrifice de ses sentiments fait à la constitution lui semblait mériter la reconnaissance de l'Assemblée ; en s'identifiant ainsi à la cause de la patrie, il se flattait de retrouver au moins la justice et l'amour de son peuple. L'Assemblée se sépara sans délibérer, et donna quelques heures moins à la réflexion qu'à l'enthousiasme.

VII

A la séance du soir, Pastoret, un des principaux Feuillants, appuya le premier le parti de la guerre. « On nous reproche, dit-il, de vouloir voter l'effusion du sang humain dans un accès d'enthousiasme. Mais est-ce donc d'aujourd'hui que nous sommes provoqués ? La maison d'Autriche a violé depuis quatre cents ans les traités faits avec la France. Voilà nos motifs ! N'hésitons plus. La victoire sera fidèle à la liberté ! »

Becquet, royaliste constitutionnel, orateur réfléchi et courageux, osa seul parler contre la déclaration de guerre. « Dans un pays libre, dit-il, on ne fait la guerre que pour défendre la constitution ou la nation. Notre constitution est d'hier, il lui faut du calme pour s'enraciner. Un état de crise comme la guerre s'oppose aux mouvements réguliers du corps politique. Si vos armées combattent au dehors, qui contiendra les factions au dedans ? On vous flatte de n'avoir que l'Autriche à combattre, on vous promet la neutralité du reste du Nord : n'y comptez pas. L'Angleterre elle-même ne peut rester neutre. Si les nécessités de la guerre vous portent à révolutionner la Belgique ou à envahir la Hollande, elle se réunira à la Prusse pour soutenir le parti du stathouder contre vous. Sans doute l'Angleterre aime la liberté qui s'établit chez vous, mais sa vie est dans son commerce : elle ne peut vous l'abandonner dans les Pays-Bas. Attendez qu'on vous attaque, et l'esprit des peuples combattra alors pour vous. La justice d'une cause vaut des armées. Mais si on peut vous peindre aux yeux des nations comme un peuple inquiet et conquérant, qui ne peut vivre que dans le trouble et dans la guerre, les nations s'éloigneront de vous avec effroi. D'ailleurs, la guerre n'est-elle pas l'espoir des ennemis de la Révolution? Pourquoi les réjouir en la leur offrant? Les émigrés, méprisables maintenant, deviendront dangereux le jour où ils s'appuieront sur les armées de nos ennemis ! »

Sensé et profond, ce discours, interrompu par les rires ironiques et par les injures de l'Assemblée, s'acheva au milieu des huées des tribunes. Il faut de l'héroïsme dans la conviction pour combattre la guerre dans une chambre française. Bazire, ami de Robespierre, demanda, comme Becquet, ami du roi, quelques jours de réflexion avant de voter des flots de sang humain. « Si vous vous décidez pour la guerre, faites-la du moins de manière qu'elle ne soit point enveloppée de trahison ! » dit-il. Quelques applaudissements indiquèrent que l'allusion républicaine de Bazire était comprise, et qu'il fallait avant tout écarter un roi et des généraux suspects. «Non, non, répond Mailhe, ne perdez pas une heure pour décréter la liberté du monde entier ! — Éteignez les torches de vos discordes dans le feu des canons et des baïonnettes, ajoute Dubayet. — Que le rapport soit fait séance tenante, demande Brissot. — Déclarez la guerre aux rois et la paix aux nations, » s'écrie Merlin. La guerre est votée.

Condorcet, averti d'avance par les Girondins du conseil, lit à la tribune un projet de manifeste aux nations. En voici l'esprit : « Chaque nation a le droit de se donner des lois et de les changer à son gré. La nation française devait croire que des vérités si simples seraient consenties par tous les princes. Son espérance a été trompée. Une ligue s'est formée contre son indépendance; jamais l'orgueil des trônes n'a insulté avec plus d'audace à la majesté des nations. Les motifs allégués par les despotes contre la France ne sont qu'un outrage à sa liberté. Cet insultant orgueil, loin de l'intimider, ne peut qu'exciter son courage. Il faut du temps pour discipliner les esclaves du despotisme; tout homme est soldat quand il combat la tyrannie. »

VIII

Le principal orateur de la Gironde s'élance le dernier à la tribune : « Vous devez à la nation, dit Vergniaud, de prendre tous les moyens pour assurer le succès de la grande et terrible détermination par laquelle vous avez signalé cette mémorable journée. Rappelez-vous le jour de cette fédération générale où tous les Français dévouèrent leur vie à la défense de la liberté et à celle de la constitution; rappelez-vous le serment que vous-mêmes vous avez prêté, le 14 janvier, de vous ensevelir sous les ruines de ce temple plutôt que de consentir à la moindre capitulation, ni qu'il fût fait une une seule modification à la constitution. Quel est le cœur glacé qui ne palpite pas dans ces moments suprêmes, l'âme froide qui ne s'élève pas, j'ose le dire, jusqu'au ciel, avec les acclamations de la joie universelle; l'homme apathique qui ne sent pas son être s'agrandir et ses forces s'élever par un noble enthousiasme au-dessus des forces de l'humanité? Eh bien, donnez encore à la France, à l'Europe, le spectacle imposant de ces fêtes nationales! Ranimez cette énergie devant laquelle tombent les bastilles! Faites retentir dans toutes les parties de l'empire ces mots sublimes : *Vivre libre ou mourir! la constitution tout entière, sans modification, ou la mort!* Que ces cris se fassent entendre jusqu'auprès des trônes coalisés contre vous; qu'ils leur apprennent qu'on a compté en vain sur nos divisions intérieures; qu'alors que la patrie est en danger nous ne sommes plus animés que d'une seule passion, celle de la sauver ou de mourir pour elle; qu'enfin, si la fortune trahissait dans les combats une cause aussi juste que la nôtre, nos ennemis pourraient bien insulter à nos cadavres, mais que jamais ils n'auront un seul Français dans leurs fers. »

IX

Ces paroles lyriques de Vergniaud retentirent à Berlin et à Vienne. « On vient de nous déclarer la guerre, dit le prince de Kaunitz à l'ambassadeur de Russie, prince Galitzin, au cercle de l'empereur, c'est comme si on vous l'avait déclarée à vous-mêmes. » Le commandement général des forces prussiennes et autrichiennes fut donné au duc de Brunswick. Les deux princes ne firent en cela que ratifier le choix de l'Allemagne; c'était l'opinion qui l'avait nommé. L'Allemagne se meut lentement; les fédérations sont impropres aux guerres soudaines. La campagne s'ouvrit du côté des Français avant que la Prusse et l'Autriche eussent préparé leurs armements.

Dumouriez avait compté sur cette lourdeur et sur cet engourdissement des deux monarchies allemandes. Son plan habile consistait à couper la coalition en deux et à faire une brusque invasion en Belgique avant que la Prusse pût se trouver sur le terrain. Si Dumouriez eût été à la fois l'inventeur et l'exécuteur de son plan, c'en était fait de la Belgique et de la Hollande; mais La Fayette, chargé d'effectuer l'invasion à la tête de quarante mille hommes, n'avait ni les témérités ni la fougue de cet homme de guerre. Général d'opinion plutôt que général d'armée, il était accoutumé à commander à des bourgeois sur la place publique plutôt qu'à des soldats en campagne. Brave de sa personne, aimé des troupes, mais plus citoyen que militaire, il avait fait la guerre d'Amérique avec des poignées d'hommes libres et non avec des masses indisciplinées. Ne pas compromettre ses soldats, défendre avec intrépidité des frontières, mourir généreusement à des Thermopyles, haranguer héroïquement des gardes nationales, passionner ses troupes pour ou contre des opinions, telle était la nature de La Fayette. Les hardiesses de la grande guerre, qui risque beaucoup pour tout sauver, et qui découvre un moment une frontière pour aller frapper un empire au cœur, ne con-

venaient pas à ses habitudes, encore moins à sa situation.
En devenant général, La Fayette était resté chef de parti ;
en faisant face à l'étranger, il regardait toujours vers l'intérieur. Il lui fallait de la gloire sans doute pour nourrir
son influence et pour reconquérir ce rôle d'arbitre de la Révolution qui commençait à lui échapper ; mais, avant tout,
il fallait qu'il ne se compromît pas. Une défaite l'aurait
perdu. Il le savait. Qui ne risque pas de défaite n'obtiendra
jamais de victoire. C'était le général de la temporisation.
Or, perdre le temps de la Révolution, c'était perdre toute
sa force. La force des masses indisciplinées est dans leur
impétuosité ; qui les ralentit les perd.

Dumouriez, impétueux comme l'irruption, était pénétré
par instinct de cette vérité. Il s'efforça, dans les conférences qui précédèrent la nomination des généraux, de la
faire passer dans l'âme de La Fayette. Il le plaçait à la tête
du principal corps d'armée qui devait pénétrer en Belgique,
comme le général le plus propre à fomenter les insurrections populaires et à changer dans les provinces belges la
guerre en révolution. Soulever la Belgique en faveur de la
liberté française, rendre son indépendance solidaire de la
nôtre, c'était l'arracher à l'Autriche et la tourner contre
nos ennemis.

Les Belges, dans le plan de Dumouriez, devaient nous
conquérir la Belgique ; les ferments de l'insurrection étaient
mal étouffés dans ces provinces. Le pas des premiers soldats français devait les remuer et les ranimer.

X

La Belgique, longtemps dominée par l'Espagne, en a contracté le catholicisme superstitieux et jaloux. La nation appartient aux prêtres; les priviléges du clergé lui semblent les priviléges du peuple. Joseph II, philosophe avant l'heure, mais philosophe armé, avait voulu émanciper ce peuple du despotisme du sacerdoce. La Belgique s'était insurgée en 1790 contre la liberté qu'on lui apportait, et avait pris parti pour ses oppresseurs. Le fanatisme des prêtres et le fanatisme des priviléges municipaux, réunis en un seul sentiment de résistance à Joseph II, avaient soulevé ces provinces. Les révoltés avaient pris Gand et Bruxelles, et proclamé la déchéance de la maison d'Autriche de la souveraineté des Pays-Bas. A peine triomphante, la révolution belge s'était divisée : le parti sacerdotal et aristocratique demandait une constitution oligarchique ; le parti populaire demandait une démocratie calquée sur la Révolution française. Van der Noot, tribun éloquent et cruel, était l'âme du premier parti. Van der Merch, soldat intrépide, était le chef du parti du peuple. La guerre civile éclata au milieu de la guerre de l'indépendance. Van der Merch, prisonnier des aristocrates et des prêtres, fut plongé dans les cachots. Léopold, successeur de Joseph II, profita de ces déchirements pour reconquérir la Belgique. Lassée de la liberté avant d'en avoir joui, elle se soumit sans résistance. Van der Noot s'exila en Hollande. Van der Meroh, délivré par les Autrichiens, reçut un généreux pardon et redevint un citoyen obscur. L'indépendance fut comprimée par de fortes garnisons autrichiennes; elle ne pouvait manquer de se réveiller au contact des armées françaises.

La Fayette parut comprendre et approuver ce plan. Il fut convenu que le maréchal de Rochambeau aurait le commandement en chef de l'armée qui menacerait la Belgique, que La Fayette aurait sous ses ordres un corps considérable qui ferait l'invasion, et qu'aussitôt l'invasion faite, La Fayette commanderait seul dans les Pays-Bas. Rochambeau, vieilli et usé par l'inaction, n'aurait ainsi que les honneurs du rang; La Fayette aurait toute l'action de la campagne et toute la propagande armée de la Révolution. « Ce rôle lui convient, disait le vieux maréchal, je n'entends rien à la guerre des villes. » Faire marcher La Fayette sur Namur mal défendu, s'en emparer; marcher de là sur Bruxelles et sur Liége, ces deux capitales des Pays-Bas, et ces deux foyers de l'indépendance belge; lancer en même temps le général Biron avec dix mille hommes sur Mons contre le général autrichien Beaulieu, qui n'y avait que deux ou trois mille hommes; détacher de la garnison de Lille un autre corps de trois mille soldats qui occuperait Tournay, et qui, après avoir mis garnison dans la citadelle, irait grossir le corps de Biron; faire sortir de Dunkerque douze cents hommes qui surprendraient Furnes; s'avancer ensuite en convergeant au cœur des provinces belges avec quarante mille hommes réunis sous la direction de La Fayette; attaquer partout à la fois en dix jours un ennemi mal préparé, insurger les populations derrière soi, renforcer ensuite jusqu'à quatre-vingt mille soldats cette armée d'attaque, et y joindre les bataillons belges, levés au nom de leur indépendance, pour combattre l'armée de l'empereur à mesure qu'elle arriverait d'Allemagne, tel était le plan hardi de la campagne conçu par Dumouriez. Rien n'y manquait, de toutes les conditions de succès, qu'un homme pour l'exécuter. Dumouriez disposa les troupes et les commandements conformément à ce plan.

XI

L'élan de la France répondait à l'élan de son génie.

De l'autre côté du Rhin, les préparatifs se faisaient avec énergie et ensemble. L'empereur et le roi de Prusse se réunirent à Francfort. Le duc de Brunswick s'y trouva avec eux. L'impératrice de Russie adhéra à l'agression des puissances contre la nation française, et fit marcher ses troupes contre la Pologne pour y étouffer les germes des mêmes principes qu'on allait combattre à Paris. L'Allemagne entière céda, malgré elle, à l'impulsion des trois cabinets, et s'ébranla par masses vers le Rhin. L'empereur préluda à la guerre des trônes contre les peuples par son couronnement à Francfort. Le quartier général du duc de Brunswick s'organisa à Coblentz; c'était la capitale de l'émigration. Le généralissime de la confédération y eut une première entrevue avec le comte de Provence et le comte d'Artois, les deux frères de Louis XVI. Il leur promit de leur rendre avant peu leur patrie et leur rang. Ils l'appelaient d'avance le *héros du Rhin* et le *bras droit des rois*.

Tout prenait un aspect militaire. Les deux princes de Prusse, cantonnés dans un village voisin de Coblentz, n'avaient qu'une chambre et couchaient sur la terre. Le roi de Prusse était accueilli sur toutes les rives du Rhin au bruit des salves de canon de son artillerie. Dans toutes les villes qu'il traversait, les émigrés, les populations et ses troupes le proclamaient d'avance le sauveur de l'Allemagne. Son nom, écrit dans des illuminations en lettres de feu, était couronné de cette devise adulatrice : *Vivat Villelmus, Francos deleat, jura regis restituat !* « Vive Guillaume, l'exterminateur des Français, le restaurateur de la royauté ! »

XII

Coblentz, ville située au confluent de la Moselle et du Rhin dans les États de l'électeur de Trèves, était devenue la capitale de l'émigration française. Un rassemblement croissant de vingt-deux mille gentilshommes s'y pressait autour des sept princes de la maison de Bourbon émigrés. Ces princes étaient le comte de Provence et le comte d'Artois, frères du roi; les deux fils du comte d'Artois, le duc de Berri et le duc d'Angoulême; le prince de Condé, cousin du roi; le duc de Bourbon, son fils, et le duc d'Enghien, son petit-fils. Toute la jeune noblesse militaire du royaume, à l'exception des partisans de la constitution, avait quitté ses garnisons ou ses châteaux pour venir s'enrôler dans cette croisade des rois contre la Révolution française.

Ce mouvement, qui paraît impie aujourd'hui puisqu'il armait des citoyens contre leur patrie et qu'il implorait des armes étrangères pour combattre la France, n'avait pas alors aux yeux de la noblesse française ce caractère parricide que le patriotisme mieux éclairé de ces derniers temps lui attribue. Coupable devant la raison, il s'expliquait du moins devant le sentiment. L'infidélité à la patrie était la fidélité au roi, et cette fidélité s'appelait honneur.

La foi au trône était la religion de la noblesse française. La souveraineté du peuple lui paraissait un dogme insolent contre lequel il fallait tirer l'épée, sous peine d'en partager le crime. Cette noblesse avait patiemment supporté les abaissements et les dépouillements personnels de titres et de fortune que l'Assemblée constituante lui avait imposés par la destruction des derniers vestiges de la féodalité, ou plutôt elle avait généreusement fait elle-même ces sacrifices à la patrie dans la nuit du 6 août. Mais les outrages au roi lui avaient paru plus intolérables que ses propres outrages. Le délivrer de sa captivité, l'arracher à ses périls, sauver la reine et ses enfants, rétablir la royauté dans sa plénitude, ou mourir en combattant pour cette sainte cause, lui paraissait le devoir de sa situation et de son sang. L'honneur d'un côté, la patrie de l'autre ; elle n'avait pas hésité : elle avait suivi l'honneur. Il se sanctifiait encore à ses yeux par le mot magique de dévouement. En effet, il y avait un dévouement réel à ces jeunes gens et à ces vieillards d'abandonner leurs grades dans l'armée,

leurs biens, leur patrie, leurs familles, et d'aller se jeter
sur la terre étrangère autour du drapeau blanc, pour y
faire le métier de simples soldats et pour y affronter l'exil
éternel, la spoliation prononcée contre eux par les lois de
leur pays, les fatigues des camps ou la mort sur les champs
de bataille. Si le dévouement des patriotes à la Révolution
était sublime comme l'espérance, le dévouement de la noblesse émigrée était généreux comme le désespoir. Dans
les guerres civiles, il faut juger chacun des partis avec ses
propres idées. Les guerres civiles sont presque toujours
l'expression de deux devoirs en opposition l'un contre
l'autre. Le devoir des patriotes, c'était la patrie. Le devoir des émigrés, c'était le trône. L'un des deux partis
pouvait se tromper de devoir, mais tous les deux croyaient
l'accomplir.

XIII

L'émigration se composait de deux partis bien distincts :
les politiques et les combattants. Les politiques, qui se pressaient autour du comte de Provence et du comte d'Artois,
se répandaient en imprécations sans périls contre les vérités de la philosophie et contre les principes de la démocratie; ils écrivaient des livres et des journaux où la Révolution française était représentée aux yeux des souverains
étrangers comme une conspiration infernale de quelques
scélérats contre les rois et contre Dieu lui-même; ils for-

maient des conseils d'un gouvernement imaginaire; ils briguaient des missions; ils rêvaient des plans; ils nouaient des intrigues; ils couraient dans toutes les cours; ils ameutaient les souverains et leurs ministres contre la France; ils se disputaient la faveur des princes français; ils transportaient sur la terre de l'exil les ambitions, les rivalités, les cupidités des cours.

Les militaires n'y avaient transporté que la bravoure, l'insouciance, la légèreté et la grâce de leur nation et de leur métier. Coblentz était le camp de l'illusion et du dévouement. Cette poignée de braves se croyait une nation et se préparait, en s'exerçant aux manœuvres et aux campements de la guerre, à reconquérir en quelques marches toute une monarchie. Les émigrés de tous les pays et de tous les temps ont présenté ce spectacle. L'émigration a son mirage comme le désert. On croit avoir emporté la patrie à la semelle de ses souliers, comme disait Danton; on n'emporte que son ombre, on n'accumule que sa colère, on ne retrouve que sa pitié.

XIV

Parmi les premiers émigrés, trois factions correspondaient à ces partis divers dans l'émigration elle-même.

Le comte de Provence, depuis Louis XVIII, était un prince philosophe, politique, diplomate, incliné d'esprit aux innovations, ennemi de la noblesse, du sacerdoce, favorable à la démocratie, et qui aurait pardonné à la Révolution, si la Révolution elle-même avait voulu pardonner à la royauté. Ses infirmités précoces lui interdisant les armes, il s'armait de politique, il cultivait son esprit, il étudiait l'histoire, il écrivait bien ; il pressentait la chute prochaine, il redoutait la mort probable de Louis XVI ; il croyait aux vicissitudes des révolutions, et se préparait de loin à devenir le pacificateur de son pays et le conciliateur du trône et de la liberté. Son cœur peu viril avait des défauts et des qualités de femme. Il avait besoin d'amitié, il se donnait à des favoris ; il les choisissait à la grâce plutôt qu'au mérite. Il ne voyait les choses et les hommes qu'à travers les livres ou à travers le cœur de ses courtisans. Prince un peu théâtral, il posait comme une statue du droit et du malheur devant l'Europe. Il étudiait ses attitudes, il parlait académiquement de ses adversités, il se drapait en victime et en sage. L'armée ne l'aimait pas.

XV

Le comte d'Artois, plus jeune que lui, gâté par la nature, par la cour et par les femmes, avait pris le rôle du héros. Il représentait à Coblentz l'antique honneur, le dévouement chevaleresque, le caractère français. Il était adoré de la noblesse de cour, dont il personnifiait la grâce, l'élégance et l'orgueil. Son cœur était bon, son esprit facile, mais peu étendu et peu éclairé. Philosophe par engouement et par légèreté avant la Révolution, superstitieux depuis par entraînement et par faiblesse, il défiait de loin la Révolution de son épée. Il semblait plus propre à l'irriter qu'à la vaincre; il annonçait dès cette époque ces témérités sans portée et ces provocations sans force qui devaient un jour lui coûter le trône. Mais sa beauté, sa grâce, sa cordialité, couvraient ses imperfections d'intelligence; il semblait destiné à ne jamais mourir. Vieux d'années, il devait régner et mourir éternellement jeune. C'était le prince de cette jeunesse : il eût été François Ier à une autre époque; à la sienne il fut Charles X.

Le prince de Condé était militaire de sang, de goût et de métier. Il méprisait ces deux cours transplantées sur les bords du Rhin; sa cour à lui était son camp. Son fils, le duc de Bourbon, faisait ses premières armes sous ses ordres. Son petit-fils, le duc d'Enghien, âgé de dix-sept ans, lui servait déjà d'aide de camp. Ce jeune prince était la grâce mâle de ce camp des émigrés; sa bravoure, son élan, sa générosité, promettaient un héros de plus à cette race héroïque des Condé : digne de vaincre pour une cause moins condamnée, ou digne de mourir en plein jour sur un champ de bataille, et non comme il mourut quelques années plus tard, au fond du fossé de Vincennes, à la lueur d'une lanterne, sans autre ami que son chien, et sous les balles d'un peloton commandé de nuit, comme pour un assassinat.

XVI

Cependant Louis XVI tremblait lui-même dans son palais du contre-coup de cette guerre qu'il avait proclamée et qui grondait sur nos frontières. Il ne se dissimulait point qu'il était moins le chef que l'otage de la France ; que sa tête et celles de sa femme et de ses enfants répondraient à la nation de ses revers ou de ses périls. Le danger voit partout la trahison. Les journaux et les clubs dénonçaient plus que jamais l'existence du *comité autrichien* dont la reine était l'âme. Ce bruit était accrédité dans le peuple ; il ne coûtait à cette princesse que sa popularité pendant la paix, il pouvait lui coûter la vie pendant la guerre. Ainsi, accusée d'abord de trahir la paix, cette malheureuse famille était maintenant accusée de trahir la guerre. Aux fausses situations tout devient péril. Le roi envisageait tous ces dangers à la fois, et courait toujours au plus prochain.

Il envoya un agent secret au roi de Prusse et à l'empereur pour obtenir de ces deux souverains qu'ils suspendissent, dans l'intérêt de son salut, les hostilités, et qu'ils fissent précéder l'invasion par un manifeste de conciliation qui permît à la France de reculer sans honte et qui mît les jours de la famille royale sous la responsabilité de la nation. Cet agent secret était Mallet-Dupan, jeune publiciste genevois établi en France et mêlé au mouvement contre-révolutionnaire. Mallet-Dupan aimait la monarchie par principe et le roi par dévouement personnel. Il partit de Paris sous prétexte de retourner à Genève, sa patrie. Il se rendit de là en Allemagne auprès du maréchal de Castries, confident de Louis XVI à l'étranger, et un des chefs des émigrés. Accrédité par le duc de Castries, il se présenta à Coblentz au duc de Brunswick, à Francfort aux ministres de l'empereur et du roi de Prusse. On refusa de prêter confiance à ses communications, à moins qu'il ne montrât une lettre du roi lui-même. Le roi lui fit parvenir ces trois lignes écrites de sa main sur une bande de papier de deux pouces de large : « La personne qui présentera ce billet connaît mes intentions, on peut croire tout ce qu'elle dira en mon nom. » Ce signe royal de reconnaissance ouvrit à Mallet-Dupan les cabinets de la coalition.

Des conférences s'ouvrirent entre le négociateur français, le comte de Cobentzel, le comte d'Haugwitz et le général Heyman, plénipotentiaires de l'empereur et du roi de Prusse. Ces ministres, après avoir vérifié le titre de la mission de Mallet-Dupan, se firent communiquer ses instructions. Elles portaient que « le roi joignait ses prières à ses exhortations pour conjurer les émigrés de ne point faire perdre à la guerre prochaine son caractère de puissance à puissance, en y prenant part au nom du rétablissement de la monarchie. Toute autre conduite produirait une guerre civile, mettrait en danger les jours du roi et de la reine, renverserait le trône, ferait égorger les royalistes. Le roi ajoutait qu'il conjurait les souverains armés pour sa cause de bien séparer dans leur manifeste la faction des Jacobins de la nation, et la liberté des peuples de l'anarchie qui les déchire; de déclarer formellement et énergiquement à l'Assemblée, aux corps administratifs, aux municipalités, qu'ils répondraient sur leurs têtes de tous les attentats qui seraient commis contre la personne sacrée du roi, de la reine, de leurs enfants, et enfin d'annoncer à la nation que la guerre ne serait suivie d'aucun démembrement, qu'on ne traiterait de la paix qu'avec le roi, et qu'en conséquence l'Assemblée devait se hâter de lui rendre la plus entière liberté, pour négocier au nom de son peuple avec les puissances. »

Mallet-Dupan développa le sens de ces instructions avec la supériorité de vues et l'énergie d'attachement au roi dont il était capable. Il peignit en couleurs tragiques l'intérieur du palais des Tuileries et les terreurs dont la famille royale était assiégée. Les négociateurs furent émus jusqu'à l'attendrissement. Ils promirent de communiquer ces impressions à leurs souverains, et donnèrent à Mallet-Dupan l'assurance que les intentions du roi seraient la règle et la mesure des paroles que le manifeste de la coalition adresserait à la nation française.

Cependant ils ne lui dissimulèrent pas leur étonnement de ce que le langage des princes français émigrés à Coblentz était si opposé aux vues du roi à Paris. « Ils témoignent ouvertement, disent-ils, l'intention de reconquérir le royaume pour la contre-révolution, de se rendre indépendants, de détrôner leur frère et de proclamer une régence. » Le confident de Louis XVI repartit pour Genève après cette entrevue. L'empereur, le roi de Prusse, les principaux princes de la confédération, les ministres, les généraux, le duc de Brunswick, se rendirent à Mayence. Mayence, où les fêtes étaient interrompues par les conseils, fut pendant quelques jours le quartier général des trônes. On y prit sous l'inspiration des émigrés des résolutions extrêmes. On se décida à combattre corps à corps une révolution qui grandissait de tous les ménagements qu'on gardait pour elle. Les supplications de Louis XVI, les avertissements de Mallet-Dupan, furent oubliés. Le plan de campagne fut réglé.

XVII

L'empereur aurait la direction suprême de la guerre en Belgique; le duc de Saxe-Teschen y commanderait son armée. Quinze mille hommes de ses troupes couvriraient la droite des Prussiens et feraient leur jonction avec eux vers Longwy. Vingt mille hommes de l'empereur, commandés par le prince de Hohenlohe, se porteraient entre le Rhin et la Moselle, couvriraient la gauche des Prussiens, et opéreraient sur Landau, Sarrelouis, Thionville. Un troisième corps sous les ordres du prince Esterhazy, et renforcé de cinq mille émigrés conduits par le prince de Condé, menacerait les frontières depuis la Suisse jusqu'à Philipsbourg. Le roi de Sardaigne aurait son armée d'observation sur le Var et sur l'Isère. Ces dispositions faites, on résolut de répondre à la terreur par la terreur, et de publier, au nom du généralissime, duc de Brunswick, un manifeste qui ne laissât à la Révolution française d'autre alternative que la soumission ou la mort.

M. de Calonne l'inspira. Le marquis de Limon, ancien intendant des finances du duc d'Orléans, d'abord révolutionnaire ardent comme son maître, puis émigré et royaliste implacable, écrivit le manifeste et le soumit à l'empereur. L'empereur le fit approuver du roi de Prusse. Le roi de Prusse l'imposa au duc de Brunswick. Le duc murmura et demanda la faculté d'adoucir quelques termes. Les souverains le lui permirent. Le marquis de Limon, appuyé par le parti des princes français, rétablit le texte. Le duc de Brunswick s'indigna et déchira le manifeste, sans oser toutefois le désavouer. La proclamation parut avec toutes ses insultes et toutes ses menaces à la nation française. L'empereur et le roi de Prusse, instruits des secrètes faiblesses du duc de Brunswick pour la France, et de l'offre de la couronne que les factieux lui avaient faite, firent subir la responsabilité de cette proclamation à ce prince comme une vengeance ou comme un désaveu. Cet impérieux défi des rois à la liberté menaçait de mort tous les gardes nationaux qui seraient pris les armes à la main défendant leur indépendance et leur patrie, et, dans le cas où le moindre outrage serait commis par les factieux contre la majesté royale, il annonçait qu'on raserait Paris de la surface du sol.

LIVRE QUINZIÈME

Discorde dans le conseil des ministres. — Camp de vingt mille hommes autour de Paris. — Le roi refuse de nouveau sa sanction au décret contre les prêtres. — Roland, Clavière et Servan sont destitués. — Roland lit à l'Assemblée sa lettre confidentielle au roi. — Le roi refuse définitivement de sanctionner le décret contre les prêtres. — Rassemblements au faubourg Saint-Antoine. — Dumouriez donne sa démission. — Nouveau ministère formé le 17 juin. — Départ de Dumouriez pour l'armée. — Ses adieux au roi. — La maison de madame Roland centre du parti girondin. — On y conspire la suppression de la monarchie. — Barbaroux. — Buzot, ami de madame Roland. — Danton. — Sa naissance. — Son portrait. — Hostilités en Belgique. — Revers. — Leurs causes. — Généraux. — Paris consterné. — État de la France.

I

Pendant que l'imminence d'une guerre à mort agitait le peuple et menaçait le roi, la discorde continuait à régner dans le conseil des ministres. Le ministre de la guerre Servan était accusé par Dumouriez d'obéir, avec une servilité qui ressemblait à l'amour plus qu'à la complaisance, aux influences de madame Roland, et de faire échouer tout le plan d'invasion en Belgique. Les amis de madame Roland, de leur côté, menaçaient Dumouriez de lui faire demander compte par l'Assemblée des six millions de dépenses secrètes dont ils suspectaient l'emploi. Déjà même Guadet et Vergniaud avaient préparé des discours et un projet de décret pour demander le compte public de ces sommes. Dumouriez, qui s'était acheté des amis et des complices avec cet or parmi les Jacobins et les Feuillants, se révolta contre le soupçon, se refusa, au nom de son honneur outragé, à tout rendement de compte, et offrit résolûment sa démission. A cette nouvelle, un grand nombre de membres de l'Assemblée, de Feuillants, de Jacobins, Pétion lui-même, se rendent chez le ministre outragé, et le conjurent de garder son poste. Il y consent à condition qu'on laissera la disposition de ces fonds à sa seule conscience. Les Girondins, intimidés eux-mêmes par sa retraite, et sentant qu'un homme de ce caractère était indispensable à leur faiblesse, renoncèrent à leur décret et lui votèrent la confiance publique. Le peuple l'applaudit en sortant de l'Assemblée. Ces applaudissements retentissaient douloureusement dans le conciliabule de madame Roland. La popularité de Dumouriez la rendait jalouse. Ce n'était pas à ses yeux la popularité de la vertu. Elle la voulait tout entière pour son mari et pour son parti. Roland et ses collègues girondins, Servan, Clavière, redoublaient d'efforts, de violences sur l'esprit du roi, et de dénonciations pour la conquérir. Flatter l'Assemblée, courtiser le peuple, irriter les Jacobins contre la cour, obséder le roi par la demande impérieuse de sacrifices qu'ils savaient lui être impossibles, le dénoncer sourdement à l'opinion comme la cause de tout mal, comme l'obstacle à tout bien, le contraindre enfin, à force d'insolences et d'outrages, à les chasser, pour l'accuser ensuite de trahir en eux la Révolution, telle était leur tactique, résultant de leur faiblesse plus encore que de leur ambition.

Ce système de dénigrement du roi dont ils étaient les ministres était le fond de la conjuration de madame Roland. Chez Roland, ce n'était qu'une humeur chagrine; chez ses collègues, c'était une rivalité de *patriotisme* avec Robespierre; chez madame Roland, c'était la passion de la république qui s'impatientait d'un reste de trône, et qui souriait avec complaisance aux factions prêtes à renverser la monarchie. Quand les factions n'avaient plus d'armes, madame Roland et ses amis s'empressaient de leur en prêter.

II

On en vit un fatal exemple dans une démarche du ministre de la guerre Servan. Ce ministre, dominé par madame Roland, proposa à l'Assemblée nationale, sans l'autorisation du roi et sans l'aveu du conseil, de rassembler un camp de vingt mille hommes autour de Paris. Cette armée, composée de fédérés choisis parmi les hommes les plus exaltés des provinces, devait être, dans le plan des Girondins, une sorte d'armée centrale de l'opinion, dévouée à l'Assemblée, contre-balançant la garde du roi, comprimant la garde nationale, et rappelant cette armée du parlement aux ordres de Cromwell, qui avait mené Charles Ier à l'échafaud.

L'Assemblée, à l'exception du parti constitutionnel, saisit cette idée comme la haine saisit l'arme qui lui est offerte. Le roi sentit le coup. Dumouriez comprit la perfidie. Il ne put contenir sa colère contre Servan dans le conseil. Ses reproches furent ceux d'un loyal défenseur de son roi. Les réponses de Servan furent évasives, mais provoquantes. Les deux ministres mirent la main sur leur épée, et, sans la présence du roi et l'intervention de leurs collègues, le sang aurait coulé dans le conseil.

Le roi voulait refuser la sanction au décret des vingt mille hommes. « Il est trop tard, dit Dumouriez ; votre refus trahirait des craintes trop fondées, mais qu'il faut se garder de montrer à vos ennemis. Sanctionnez le décret, je me chargerai de neutraliser le danger de ce rassemblement. » Le roi demanda du temps pour réfléchir.

Les Girondins sommèrent le lendemain le roi de sanctionner le décret sur les prêtres non assermentés. Ils rencontrèrent la conscience religieuse de Louis XVI. Appuyé sur sa foi, ce prince déclara qu'il mourrait plutôt que de signer la persécution de son Église. Dumouriez insista autant que les Girondins pour obtenir cette sanction. Le roi fut inflexible. En vain Dumouriez lui représenta qu'en se refusant à des mesures légales contre le clergé non assermenté, il exposait les prêtres au massacre et se rendait ainsi responsable du sang qui serait répandu. En vain il lui représenta que ce refus de sanction dépopulariserait le ministère et lui enlèverait ainsi toute espérance de sauver la monarchie. En vain il s'adressa à la reine et la conjura par ses sentiments de mère de s'unir aux ministres pour fléchir le roi. La reine elle-même fut longtemps impuissante. Le roi enfin parut hésiter; il assigna à Dumouriez un rendez-vous secret pour le soir. Dans cet entretien, il ordonna à Dumouriez de lui présenter trois ministres pour remplacer Roland, Clavière et Servan. Dumouriez était prêt : il proposa Vergennes pour les finances, Naillac pour les affaires étrangères, Mourgues pour l'intérieur. Quant à lui, il se réserva la guerre : ministère dictatorial au moment où la France devenait une armée. Roland, Clavière et Servan, profondément irrités d'un renvoi qu'ils avaient provoqué plus qu'ils ne l'avaient prévu, coururent porter leurs plaintes et leurs accusations dans l'Assemblée. Ils y furent reçus comme des martyrs de leur patriotisme. Ils avaient rempli les tribunes de leurs partisans.

III

Roland, Clavière et Servan assistaient à la séance, sous prétexte d'y rendre compte des motifs de leur renvoi. Roland lut à l'Assemblée la fameuse lettre confidentielle dictée par sa femme et qu'il avait lue au roi dans son cabinet. Il affecta de croire que le renvoi des ministres était la punition de son courage. Les conseils qu'il donnait au roi dans cette lettre se tournèrent ainsi en accusation contre ce malheureux prince. Jamais Louis XVI n'avait reçu des factieux un coup plus terrible que le coup qui lui était porté par son ministre. Les passions troublent la conscience du peuple. Il y a des jours où la perfidie passe pour de l'héroïsme. Les Girondins firent de Roland un héros. On ordonna l'impression de sa lettre et son envoi aux quatre-vingt-trois départements.

Roland sortit couvert d'applaudissements. Dumouriez entra au milieu des huées. Il eut à la tribune le sang-froid du champ de bataille. Il commença par annoncer à l'Assemblée la mort du général Gouvion. « Il est heureux, dit-il avec tristesse, d'être mort en combattant contre l'ennemi et de ne pas être témoin des discordes qui nous déchirent. J'envie sa mort. » On sentait dans son accent la sérénité énergique d'une âme forte, résolue à lutter jusqu'à la mort contre les factions. Il lut ensuite un mémoire sur le ministère de la guerre. Son exorde était agressif contre les Jacobins et réclamait le respect dû aux ministres du pouvoir exécutif. « Entendez-vous le Cromwell? s'écria Guadet d'une voix tonnante. Il se croit déjà si sûr de l'empire qu'il ose nous infliger ses conseils. — Et pourquoi pas? » dit fièrement Dumouriez en se retournant vers la Montagne. Son assurance imposa à l'Assemblée; son attitude militaire le fit respecter du peuple. Les députés feuillants sortirent avec lui et l'accompagnèrent aux Tuileries. Le roi lui annonça qu'il consentirait à donner sa sanction au décret des vingt mille hommes. Quant au décret sur les prêtres, il répéta aux ministres que son parti était pris; il les chargea de porter au président de l'Assemblée une lettre de sa main qui contenait les motifs de son *veto*. Les ministres s'inclinèrent et se séparèrent consternés.

IV

En rentrant chez lui, Dumouriez apprit qu'il y avait des rassemblements au faubourg Saint-Antoine. Il en avertit le roi. Ce prince crut qu'on voulait l'effrayer. Il perdit sa confiance dans Dumouriez. Celui-ci offrit sa démission ; elle fut acceptée. Le portefeuille du ministère des affaires étrangères fut confié à Chambonas ; celui de la guerre à Lajard, militaire du parti de La Fayette ; celui de l'intérieur à M. de Monciel, constitutionnel feuillant et ami du roi. C'était le 17 juin ; les Jacobins, le peuple, guidés par les Girondins, agitaient déjà la capitale ; tout annonçait une prochaine insurrection. Ces ministres, sans force armée, sans popularité et sans parti, acceptaient ainsi la responsabilité des périls accumulés par leurs prédécesseurs. Le roi vit une dernière fois Dumouriez. Les adieux du monarque et de son ministre furent touchants.

« Vous allez donc à l'armée? dit le roi. — Oui, Sire, répondit Dumouriez. Je quitterais avec délices cette affreuse ville, si je n'avais le sentiment des dangers de Votre Majesté. Écoutez-moi, Sire, je ne suis plus destiné à vous revoir. J'ai cinquante-trois ans et de l'expérience. On abuse votre conscience sur le décret des prêtres. On vous conduit à la guerre civile. Vous êtes sans force, vous succomberez, et l'histoire, tout en vous plaignant, vous accusera des malheurs de votre peuple. » Le roi était assis près de la table où il venait de signer les comptes du général. Dumouriez était debout à côté de lui, les mains jointes. Le roi prit ses mains dans les siennes, et lui dit d'un son de voix ému, mais résigné : « Dieu m'est témoin que je ne pense qu'au bonheur de la France. — Je n'en doute pas, reprit Dumouriez attendri. Vous devez compte à Dieu non-seulement de la pureté, mais aussi de l'usage éclairé de vos intentions. Vous croyez sauver la religion, vous la détruisez. Les prêtres seront massacrés. Votre couronne vous sera enlevée; peut-être même, vous, la reine, vos enfants... » Il n'acheva pas; il colla sa bouche sur la main du roi, qui de son côté versait des larmes. « Je m'attends à la mort, reprit le roi avec tristesse, et je la pardonne d'avance à mes ennemis. Je vous sais gré de votre sensibilité. Vous m'avez bien servi; je vous estime. Adieu. Soyez plus heureux que moi. » En disant ces mots, Louis XVI alla s'enfoncer dans l'embrasure d'une fenêtre au fond de la chambre, pour cacher le trouble de sa physionomie. Dumouriez ne le revit plus. Il s'enferma quelques jours dans la retraite au fond d'un quartier éloigné de Paris. Regardant l'armée comme le seul asile où un citoyen pût encore servir sa patrie, il partit pour Douai, quartier général de Luckner.

V

Les ministres girondins restèrent un moment atterrés entre l'humiliation de leur chute et la joie de leur prochaine vengeance. « Me voilà chassé, dit Roland à sa femme en rentrant chez lui. Je n'ai qu'un regret, c'est que nos lenteurs nous aient empêchés de prendre l'initiative. » Madame Roland se retira dans un modeste appartement, sans rien perdre de son influence et sans regretter le pouvoir, puisqu'elle emportait dans sa retraite son génie, son patriotisme et ses amis. La conjuration ne fit que changer de place avec elle ; du ministère de l'intérieur elle passa tout entière dans le petit cénacle qu'elle réunissait et qu'elle inspirait de sa passion.

Ce cercle s'agrandissait tous les jours. L'attraction de cette femme se confondait dans le cœur de ses amis avec l'attraction de la liberté. Ils adoraient en elle la république future. L'amour que ces jeunes hommes ne s'avouaient pas pour elle faisait à leur insu partie de leur politique. Les idées ne deviennent actives et puissantes que quand le sentiment les vivifie. Elle était le sentiment de son parti.

Ce parti se recruta en ce temps-là d'un homme étranger à la Gironde, mais que sa jeunesse, sa rare beauté et son énergie devaient jeter naturellement dans cette faction de l'illusion et de l'amour gouvernée par une femme. Ce jeune homme était Barbaroux.

Barbaroux n'avait alors que vingt-six ans. Il était né à Marseille d'une de ces familles de navigateurs qui conservent dans les mœurs et dans les traits quelque chose de la hardiesse de leur vie et de l'agitation de leur élément. L'élégance de sa stature, la grâce idéale de son visage, rappelaient les formes accomplies qu'adorait l'antiquité dans les statues de l'Antinoüs. Le sang de cette Grèce asiatique dont Marseille est une colonie se révélait par la pureté du profil dans le jeune Phocéen. Aussi richement doué des dons de l'intelligence que des dons du corps, Barbaroux s'exerça de bonne heure dans la parole, ce luxe des hommes du Midi. On le fit avocat; il plaida avec talent quelques causes publiques. Mais la puissance et la sincérité de son âme répugnaient à cette éloquence souvent mercenaire qui simule la passion. Il lui fallait de ces causes nationales où l'on donne avec sa parole son âme et son sang. La Révolution, avec laquelle il était né, les lui offrait. Il attendait avec impatience l'occasion et l'heure de la servir.

Son adolescence le retenait encore éloigné de la scène où il brûlait de s'élancer. Il en passait les jours près du village d'Ollioules, dans une petite propriété de sa famille, cachée sous les pins qui tachent seuls d'un peu d'ombre les pentes calcinées de cette vallée. Il y soignait les petites cultures que l'aridité du sol et l'ardeur de ce soleil disputent aux rochers. Dans ses loisirs il étudiait les sciences naturelles; il entretenait des correspondances avec deux Suisses, dont les systèmes de physique occupaient alors le monde savant : M. de Saussure et Marat. Mais la science ne suffisait pas à cette âme : elle débordait de sentiment. Barbaroux l'épanchait dans des poésies élégiaques brûlantes comme le Midi, vagues comme l'horizon qu'il avait sous les yeux. On y sent cette mélancolie méridionale dont la langueur tient plus de la volupté que de la faiblesse, et qui ressemble aux chants de l'homme assis au soleil avant ou après l'action. Mirabeau avait ainsi ouvert sa vie. Les génies les plus énergiques commencent souvent par la tristesse, comme s'ils avaient dans le germe de leur vie les pressentiments de leur âpre destinée. On dirait, en lisant les vers de ce jeune homme, qu'à travers ses premières

larmes il entrevoyait ses fautes, son expiation et son échafaud.

VI

Après l'élection de Mirabeau et les agitations qui la suivirent, Barbaroux fut nommé secrétaire de la municipalité
de Marseille. Aux troubles d'Avignon, il prit les armes et
marcha à la tête des jeunes Marseillais contre les dominateurs du Comtat. Sa figure martiale, son geste, son élan,
sa voix, le faisaient chef partout; il entraînait. Député à
Paris pour rendre compte des événements du Midi à l'Assemblée nationale, les Girondins, Vergniaud, Guadet, qui
voulaient jeter l'amnistie sur les crimes d'Avignon, enve-
loppèrent ce jeune homme pour se l'attacher. Barbaroux,
fougueux comme son âge, ne justifiait pas les bourreaux
d'Avignon, mais il détestait les victimes : c'était l'homme
qu'il fallait aux Girondins. Frappés de son éloquence et de
son enthousiasme, ils le présentèrent à madame Roland.
Nulle femme n'était plus faite pour séduire, nul homme
n'était plus propre à être séduit. Madame Roland, dans
tout l'éclat de sa beauté et aussi dans toute l'émotion de
sensibilité que la pureté de sa vie ne pouvait étouffer dans
son cœur vide, parle de Barbaroux avec un accent attendri. « J'ai lu, dit-elle, dans le cabinet de mon mari des
lettres de Barbaroux pleines d'une raison et d'une sagesse
prématurées. Quand je le vis, je fus étonnée de sa jeu-

nesse. Il s'attacha à mon mari. Nous le vîmes davantage après notre sortie du ministère. Ce fut alors que, raisonnant du mauvais état des choses et de la crainte du triomphe du despotisme dans le nord de la France, nous formions le projet d'une république dans le Midi. « Ce sera
» notre pis aller, me disait en souriant Barbaroux ; mais
» les Marseillais arrivés ici nous dispenseront d'y recourir. »

VII

Roland logeait alors dans une maison sombre de la rue Saint-Jacques, presque sous les toits : c'était la retraite d'un philosophe ; sa femme l'éclairait. Présente à toutes les conversations de Roland, elle assistait aux conférences de son mari et du jeune Marseillais. Barbaroux raconte ainsi la scène dans laquelle naquit entre eux la première idée de la république. « Cette femme étonnante était là, dit-il ; Roland me demanda ce que je pensais des moyens de sauver la France. Je lui ouvris mon cœur. Mes confidences appelèrent les siennes. « La liberté est perdue, dit-il, si l'on ne
» déjoue au plus tôt les complots de la cour. La Fayette
» médite la trahison au Nord. L'armée du centre est systé-
» matiquement désorganisée. Dans six semaines les Autri-
» chiens seront à Paris. N'avons-nous donc travaillé à la
» plus belle des révolutions pendant tant d'années que pour
» la voir renverser en un seul jour ! Si la liberté meurt en
» France, elle est à jamais perdue pour le reste du monde.

» Toutes les espérances de la philosophie sont déçues. Les
» préjugés et la tyrannie s'empareront de nouveau de la
» terre. Prévenons ce malheur ; et, si le Nord est asservi,
» portons avec nous la liberté dans le Midi, et fondons-y
» quelque part une colonie d'hommes libres ! » Sa femme
pleurait en l'écoutant. Je pleurais moi-même en la regardant. Oh ! combien les épanchements de la confiance soulagent et fortifient les âmes attristées ! Je fis le tableau
rapide des ressources et des espérances de la liberté dans
le Midi. Une joie douce se répandit sur le front de Roland ;
il me serra la main, et nous traçâmes sur une carte géographique de la France les limites de cet empire de la liberté : elles s'étendaient du Doubs, de l'Ain et du Rhône
jusqu'à la Dordogne, et des montagnes inaccessibles de
l'Auvergne jusqu'à la Durance et jusqu'à la mer. J'écrivis
sous la dictée de Roland pour demander à Marseille un bataillon et deux pièces de canon. Ces bases convenues, je
quittai Roland, pénétré de respect pour lui et pour sa
femme. Je les ai revus depuis, pendant leur second ministère, aussi simples que dans leur humble retraite. Roland
est de tous les modernes l'homme qui me semble le plus
se rapprocher de Caton : mais, il faut le dire ici, c'est à
sa femme qu'il a dû son courage et ses talents. »

C'est ainsi que la pensée d'une république fédérative naquit dans la première entrevue de Barbaroux et de madame Roland. Ce qu'ils rêvaient comme une mesure désespérée de liberté, on leur reprocha plus tard de l'avoir
tramé comme un complot. Ce premier soupir de patriotisme de deux âmes qui se rencontraient et qui se devinaient fut leur attrait et leur crime.

VIII

De ce jour les Girondins, dégagés de toute obligation avec le roi et avec les ministres, conspirèrent secrètement chez madame Roland, publiquement à la tribune, la suppression de la monarchie. Ils semblaient envier aux Jacobins l'honneur de porter au trône les coups les plus mortels. Robespierre ne parlait encore qu'au nom de la constitution, il se renfermait dans la loi, il ne devançait pas le peuple. Les Girondins parlaient déjà au nom de la république, et montraient de l'œil et du geste le coup d'État républicain dont chaque jour les rapprochait davantage. Les conciliabules chez Roland se multipliaient et s'élargissaient. Des hommes nouveaux s'affiliaient : Roland, Brissot, Vergniaud, Guadet, Gensonné, Condorcet, Pétion, Lanthenas, qui à l'heure du danger les trahit ; Valazé, Paché, qui persécuta et décima ses amis ; Grangeneuve, Louvet, qui cachait une grande énergie sous la légèreté des mœurs et la gaieté de l'esprit ; Chamfort, familier des grands, esprit lucide, cœur haineux, découragé du peuple avant de l'avoir servi ; Carra, journaliste populaire, enthousiaste de la république, possédé du délire de la liberté ; Chénier, poëte de la Révolution, destiné à lui survivre et gardant son culte jusqu'à la mort sous la tyrannie de l'Empire ; Dusaulx, portant sous ses cheveux blancs la jeunesse de l'enthousiasme pour la philosophie, nestor de tous ces jeunes hommes, les modérant par sa parole; Mercier, prenant tout en plaisanterie, même le cachot et la mort.

IX

Mais de ces hommes que la passion de la Révolution réunissait autour d'elle, celui que madame Roland préférait à tous c'était Buzot. Plus attaché à cette jeune femme qu'à son parti, Buzot était pour elle un ami, les autres n'étaient que des instruments ou des complices : elle avait promptement jugé Barbaroux. Ce jugement même, empreint d'une certaine amertume, était comme un repentir de la faveur secrète que l'extérieur de ce jeune homme lui avait d'abord inspirée. Elle s'accuse de le trouver si beau, et semble prémunir son cœur contre l'entraînement de ses regards. « Barbaroux est léger, dit-elle; les adorations que des femmes sans mœurs lui prodiguent nuisent au sérieux de ses sentiments. Quand je vois ces beaux jeunes hommes trop enivrés de l'impression qu'ils produisent, comme Barbaroux et Hérault de Séchelles, je ne puis m'empêcher de penser qu'ils s'adorent trop eux-mêmes pour adorer assez la patrie. »

Si on peut soulever le voile du cœur de cette femme vertueuse, qui ne le soulevait pas elle-même, de peur d'y découvrir un sentiment contraire à ses devoirs, on reste convaincu que son penchant instinctif avait été un instant pour Barbaroux, mais que sa tendresse réfléchie était pour Buzot.

Il n'est donné ni au devoir, ni à la liberté, de remplir tout entière l'âme d'une femme belle et passionnée comme elle. Le devoir glace le cœur, la politique le trompe, la vertu le retient, l'amour le remplit. Madame Roland aimait Buzot. Buzot adorait en elle son inspiratrice et son idole. Peut-être ne s'avouèrent-ils jamais par des paroles l'un à l'autre un sentiment qui leur eût été moins sacré le jour où il serait devenu coupable. Mais ce qu'ils se cachaient à eux-mêmes, ils l'ont comme involontairement révélé à leur mort. Il y a dans les derniers jours et dans les dernières heures de cet homme et de cette femme des soupirs, des gestes et des paroles qui laissent échapper devant la mort le secret contenu dans la vie; mais le secret ainsi trahi garde son mystère à leur sentiment. La postérité a le droit de l'entrevoir, elle n'a pas le droit de l'accuser.

Roland, homme estimable, mais morose, avait les exigences de la faiblesse, sans en avoir la reconnaissance et la grâce envers sa compagne. Elle lui restait fidèle par respect d'elle-même plus que par attrait pour lui. Ils aimaient la même cause, la liberté. Mais le fanatisme de Roland était froid comme l'orgueil, celui de sa femme enflammé comme l'amour. Elle s'immolait tous les jours à la gloire de son mari; à peine s'apercevait-il du sacrifice. On lit dans son cœur qu'elle porte ce joug avec fierté, mais que ce joug lui pèse. Elle peint Buzot avec complaisance et comme l'idéal d'une félicité intérieure. « Sensible, ardent, mélancolique, dit-elle, contemplateur passionné de la nature, il paraît fait pour goûter et pour donner le bonheur. Cet homme oublierait l'univers dans les douceurs des vertus privées. Capable d'élans sublimes et de constantes affections, le vulgaire, qui aime à rabaisser ce qu'il ne peut égaler, l'accuse de rêverie. D'une figure douce, d'une taille élégante, il fait régner dans son costume ce soin, cette propreté, cette décence, qui annoncent le respect de soi-même et des autres. Pendant que la lie de la nation porte les flatteurs et les corrupteurs du peuple aux affaires, pendant que les égorgeurs jurent, boivent et se vêtent de haillons pour fraterniser avec la populace, Buzot professe la morale de Socrate et conserve la politesse de Scipion. Aussi on rase sa maison et on le bannit comme Aristide. Je m'étonne qu'ils n'aient pas décrété qu'on oublierait son nom ! » L'homme dont elle parlait en ces termes du fond de son cachot, la veille de sa mort, exilé, errant, caché dans les grottes de Saint-Émilion, tomba comme frappé de la foudre, et resta plusieurs jours en démence, en apprenant la mort de madame Roland.

Danton, dont le nom commençait à s'élever au-dessus de la foule où il avait acquis une notoriété jusque-là un peu triviale, rechercha à la même époque l'intimité de madame Roland. On se demandait quel était le secret de l'ascendant croissant de cet homme ; d'où il sortait ; ce qu'il était ; où il marchait. On remontait à son origine, à sa première apparition sur la scène du peuple, à ses premières liaisons avec les personnages célèbres du temps. On cherchait dans des mystères la cause de sa prodigieuse popularité. Elle était surtout dans sa nature.

X

Danton n'était pas seulement un de ces aventuriers de la démagogie qui surgissent, comme Masaniello ou comme Hébert, des bouillonnements des masses. Il sortait des rangs intermédiaires et du cœur même de la nation. Sa famille, pure, probe, propriétaire et industrielle, ancienne de nom, honorable de mœurs, était établie à Arcis-sur-Aube et possédait un domaine rural aux environs de cette petite ville. Elle était du nombre de ces familles modestes, mais considérées, qui ont pour base le sol, pour occupation principale la culture, mais qui donnent à leurs fils l'éducation morale et littéraire la plus complète, et qui les préparent ainsi aux professions libérales de la société. Le père de Danton était mort jeune. Sa mère s'était remariée à un fabricant d'Arcis-sur-Aube, qui possédait et qui dirigeait une petite filature. On voit encore près de la rivière, en dehors de la ville, dans un site gracieux, la maison moitié citadine, moitié rustique, et le jardin au bord de l'Aube où s'écoula l'enfance de Danton.

Son beau-père, M. Ricordin, soigna son éducation comme il eût soigné celle de son propre fils. L'enfant était ouvert, communicatif; on l'aimait malgré sa laideur et sa turbulence. Car sa laideur rayonnait d'intelligence, et sa fougue s'apaisait et se repentait à la moindre caresse de sa mère. Il fit ses études à Troyes, capitale de la Champagne.

Rebelle à la discipline, paresseux au travail, aimé de ses maîtres et de ses condisciples, sa rapide compréhension l'égalait en un clin d'œil aux plus assidus. Son instinct le dispensait de réflexion. Il n'apprenait rien, il devinait tout. Ses camarades l'appelaient Catilina. Il acceptait ce nom et jouait quelquefois avec eux aux séditions et aux tumultes, qu'il suscitait ou qu'il calmait par ses harangues, comme s'il eût répété à l'école les rôles de sa vie.

XI

M. et madame Ricordin, déjà avancés en âge, lui remirent, après son éducation, la modique fortune de son père. Il vint achever ses études de droit à Paris et acheta une place d'avocat au Parlement. Il l'exerça peu et sans éclat. Il méprisait la chicane. Son âme et sa parole avaient les proportions des grandes causes du peuple et du trône. L'Assemblée constituante commençait à les agiter. Danton, attentif et passionné, était impatient de s'y mêler. Il recherchait les hommes éclatants dont la parole ébranlait la France. Il s'attacha à Mirabeau. Il se lia avec Camille Desmoulins, Marat, Robespierre, Pétion, Brune, depuis maréchal, Fabre d'Églantine, le duc d'Orléans, Laclos, Lacroix et tous les agitateurs illustres ou subalternes qui remuaient alors Paris. Il passait ses jours dans les tribunes à l'Assemblée, dans les promenades, dans les cafés; ses nuits dans les clubs. Quelques mots heureux, quelques harangues brèves, quelques éclats de foudre mystérieux, et surtout sa chevelure semblable à une crinière, son geste gigantesque, sa voix tonnante, le firent remarquer. Mais sous les qualités purement physiques de l'orateur, des hommes d'élite remarquèrent un profond bon sens et une connaissance instinctive du cœur humain. Sous l'agitateur ils pressentirent l'homme d'État. Danton, en effet, lisait l'histoire, étudiait les orateurs antiques, s'exerçait à la véritable éloquence, celle qui éclaire en passionnant, et préméditait un rôle bien au-dessus de son rôle actuel. Il ne demandait au mouvement que de le soulever assez pour qu'il pût le dominer ensuite.

Il épousa mademoiselle Charpentier, fille d'un limonadier du quai de l'École. Cette jeune femme prit de l'empire sur lui par sa tendresse, et le ramena insensiblement des désordres de sa jeunesse à des habitudes domestiques plus régulières. Elle éteignit la fougue de ses passions, mais sans pouvoir éteindre celle qui survivait à toutes les autres : l'ambition d'une grande destinée. Danton, retiré dans un petit appartement de la cour du Commerce, auprès de l'appartement de son beau-père, vécut dans une studieuse médiocrité, ne recevant qu'un petit nombre d'amis, admirateurs de son talent et attachés à sa fortune. Les plus assidus étaient Camille Desmoulins, Pétion et Brune. De ces conciliabules partaient les signaux des grandes séditions. Les subsides secrets de la cour y vinrent tenter la cupidité du chef de la jeunesse révolutionnaire. Il ne les repoussa pas, et s'en servit tout à la fois pour exciter et pour modérer les agitations de l'opinion.

Il eut de ce premier mariage deux fils, que sa mort laissa orphelins au berceau et qui recueillirent son modique héritage à Arcis-sur-Aube. Ces deux fils de Danton, effrayés du bruit de leur nom, vivent encore, retirés sur un domaine de famille, qu'ils cultivent de leurs propres mains. Ils ont replié à eux dans une honnête et laborieuse obscurité toute la renommée de leur père. Comme le fils de Cromwell, ils ont aimé d'autant plus l'ombre et le silence de la vie, que leur nom avait eu un trop sinistre éclat et un trop orageux retentissement dans le monde. Ils sont restés dans le célibat pour qu'il s'éteignît avec eux.

En ce moment Danton, à qui ses instincts ambitieux révélaient le prochain retour de fortune des Girondins, cherchait à s'attacher à ce parti naissant, et à leur donner l'impression de sa valeur et de son importance. Madame Roland le flattait, mais avec crainte et répugnance, comme la femme flatte le lion.

XII

Pendant que les Girondins échauffaient à Paris la colère du peuple contre le roi, les hostilités commençaient en Belgique par des revers qu'on imputait aux trahisons de la cour. Ces revers furent produits par trois causes : l'hésitation des généraux, qui ne surent pas donner à leurs troupes l'élan qui emporte les masses et qui intimide les résistances ; la désorganisation des armées, que l'émigration avait privées de leurs anciens officiers, et qui n'avaient pas encore confiance dans les nouveaux ; enfin l'indiscipline, élément des révolutions, que les clubs et le jacobinisme fomentaient dans les corps. Une armée qui discute est comme une main qui voudrait penser.

La Fayette, au lieu de marcher dès le premier moment sur Namur, conformément au plan de Dumouriez, perdit un temps précieux à rassembler et à organiser son armée à Givet et au camp de Ransenne. Au lieu de donner aux autres généraux en ligne avec lui l'exemple et le signal de l'invasion et de la victoire en occupant Namur, il tâtonna le pays avec dix mille hommes, laissant le reste de ses forces cantonné en France, et il se replia à la première annonce des échecs subis par les détachements de Biron et de Théobald Dillon. Ces échecs furent honteux pour nos troupes, mais partiels et passagers. C'était l'étonnement d'une armée désaccoutumée de la guerre, qui s'effrayait d'entrer en lice avec toute l'Europe, mais qui, comme un soldat de première campagne, ne tarde pas à s'aguerrir.

Le duc de Lauzun commandait sous La Fayette; on l'appelait le général Biron. C'était un homme de cour passé sincèrement au parti du peuple. Jeune, beau, chevaleresque, doué de cette gaieté intrépide qui joue avec la mort, il portait l'honneur aristocratique dans les rangs républicains. Aimé des soldats, adoré des femmes, familier dans les camps, roué dans les cours, il était de cette école des vices éclatants dont le maréchal de Richelieu avait été le type en France. Ami du duc d'Orléans, compagnon de ses débauches, il n'avait néanmoins jamais conspiré avec lui. Toute perfidie lui était odieuse, toute bassesse de cœur l'indignait. Il adoptait la Révolution comme une noble idée dont il voulait bien être le soldat, jamais le complice. Il ne trahit pas le roi, il conserva toujours un culte de pitié et d'attendrissement pour la reine. Passionné pour la philosophie et pour la liberté, au lieu de les fomenter dans les factions, il les défendait dans la guerre. Il changea le dévouement pour les rois en dévouement à la patrie. Cette noble cause et les tristesses tragiques de la Révolution donnèrent à son caractère une trempe plus mâle, et le firent combattre et mourir avec la conscience d'un héros.

Il était campé avec dix mille hommes à Quiévrain. Il marcha au général autrichien Beaulieu, qui occupait les hauteurs de Mons avec une très-faible armée. Deux régiments de dragons, qui formaient l'avant-garde de Biron, en apercevant les troupes de Beaulieu, sont saisis d'une panique soudaine. Les soldats crient à la trahison. Leurs officiers s'efforcent en vain de les raffermir : ils tournent bride, sèment le désordre et la peur dans les colonnes. L'armée entière se débande et suit machinalement ce courant de la fuite. Biron et ses aides de camp se précipitent au milieu des troupes pour les arrêter et les rallier. On leur passe sur le corps, on leur tire des coups de fusil. Le camp de Quiévrain, la caisse militaire, les équipages de Biron lui-même, sont pillés par les fuyards.

Pendant que cette déroute sans combat humiliait le premier pas de l'armée française à Quiévrain, des assassinats ensanglantaient notre drapeau à Lille. Le général Dillon était sorti de Lille avec trois mille hommes pour marcher sur Tournay. A peu de distance de cette ville, l'ennemi se montre en plaine au nombre de neuf cents hommes. A son seul aspect, la cavalerie française jette le cri de trahison, passe sur le corps de l'infanterie, et fuit jusqu'à Lille sans être poursuivie, abandonnant son artillerie, ses chariots, ses bagages. Dillon, entraîné lui-même par ses escadrons jusque dans Lille, est massacré en arrivant par ses propres soldats. Son colonel de génie Berthois tombe à côté de son général, sous les baïonnettes des lâches qui l'ont abandonné. Les cadavres de ces deux victimes de la peur sont pendus sur la place d'armes, et livrés ensuite par les séditieux aux insultes de la populace de Lille, qui traîne leurs corps mutilés dans les rues. Ainsi commencèrent par la honte et le crime ces guerres de la Révolution qui devaient enfanter pendant vingt ans tant d'héroïsme et tant de vertu militaire. L'anarchie avait pénétré dans les camps : l'honneur n'y était plus; le patriotisme n'y était pas encore. L'ordre et l'honneur sont les deux nécessités de l'armée. Dans l'anarchie, il y a encore une nation. Sans discipline, il n'y a plus d'armée.

XIII

A ces nouvelles Paris fut consterné, l'Assemblée se troubla, les Girondins tremblèrent, les Jacobins se répandirent en imprécations contre les traîtres. Les cours étrangères et les émigrés ne doutèrent plus de triompher en quelques marches d'une révolution qui avait peur de son ombre. La Fayette, sans avoir été entamé, se replia prudemment sur Givet. Rochambeau envoya sa démission de commandant de l'armée du Nord. Le maréchal Luckner fut nommé à sa place. La Fayette mécontent conserva le commandement de l'armée du centre.

Luckner avait plus de soixante-dix ans, mais il conservait le feu et l'activité de l'homme de guerre; le génie seul lui manquait pour être un grand général. On lui avait fait une réputation de complaisance qui alors écrasait tout. C'est un grand avantage pour un général d'être étranger au pays qu'il sert. Il n'a point de jaloux, on lui pardonne sa supériorité; on lui en suppose une quand il n'en a pas, pour en écraser ses rivaux. Telle était la situation du vieux Luckner. Il était Allemand; élève du grand Frédéric, il avait fait avec éclat la guerre de Sept ans, comme commandant d'avant-garde, au moment où Frédéric changeait la guerre et créait la tactique. Le duc de Choiseul avait voulu dérober à la Prusse un général de cette grande école, pour enseigner l'art moderne des combats aux généraux français. Il avait arraché Luckner à sa patrie à force de séductions, de fortune et d'honneurs. L'Assemblée nationale, par respect pour la mémoire du roi philosophe, avait conservé à Luckner la pension de soixante mille francs qu'on lui faisait avant la Révolution. Luckner, indifférent aux constitutions, s'était cru révolutionnaire par reconnaissance. Presque seul parmi les anciens officiers généraux, il n'avait point émigré. Entouré d'un brillant état-major de jeunes officiers du parti de La Fayette, Charles Lameth, du Jarri, Mathieu de Montmorency, il croyait avoir les opinions qu'on lui donnait. Le roi le caressait, l'Assemblée le flattait, l'armée le respectait. La nation voyait en lui le génie mystérieux de la vieille guerre venant donner des leçons de victoire au patriotisme inexpérimenté de la Révolution, et cachant des ressources infinies sous la rudesse de son front et sous l'obscur germanisme de son langage. On lui adressait de partout des hommages, comme au dieu inconnu. Il ne méritait ni cette adoration ni les outrages dont il fut plus tard abreuvé. C'était un brave et rude soldat, aussi dépaysé dans les cours que dans les clubs. Il servit quelques jours d'idole, puis de jouet aux Jacobins, qui le jetèrent enfin à l'échafaud, sans qu'il pût même comprendre ni sa popularité ni son crime.

XIV

Berthier, devenu depuis la main droite de Napoléon, était alors chef d'état-major de Luckner. Le vieux général avait saisi avec l'instinct de la guerre le plan hardi de Dumouriez. Il était entré, à la tête de vingt-deux mille hommes, sur le territoire autrichien à Courtray et à Menin. Biron et Valence, ses deux lieutenants, le conjuraient d'y rester. Dumouriez lui faisait par lettres les mêmes instances. En arrivant à Lille, Dumouriez apprit que Luckner avait subitement rétrogradé sur Valenciennes après avoir brûlé les faubourgs de Courtray, donnant ainsi sur toutes nos frontières le signal de l'hésitation et de la retraite.

Les populations belges, comprimées dans leur élan par ces désastres ou par les timidités de la France, perdaient l'espoir et s'assouplissaient au joug autrichien. Tout se resserrait et s'alarmait sur nos frontières. Le général Montesquiou rassemblait avec peine l'armée du Midi. Le roi de Sardaigne groupait des forces considérables sur le Var. L'avant-garde de La Fayette, postée à Gliswel, à une lieue de Maubeuge, était battue par le duc de Saxe-Teschen à la tête de douze mille hommes. La grande invasion du duc de Brunswick en Champagne se préparait. L'émigration enlevait les officiers, la désertion décimait nos soldats. Les clubs semaient la méfiance contre les commandants de nos places fortes.

Les Girondins poussaient à l'émeute, les Jacobins anarchisaient l'armée, les volontaires ne se levaient pas, le ministère était nul, le comité autrichien des Tuileries correspondait avec les puissances, non pour trahir la nation, mais pour sauver les jours du roi et de sa famille. Gouvernement suspect, Assemblée hostile, clubs séditieux, garde nationale intimidée et privée de son chef, journalisme incendiaire, conspirations sourdes, municipalité factieuse, maire conspirateur, peuple ombrageux et affamé, Robespierre et Brissot, Vergniaud et Danton, Girondins et Jacobins en présence, ayant la même proie à se disputer, la monarchie, et luttant de démagogie pour s'arracher la faveur du peuple : tel était l'état du pays au dedans et au dehors, au moment où la guerre extérieure venait presser de toutes parts la France et la faire éclater en exploits et en crimes. Les Girondins et les Jacobins, un moment unis, suspendaient leur animosité, comme pour renverser à l'envi la faible constitution qui les séparait. La bourgeoisie, personnifiée dans les Feuillants, dans la garde nationale et dans La Fayette, restait seule attachée à la constitution. La Gironde faisait contre le roi, du haut de la tribune, l'appel au peuple qu'elle devait plus tard faire vainement en faveur du roi contre les Jacobins. Pour dominer la ville, Brissot, Roland, Pétion, soulevaient les faubourgs, ces capitales de misères et de séditions. Toutes les fois qu'on remue jusque dans ses dernières profondeurs un peuple qui a longtemps croupi dans l'ignorance, il en sort des monstres et des héros, des prodiges de crime et des prodiges de vertu. C'est ce qu'on allait voir apparaître sous la main conjurée des Girondins et des démagogues.

LIVRE SEIZIÈME

Le pouvoir passe dans la commune de Paris. — Pétion. — Sa popularité. — Caractère des factions. — Les hommes qui les fomentent. — Réunion de Charenton. — Attaque résolue contre le château. — Journée du 20 juin. — Le peuple, parti de la place de la Bastille, se recrute dans sa marche. — Ses chefs : Santerre, Saint-Huruge, Théroigne de Méricourt. — Tableau de ce soulèvement populaire. — L'Assemblée permet aux conjurés armés de défiler devant elle. — Elle suspend sa séance. — Troupes disposées dans les cours des Tuileries. — Gentilshommes accourus au château. — Le roi fait ouvrir les portes. — Pétion, maire de Paris, se dérobe à sa responsabilité. — Les insurgés aux Tuileries. — Dévouement de Madame Élisabeth. — Le roi forcé de mettre le bonnet rouge sur sa tête. — La reine et ses enfants au milieu des insurgés. — L'Assemblée rouvre sa séance. — Elle est impuissante à arrêter les masses. — Pétion revient aux Tuileries et disperse enfin la sédition. — Les Marseillais à Paris. — Leur chant de guerre. — Le peuple se porte à leur rencontre. — Origine de la *Marseillaise*.

I

A mesure que le pouvoir arraché des mains du roi par l'Assemblée s'évanouissait, il passait dans la commune de Paris. La municipalité, premier élément de formation des nations qui se fondent, est aussi le dernier asile de l'autorité quand les nations se décomposent. Avant de tomber dans la plèbe, le pouvoir s'arrête un moment dans le conseil des magistrats de la cité. L'hôtel de ville était devenu les Tuileries du peuple. Après La Fayette et Bailly, Pétion y régnait : cet homme était le roi de Paris. La populace, qui a l'instinct des situations, l'appelait le *roi Pétion*. Il avait acheté sa popularité, d'abord par ses vertus privées, que le peuple confond presque toujours avec les vertus publiques, puis par des discours démocratiques à l'Assemblée constituante. L'équilibre habile qu'il maintenait aux Jacobins entre les Girondins et Robespierre l'avait rendu respectable et important. Ami de Roland, de Robespierre, de Danton, de Brissot à la fois, suspect de liaisons trop intimes avec madame de Genlis et le parti du duc d'Orléans, il se couvrit toujours néanmoins d'un manteau de dévouement légal à l'ordre et d'une superstition constitutionnelle. Il avait ainsi tous les titres apparents à l'estime des hommes honnêtes et aux ménagements des factions; mais le plus grand de tous était sa médiocrité. La médiocrité, il faut l'avouer, est presque toujours le sceau de ces idoles du peuple : soit que la foule, médiocre elle-même, n'ait de goût que pour ce qui lui ressemble; soit que les contemporains jaloux ne puissent jamais s'élever jusqu'à la justice envers les grands caractères et les grandes vertus; soit que la Providence, qui distribue les dons et les facultés avec mesure, ne permette pas qu'un seul homme réunisse en soi, chez un peuple libre, ces trois forces irrésistibles : la vertu, le génie et la popularité; soit plutôt que la faveur constante de la multitude soit une chose de telle nature que son prix dépasse sa valeur aux yeux des hommes vraiment vertueux, et qu'il faille trop s'abaisser pour la recueillir et trop faiblir pour la conserver. Pétion n'était le roi du peuple qu'à la condition d'être le complaisant de ses excès. Ses fonctions de maire de Paris, dans un temps de trouble, le plaçaient sans cesse entre le roi, l'Assemblée et l'émeute. Il affrontait le roi, il flattait l'Assemblée, il modérait le crime. Inviolable comme la capitale qu'il personnifiait dans son titre de premier magistrat de la commune, sa dictature invisible n'avait d'autre titre que son inviolabilité ; il en usait avec une respectueuse audace envers le roi, il l'inclinait devant l'Assemblée, il la prosternait devant les séditieux. A ses reproches officiels à l'émeute il joignait toujours une excuse au crime, un sourire aux coupables, un encouragement aux citoyens égarés. Le peuple l'aimait comme l'anarchie aime la faiblesse ; il savait qu'il pouvait tout faire avec cet homme. Comme maire, il avait la loi à la main ; comme homme, il avait l'indulgence sur les lèvres et la connivence dans le cœur : c'était le magistrat qu'il fallait au temps des coups d'État des faubourgs. Pétion les laisserait préparer sans les voir, et les légaliserait quand ils seraient accomplis.

II

Ses liaisons d'enfance avec Brissot l'avaient rapproché de madame Roland. Le ministère de Roland, de Clavière et de Servan lui obéissait plus qu'au roi lui-même ; il était de leurs conciliabules; il régnait sous leur nom; leur chute ne le renversait pas, mais elle lui arrachait le pouvoir exécutif. Les Girondins expulsés n'avaient pas besoin de souffler leur soif de vengeance dans l'âme de Pétion. Ne pouvant plus conspirer légalement contre le roi avec ses ministres, il lui restait à conspirer avec les factions contre les Tuileries. La garde nationale, le peuple, les Jacobins, les Cordeliers, les faubours, la ville, étaient dans ses mains. Il pouvait donner la sédition à la Gironde pour aider ce parti à reconquérir le ministère; il la lui donna avec tous ses hasards, avec tous les crimes que la sédition pouvait renfermer dans son sein. Parmi ces hasards était l'assassinat du roi et de sa famille. Cet événement était accepté d'avance par ceux qui provoquaient l'attroupement des masses et leur invasion dans le palais du roi. Girondins, orléanistes, républicains, anarchistes, aucun de ces partis peut-être ne rêvait ce crime; tous le considéraient comme une éventualité de leur fortune. Pétion, qui ne le voulait pas sans doute, le risqua du moins. Si son intention fut innocente, sa témérité fut un meurtre. Quelle distance y avait-il entre le fer de vingt mille piques et le cœur de Louis XVI? Pétion ne livra pas la vie du roi, celles de la reine et de leurs enfants, mais il les joua.

La garde constitutionnelle du roi venait d'être licenciée avec outrage par les Girondins. Le duc de Brissac, qui la commandait, était envoyé à la haute cour d'Orléans pour des complots imaginaires. Son seul complot était son honneur. Il avait juré de mourir en soldat fidèle pour défendre son maître et son ami. Il pouvait s'évader. Le roi lui conseillait de fuir, il ne le voulut pas : « Si je fuis, répondit-il aux instances du roi, on croira que je suis coupable, on dira que vous étiez complice : ma fuite vous accusera. J'aime mieux mourir. » Il partit pour la cour nationale d'Orléans : il ne fut pas jugé, il fut assassiné à Versailles le 6 septembre. Sa tête, enroulée de ses cheveux blancs, fut plantée au bout d'une des piques de la grille du palais. Dérision atroce de cette fidélité chevaleresque qui gardait, après la mort, la porte de la demeure de ses rois.

III.

Les premières insurrections de la Révolution étaient des mouvements spontanés du peuple. D'un côté le roi, la cour et la noblesse; de l'autre la nation. Ces deux partis en présence s'entre-choquaient par la seule impulsion des idées, des intérêts contraires. Un mot, un geste, un hasard, un ressemblement de troupes, un jour de disette, un orateur véhément haranguant la foule au Palais-Royal, suffisaient pour entraîner les masses à l'émeute ou pour les faire marcher sur Versailles. L'esprit de sédition se confondait avec l'esprit de la Révolution. Tout le monde était factieux, tout le monde était soldat, tout le monde était chef. C'était la passion publique qui donnait le signal. C'était le hasard qui commandait.

Depuis que la Révolution était faite et que la constitution, réciproquement jurée, imposait aux partis un ordre légal, il en était autrement. Les soulèvements du peuple n'étaient plus des agitations, mais des plans. Les factions organisées avaient parmi les citoyens leur parti, leurs clubs, leurs rassemblements, leur armée, leur mot d'ordre. L'anarchie s'était elle-même disciplinée. Son désordre n'était qu'extérieur. Une âme cachée l'animait et la dirigeait à son insu. De même qu'une armée a des chefs qu'elle reconnaît à leur intelligence et à leur audace, les quartiers et les sections de Paris avaient leurs meneurs auxquels ils obéissaient. Des popularités secondaires, déjà invétérées dans la ville et dans les faubourgs, s'étaient fondées derrière les grandes popularités nationales de Mirabeau, de La Fayette, de Bailly. Le peuple avait foi dans tel nom, avait confiance dans tel bras, avait faveur pour tel visage. Quand ces hommes se montraient, parlaient, marchaient, la multitude marchait avec eux, sans savoir même où le courant de la foule l'entraînait. Il suffisait aux chefs d'indiquer un rassemblement, de faire courir une terreur panique, de souffler une colère soudaine, d'indiquer un but quelconque, pour que des masses aveugles se trouvassent prêtes à l'action au lieu désigné.

IV

C'était le plus souvent sur l'emplacement de la Bastille, *mont Aventin* du peuple, camp national, où la place et les pierres lui rappelaient sa servitude et sa force. De tous ces hommes qui gouvernaient les agitateurs des faubourgs, le plus redoutable était Danton. Camille Desmoulins, aussi téméraire pour concevoir, était moins hardi pour exécuter. La nature, qui avait donné à ce jeune homme l'inquiétude des meneurs de foule, lui en avait refusé l'extérieur et la voix. Le peuple ne comprend rien aux forces intellectuelles. Une haute stature et une voix sonore sont deux conditions indispensables pour les favoris de la multitude. Camille Desmoulins était petit, maigre, sans éclat dans la voix. Il glapissait derrière Danton. Danton seul avait les rugissements de la foule.

Pétion avait au plus haut degré l'estime des anarchistes; mais sa légalité officielle le dispensait de fomenter ouvertement le désordre. Il lui suffisait de le désirer. On ne pouvait rien sans lui. Il donnait sa complicité. Après eux venait Santerre, commandant du bataillon du faubourg Saint-Antoine. Santerre, fils d'un brasseur flamand, brasseur lui-même dans le faubourg, un de ces hommes que le peuple comprend parce qu'ils sont peuple, et qu'il respecte parce qu'ils sont riches, aristocrates de quartier se faisant pardonner leur fortune par leur familiarité. Connu des ouvriers, dont il employait un grand nombre dans sa brasserie; connu de la foule, qui fréquentait le dimanche ses établissements de bière et de vin, Santerre était en outre prodigue de secours et de vivres pour les malheureux. Il avait distribué dans un moment de disette pour trois cent mille francs de pain. Il achetait sa popularité par sa bienfaisance. Il l'avait conquise par son courage à la prise de la Bastille; il la prodiguait par sa présence dans toutes les émotions de la place publique. Il était de la race de ces brasseurs de Belgique qui enivraient le peuple de Gand pour l'insurger.

Le boucher Legendre, qui était à Danton ce que Danton était à Mirabeau, un degré descendant dans l'abîme de la sédition; Legendre, d'abord matelot pendant dix ans sur un vaisseau, avait les mœurs rudes et féroces de ses deux professions. Le front intrépide, les bras sanglants, la parole meurtrière, et cependant le cœur bon; mêlé depuis 89 à tous les mouvements insurrectionnels, les flots de cette agitation l'avaient élevé jusqu'à une certaine autorité. Il avait fondé sous Danton le club des Cordeliers, ce club des coups de main, comme les Jacobins étaient le club des théories radicales. Il le remuait par son éloquence. Inculte et sauvage, il se comparait lui-même au paysan du Danube. Toujours prêt à frapper autant qu'à parler, le geste de Legendre écrasait avant sa parole. Il était la massue de Danton.

Huguenin, un de ces hommes qui roulent de profession en profession sur la pente des temps de trouble sans pouvoir s'arrêter nulle part, avocat expulsé de son corps, ensuite soldat, commis aux barrières, mal partout, aspirant au pouvoir pour retrouver la fortune, les mains suspectes de pillage; Alexandre, commandant du bataillon des Gobelins, héros de faubourg, ami de Legendre; Marat, conspiration vivante, sorti la nuit de son souterrain, véritable prophète de la démagogie, altéré de bruit, poussant la haine de la société jusqu'au délire, s'en faisant gloire, et jouant volontairement ce rôle de fou du peuple comme d'autres avaient joué dans les cours le rôle de fou du roi; Dubois-Crancé, militaire instruit et brave; Brune, sabre au service des conspirations; Momoro, imprimeur, ivre de philosophie; Dubuisson, homme de lettres obscur que les sifflets du théâtre avaient rejeté dans l'intrigue; Fabre d'Églantine, poëte comique, ambitieux d'une autre tribune; Chabot, capucin aigri dans le cloître, ardent à se venger de la superstition qui l'y avait enfermé; Lareynie, prêtre-soldat; Gonchon, Duquesnois, amis de Robespierre; Carra, journaliste girondin; un Italien, nommé Rotondo; Hanriot, Sillery, Louvet, Laclos, Barbaroux, enfin, l'émissaire de Roland et de Brissot. Tels furent les principaux instigateurs de l'émeute du 20 juin.

V

Tous ces hommes se réunirent dans une maison isolée de Charenton pour délibérer, dans le silence et dans le secret de la nuit, sur le prétexte, le plan, l'heure de l'insurrection. Les passions étaient diverses, l'impatience était la même. Ceux-ci voulaient effrayer, ceux-là voulaient frapper, tous voulaient agir. Une fois le peuple lancé, il s'arrêterait où voudrait la destinée. Pas de scrupules dans une réunion présidée par Danton. Les discours étaient superflus là où il n'y avait qu'une seule âme. Des propos suffisaient. On s'entendait du regard. Les mains serrées par les mains, des regards d'intelligence, des gestes significatifs, sont toute l'éloquence des hommes d'action. En deux mots Danton indiqua le but, Santerre les moyens, Marat l'atroce énergie, Camille Desmoulins la gaieté cynique du mouvement projeté, tous la résolution d'y pousser le peuple. La carte révolutionnaire de Paris fut dépliée sur la table. Le doigt de Danton y traça les sources, les affluents, le cours, le point de jonction des rassemblements.

La place de la Bastille, immense carrefour sur lequel débouchaient comme autant de fleuves les nombreuses rues du faubourg Saint-Antoine, qui se joint par le quartier de l'Arsenal et par un pont au faubourg Saint-Marceau, peuplé de deux cent mille ouvriers, et qui, par le boulevard ouvert devant l'ancienne forteresse, a une marche libre et large sur le centre de la ville et sur les Tuileries, fut le rendez-vous assigné aux rassemblements, et le point de départ des colonnes. Elles devaient être divisées en trois corps. Une pétition à présenter à l'Assemblée et au roi contre le *veto* au décret sur les prêtres et au camp de vingt mille hommes devait être l'objet avoué du mouvement; le rappel des ministres patriotes Roland, Servan, Clavière, le mot d'ordre; la terreur du peuple semée dans Paris et portée jusque dans le château des Tuileries, l'effet de la journée. Paris s'attendait à cette visite des faubourgs. Un dîner de cinq cents couverts avait eu lieu la veille aux Champs-Élysées.

Le chef des fédérés de Marseille, les agitateurs des quartiers du centre y avaient fraternisé avec les Girondins. L'acteur Dugazon y avait chanté des couplets menaçants contre le château. De sa fenêtre aux Tuileries, le roi avait entendu les applaudissements et les chants sinistres qui montaient jusqu'à son palais. Quant à l'ordre de la marche, aux emblèmes grotesques, aux armes étranges, aux costumes hideux, aux drapeaux sanglants, aux propos forcenés qui devaient signaler l'apparition de cette armée des faubourgs dans les rues de la capitale, les conjurés ne prescrivirent rien. Le désordre et l'horreur faisaient partie du programme. Ils s'en rapportèrent à l'inspiration désordonnée de la foule, et à cette rivalité de cynisme qui s'établit de soi-même dans de telles agglomérations d'hommes. Danton le savait, et il y comptait.

VI

Bien que la présence de Panis et de Sergent, deux membres de la municipalité, donnât au plan la sanction tacite de Pétion, les meneurs se chargèrent de recruter en silence la sédition par de petits groupes pendant la nuit, et de faire passer les premiers rassemblements du quartier Saint-Marceau et du Jardin des Plantes sur la rive de l'Arsenal, au moyen d'un bac qui desservait seul alors la communication des deux faubourgs. Lareynie soulèverait le faubourg Saint-Jacques et le marché de la place Maubert, que les femmes du peuple viennent tous les jours fréquenter pour leur ménage. Vendre et acheter, c'est la vie du bas peuple. L'argent et la faim sont ses deux passions. Il est tumultueux surtout sur ces places, où ces deux passions le condensent. Nulle part la sédition ne l'enlève aussi vite et par plus grandes masses.

Le teinturier Malard, le cordonnier Isambert, le tanneur Gibon, artisans riches et accrédités, feraient vomir aux rues sombres et fétides du faubourg Saint-Marceau leur population indigente et timide, qui se montre rarement à la lumière des grands quartiers. Alexandre, le tribun militaire de ce marché de Paris, dont il commandait un bataillon, se tiendrait à la tête de son bataillon sur la place avant le jour, pour concentrer d'abord les rassemblements et pour leur imprimer ensuite la direction et le mouvement vers les quais et vers les Tuileries. Varlet, Gonchon, Ronsin, Siret, lieutenants de Santerre, exercés à cette tactique des mouvements depuis les premières agitations de 89, étaient chargés des mêmes manœuvres dans le faubourg Saint-Antoine. Les rues de ce quartier, pleines d'ateliers, de fabriques, de maisons de vin et de bière, véritables casernes de misère, de travail et de sédition, qui se prolongent de la Bastille à la Roquette et à Charenton, contenaient à elles seules une armée d'invasion contre Paris.

VII

Cette armée connaissait depuis trois ans ses chefs. Ils se postaient à l'ouverture des principaux carrefours à l'heure où les ouvriers sortent des ateliers ; ils prenaient une chaise et une table dans le cabaret le plus renommé : debout sur ces tribunes avinées, ils appelaient quelques passants par leurs noms, les groupaient autour d'eux ; ceux-ci arrêtaient les autres, la rue s'obstruait, le rassemblement se grossissait de tous ces hommes, de toutes ces femmes, de tous ces enfants qui courent au bruit. L'orateur pérorait cette foule. Le vin ou la bière circulait gratuitement autour de la table. La cessation du travail, la rareté du numéraire, la cherté du pain, les manœuvres des aristocrates pour affamer Paris, les *trahisons* du roi, les *orgies* de la reine, la nécessité pour la nation de prévenir les complots d'une cour autrichienne, étaient les textes habituels de ces harangues. Une fois l'agitation communiquée jusqu'à la fièvre, le cri *Marchons !* se faisait entendre, et le rassemblement s'ébranlait à la fois dans toutes ces rues. Quelques heures après, les masses d'ouvriers des quartiers Popincourt, des Quinze-Vingts, de la Grève, du port au Blé, du marché Saint-Jean, débouchaient de la rue du Faubourg-Saint-Antoine et couvraient la place de la Bastille. Là le bouillonnement de tous ces affluents d'émeute suspendait un moment ce courant d'hommes. Bientôt l'impulsion reprenait sa force, les colonnes se divisaient instinctivement pour s'engouffrer dans les grandes embouchures de Paris. Les unes s'avançaient par le boulevard, les autres filaient par les quais jusqu'au Pont-Neuf, y rencontraient les rassemblements de la place Maubert, et fondaient ensemble, en se grossissant, sur le Palais-Royal et sur le jardin des Tuileries.

Telle fut la manœuvre commandée pour la nuit du 19 juin aux agitateurs des divers quartiers. Ils se séparèrent avec ce mot d'ordre qui laissait au mouvement du lendemain tout le vague de l'espérance, et qui, sans commander le dernier crime, autorisait les derniers excès : *En finir avec le château.*

VIII

Telle fut la réunion de Charenton, tels étaient les hommes invisibles qui allaient imprimer le mouvement à cent mille citoyens. Laclos et Sillery, qui allaient chercher pour le duc d'Orléans, leur maître, un trône dans les faubourgs, y semèrent-ils l'argent de l'embauchage ? On l'a dit, on l'a cru : on ne l'a jamais prouvé. Leur présence dans ce conciliabule est un indice. Il est permis à l'histoire de soupçonner sans évidence, jamais d'accuser sans preuve. L'assassinat du roi, le lendemain, donnait la couronne au duc d'Orléans. Louis XVI pouvait être assassiné, ne fût-ce que par le fer d'un homme ivre. Il ne le fut pas. C'est la seule justification de la faction d'Orléans. Quelques-uns de ces hommes étaient pervers, comme Marat et Hébert; d'autres, comme Barbaroux, Sillery, Laclos, Carra, étaient des factieux impatients; d'autres enfin, comme Santerre, n'étaient que des citoyens fanatisés jusqu'à la férocité pour la liberté. Les conspirateurs, en se concertant, activaient et disciplinaient la ville. Des passions individuelles, perverses, mettaient le feu à la grande passion du peuple pour le triomphe de la démocratie. C'est ainsi que, dans un incendie, souvent les matières les plus infectes allument le bûcher. Le combustible est immonde, la flamme est pure. La flamme de la Révolution, c'était la liberté; les factieux pouvaient la ternir, ils ne pouvaient pas la souiller.

Pendant que les conspirateurs de Charenton se distribuaient les rôles et recrutaient leurs forces, le roi tremblait pour sa femme et pour ses enfants dans les Tuileries. « Qui sait, disait-il à M. de Malesherbes avec un mélancolique sourire, si je verrai coucher le soleil de demain? »

Pétion, en donnant d'un mot l'impulsion de la résistance à la municipalité et à la garde nationale sous ses ordres, pouvait tout comprimer et tout dissoudre. Le directoire du département, présidé par le duc de La Rochefoucauld massacré depuis, sommait énergiquement Pétion de faire son devoir. Pétion atermoyait, souriait, répondait de tout, justifiait la légalité des rassemblements projetés et les pétitions portées en masse à l'Assemblée. Vergniaud à la tribune repoussait les alarmes des constitutionnels comme des calomnies adressées à l'innocence du peuple. Condorcet riait des inquiétudes manifestées par les ministres et des demandes de forces qu'ils adressaient à l'Assemblée. « N'est-il pas plaisant, disait-il à ses collègues, de voir le pouvoir exécutif demander des moyens d'action aux législateurs? Qu'il se sauve lui-même, c'est son métier. » Ainsi la dérision s'unissait aux complots contre l'infortuné monarque. Les législateurs raillaient le pouvoir désarmé par leurs propres mains, et applaudissaient aux factieux.

IX

C'est sous ces auspices que s'ouvrit la journée du 20 juin. Un second conciliabule, plus secret et moins nombreux, avait réuni chez Santerre, la nuit du 19 au 20, les hommes d'exécution. Ils ne s'étaient séparés qu'à minuit. Chacun d'eux s'était rendu à son poste, avait réveillé ses hommes les plus affidés et les avait distribués par petits groupes, pour recueillir et pour masser les ouvriers à mesure qu'ils sortiraient de leurs demeures. Santerre avait répondu de l'immobilité de la garde nationale. « Soyez tranquilles, dit-il aux conjurés, Pétion sera là. »

Pétion, en effet, avait ordonné la veille aux bataillons de la garde nationale de se trouver sous les armes, non pour s'opposer à la marche des colonnes du peuple, mais pour fraterniser avec les pétitionnaires et pour faire cortége à la sédition. Cette mesure équivoque sauvait à la fois la responsabilité de Pétion devant le directoire du département, et sa complicité devant le peuple attroupé. Il disait aux uns : « Je veille ; » il disait aux autres : « Je marche avec vous. »

Au point du jour ces bataillons étaient rassemblés, les armes en faisceaux, sur toutes les grandes places. Santerre haranguait le sien sur les ruines de la Bastille. Autour de lui affluait, d'heure en heure, un peuple immense, agité, impatient, prêt à fondre sur la ville au signal qui lui serait donné. Des uniformes s'y mêlaient aux haillons de l'indigence. Des détachements d'invalides, de gendarmes, des gardes nationaux, des volontaires, y recevaient les ordres de Santerre et les répétaient à la foule. Une discipline instinctive présidait au désordre. L'aspect à la fois populaire et militaire de ce camp du peuple donnait au rassemblement le caractère d'une expédition plutôt que celui d'une émeute. Cette foule reconnaissait ses chefs, manœuvrait à leurs commandements, suivait ses drapeaux, obéissait à leur voix, suspendait même son impatience pour attendre les renforts et pour donner aux pelotons isolés l'apparence et l'ensemble de mouvements simultanés. Santerre à cheval, entouré d'un état-major d'hommes des faubourgs, donnait ses ordres, fraternisait avec les citoyens, tendait la main aux insurgés, recommandait le silence, la dignité au peuple, et formait lentement ses colonnes de marche.

X

A onze heures le peuple se mit en mouvement vers le quartier des Tuileries. On évaluait à vingt mille le nombre des hommes qui partirent de la place de la Bastille. Ils étaient divisés en trois corps : le premier, composé de bataillons des faubourgs, armés de baïonnettes et de sabres, obéissait à Santerre; le second, formé d'hommes du peuple, sans armes ou armés de piques et de bâtons, marchait sous les ordres du démagogue Saint-Huruge; le troisième, horde, pêle-mêle confus d'hommes en haillons, de femmes et d'enfants, suivait en désordre une jeune et belle femme, vêtue en homme, un sabre à la main, un fusil sur l'épaule et assise sur un canon traîné par des ouvriers aux bras nus. C'était Théroigne de Méricourt.

On connaissait Santerre, c'était le roi des faubourgs. Saint-Huruge était depuis 89 le grand agitateur du Palais-Royal.

Le marquis de Saint-Huruge, né à Mâcon, d'une famille noble et riche, était un de ces hommes de tumulte qui semblent personnifier en eux les masses. Doué d'une haute stature, d'un figure martiale, sa voix tonnait par-dessus les mugissements de la multitude. Il avait ses agitations, ses fureurs, ses repentirs, quelquefois aussi ses lâchetés. Son âme n'était pas cruelle, mais sa tête n'était pas saine. Trop aristocrate pour être envieux, trop riche pour être spoliateur, trop léger d'esprit pour être fanatique de principes, la Révolution l'entraînait comme le courant entraîne le regard, par le vertige. Il y avait de la démence dans sa vie; il aimait la révolution en mouvement, parce qu'elle ressemblait à la démence. Jeune encore il avait prostitué son nom, sa fortune, son honneur, au jeu, aux femmes, à la débauche. Il avait au Palais-Royal et dans les quartiers du désordre la célébrité du scandale. Tout le monde le connaissait. Sa famille l'avait fait enfermer à la Bastille. Le 14 juillet l'avait délivré. Il avait juré vengeance, il tenait son serment. Complice volontaire et infatigable de toutes les factions, il s'était offert sans salaire au duc d'Orléans, à Mirabeau, à Danton, à Camille Desmoulins, aux Girondins, à Robespierre : toujours du parti qui voulait aller le plus loin, toujours de l'émeute qui promettait le plus de ruines. Éveillé avant le jour, présent dans tous les clubs, rôdant la nuit, il accourait au moindre bruit pour le grossir, au moindre attroupement pour l'entraîner. Il s'enflammait de la passion commune avant de la comprendre; sa voix, son geste, l'égarement de ses traits, multipliaient cette passion autour de lui. Il vociférait le trouble, il semait la fièvre, il électrisait les masses indécises, il faisait le courant, et on le suivait : il était à lui seul une sédition.

XI

Après Saint-Huruge, marchait Théroigne de Méricourt. Théroigne ou Lambertine de Méricourt, qui commandait le troisième corps de l'armée des faubourgs, était connue du peuple sous le nom de *la belle Liégeoise*. La Révolution française l'avait attirée à Paris, comme le tourbillon attire les choses mobiles. L'amour outragé l'avait jetée dans le désordre; le vice, dont elle rougissait, lui donnait la soif de la vengeance. En frappant les aristocrates, elle croyait réhabiliter son honneur : elle lavait sa honte dans du sang.

Née au village de Méricourt, dans les environs de Liége, d'une famille de riches cultivateurs, elle avait reçu l'éducation des classes élevées. A dix-sept ans, son éclatante beauté avait attiré l'attention d'un jeune seigneur des bords du Rhin, dont le château était voisin de la demeure de la jeune fille. Aimée, séduite, abandonnée, elle s'était échappée de la maison paternelle et s'était réfugiée en Angleterre. Après quelques mois de séjour à Londres, elle passa en France. Recommandée à Mirabeau, elle connut par lui Sieyès, Joseph Chénier, Danton, Ronsin, Brissot, Camille Desmoulins. La jeunesse, l'amour, la vengeance, le contact avec ce foyer d'une révolution, avaient échauffé sa tête. Elle vécut dans l'ivresse des passions, des idées et des plaisirs. D'abord attachée aux grands novateurs de 89, elle s'attacha ensuite aux riches voluptueux qui payaient chèrement ses faveurs. Courtisane de l'opulence, elle devint la prostituée volontaire du peuple. Comme la grande courtisane d'Égypte, elle prodigua à la liberté l'or qu'elle enlevait au vice.

Dès les premiers soulèvements, elle descendit dans la rue. Elle consacra sa beauté à servir d'enseigne à la multitude. Vêtue en amazone d'une étoffe couleur de sang, un panache flottant sur son chapeau, le sabre au côté, deux pistolets à la ceinture, elle vola aux insurrections. Au premier rang, elle avait forcé les grilles des Invalides pour en enlever les canons. La première à l'assaut, elle était montée sur les tours de la Bastille. Les vainqueurs lui avaient décerné un sabre d'honneur sur la brèche. Aux journées d'octobre, elle avait guidé à Versailles les femmes de Paris. A cheval à côté du féroce Jourdan, qu'on appelait l'*Homme à la longue barbe*, elle avait ramené le roi à Paris; elle avait suivi sans pâlir les têtes coupées des gardes du corps servant de trophées au bout des piques. Sa parole, quoique empreinte d'un accent étranger, avait l'éloquence du tumulte. Elle élevait la voix dans les orages des clubs, et gourmandait la salle du haut des galeries. Quelquefois elle haranguait aux Cordeliers. Camille Desmoulins parle de l'enthousiasme qu'une de ses improvisations y excita. « Ses images, dit-il, étaient empruntées de Pindare et de la

Bible; c'était le patriotisme d'une Judith. » Elle proposait de bâtir le palais de la représentation nationale sur l'emplacement de la Bastille : « Pour fonder et pour embellir cet édifice, dépouillons-nous, dit-elle un jour, de nos bracelets, de notre or, de nos pierreries. J'en donne l'exemple la première, » et elle se dépouilla sur la tribune. Son ascendant était tel sur les émeutes, qu'un geste d'elle condamnait ou absolvait les victimes. Les royalistes tremblaient de la rencontrer.

En ce temps, par un de ces hasards qui ressemblent aux vengeances préméditées de la destinée, elle reconnut dans Paris le jeune gentilhomme belge qui l'avait séduite et abandonnée. Son regard apprit à son séducteur les dangers qu'il courait. Il voulut les conjurer, il vint implorer son pardon. « Mon pardon ! lui dit-elle; et de quel prix pourriez-vous le payer? Mon innocence ravie, mon honneur perdu, celui de ma famille terni, mon frère et mes sœurs poursuivis dans leur pays par le sarcasme de leurs proches, la malédiction de mon père, mon exil de ma patrie, mon enrôlement dans l'infâme caste des courtisanes, le sang dont je souille et dont je souillerai mes mains, ma mémoire exécrée parmi les hommes, cette immortalité de malédiction s'attachant à mon nom à la place de cette immortalité de la vertu, dont vous m'avez appris à douter : voilà ce que vous voulez racheter! Voyons, connaissez-vous sur la terre un prix capable de me payer tout cela? » Le coupable se tut. Théroigne n'eut pas la générosité de lui pardonner. Il périt aux massacres de septembre. A mesure que la Révolution devint plus sanguinaire, elle s'y plongea davantage.

Elle ne pouvait plus vivre que de la fièvre des émotions publiques. Cependant son premier culte pour Brissot se réveilla à la chute des Girondins. Elle aussi, elle voulait arrêter la Révolution. Mais il y avait des femmes encore au-dessous d'elle. Ces femmes, qu'on appelait les *furies* de la guillotine, dépouillèrent de ses vêtements la belle Liégeoise et la fouettèrent en public sur la terrasse des Tuileries, le 31 mai. Ce supplice, plus infâme que la mort, égara sa raison. Ramassée dans la boue, jetée dans une loge d'aliénés au fond d'un hospice, elle y vécut vingt ans. Ces vingt ans ne furent qu'un long accès de fureur. Impudique et sanguinaire dans ses songes, elle ne voulut jamais revêtir de vêtements, en souvenir de l'outrage qu'elle avait subi. Elle se traînait nue, ses cheveux blancs épars, sur les dalles de sa loge; elle entrelaçait ses mains décharnées aux barreaux de sa fenêtre. Elle faisait de là des motions à un peuple imaginaire, et demandait le sang de Suleau.

XII

Derrière Théroigne de Méricourt marchaient des démagogues moins connus de Paris, mais déjà célèbres dans leurs quartiers : tels que Rossignol, ouvrier orfèvre; Brierre, marchand de vin; Gonor, vainqueur de la Bastille; Jourdan, coupe-tête; le fameux Jacobin polonais Lazouski, enseveli plus tard par le peuple au Carrousel; Hanriot enfin, depuis général de confiance de la Convention. A mesure que les colonnes pénétraient dans l'intérieur de Paris, elles se grossissaient de nouveaux groupes qui débouchaient des

rues populeuses ouvrant sur les boulevards ou sur les quais.
A chaque afflux de ces nouvelles recrues, une immense clameur de joie s'élevait du sein des colonnes; la musique militaire faisait retentir l'air cynique et atroce de *Ça ira*, cette Marseillaise des assassins. Les insurgés le chantaient en chœur, et brandissaient leurs armes en menaçant du geste les fenêtres des aristocrates présumés.

Ces armes ne ressemblaient en rien aux armes étincelantes d'une armée régulière, qui impriment à la fois la terreur et l'admiration; c'étaient les armes étranges et bizarres saisies, comme dans le premier mouvement de la défense ou de la fureur, par la main du peuple. Des piques, des lances émoussées, des broches de cuisine, des couteaux emmanchés, des haches de charpentier, des marteaux de maçon, des tranchets de cordonnier, des leviers de paveur, des fers de repasseuse, des scies, des chenets, des pelles, des pincettes, les plus vulgaires ustensiles du ménage du pauvre, la ferraille des quais; de tous ces outils le peuple avait fait des armes. Ces armes diverses, rouillées, noires, hideuses à voir, dont chacune présentait à l'œil une manière différente de frapper, semblaient multiplier l'horreur de la mort en la présentant sous mille formes cruelles et inusitées. Le mélange des sexes, des âges, des conditions, la confusion des costumes, les haillons à côté des uniformes, les vieillards à côté des jeunes gens; les enfants mêmes, les uns portés par leurs mères, d'autres traînés par la main ou s'attachant aux pans des habits de leurs pères; des filles publiques en robes de soie souillées de boue, l'impudeur au front, l'insulte sur les lèvres; des centaines de pauvres femmes du peuple recrutées, pour faire nombre et pour faire pitié, dans les galetas des faubourgs, vêtues de friperies en lambeaux, maigres, pâles, les yeux caves, les joues creusées par la misère, images de la faim; le peuple enfin dans tout le désordre, dans toute la confusion, dans toute la nudité d'une ville qui sort à l'improviste de ses maisons, de ses ateliers, de ses mansardes, de ses lieux de débauche, de ses repaires : tel était l'aspect d'intimidation que les conjurés avaient voulu donner à cette foule.

Des drapeaux flottaient çà et là au-dessus des colonnes. Sur l'un était écrit : *La sanction ou la mort!* Sur un autre : *Rappel des ministres patriotes!* Sur un troisième : *Tremble, tyran, ton heure est venue!* Un homme aux bras nus portait une potence à laquelle pendait l'effigie d'une femme couronnée, avec ces mots : *Gare la lanterne!* Plus loin un groupe de mégères élevait à bras tendus une *guillotine* en relief; un écriteau en expliquait l'usage : *Justice nationale contre les tyrans; Veto et sa femme à la mort!* Au milieu de ce désordre apparent, un ordre caché se laissait reconnaître. Quelques hommes en vestes ou en haillons, mais au linge fin et aux mains blanches, portaient sur leurs têtes des chapeaux où on lisait des signes de reconnaissance écrits en gros caractères avec de la craie blanche. On se réglait sur leur marche, et on suivait leur impulsion.

Le rassemblement principal s'écoula ainsi par la rue Saint-Antoine et par les avenues sombres du centre de Paris jusqu'à la rue Saint-Honoré. Il entraînait dans sa marche la population de ces quartiers. Plus ce torrent grossissait, plus il écumait. Là une bande de garçons bouchers s'y joignit : chacun de ces assommeurs d'abattoir portait au bout d'un fer de pique un cœur de veau percé de part en part et encore saignant, avec cette légende : *Cœur d'aristocrate.* Un peu plus loin, une horde de chiffonniers couverts de haillons dressait au-dessus de la foule une lance autour de laquelle flottaient les lambeaux déchirés de vêtements humains, avec ces mots : *Tremblez, tyrans, voilà les sans-culottes !* L'injure que la richesse avait jetée à l'indigence, ramassée par elle, devenait ainsi l'arme du peuple.

Cette armée défila pendant trois heures dans la rue Saint-Honoré ; tantôt un redoutable silence, interrompu seulement par le retentissement de ces milliers de pas sur le pavé, oppressait l'imagination comme le signe de la colère concentrée de cette masse ; tantôt des éclats de voix isolés, des apostrophes insultantes, des sarcasmes atroces jaillissaient aux éclats de rire de la foule ; tantôt des rumeurs soudaines, immenses, confuses, sortaient de ces vagues d'hommes, et, s'élevant jusqu'aux toits, laissaient saisir seulement les dernières syllabes de ces acclamations prolongées : *Vive la nation ! Vivent les sans-culottes ! A bas le veto !* Ce tumulte pénétrait du dehors jusque dans la salle du Manége, où siégeait en ce moment l'Assemblée législative. La tête du cortége s'arrêta à ses portes ; les colonnes inondèrent la cour des Feuillants, la cour du Manége et toutes les avenues de la salle. Ces cours, ces avenues, ces passages qui masquaient alors la terrasse du jardin, occupaient l'espace libre qui s'étend aujourd'hui entre le jardin des Tuileries et la rue Saint-Honoré, cette artère centrale de Paris. Il était midi.

XIII

Rœderer, procureur-syndic du directoire de département, fonction qui correspondait en 92 à celle de préfet de Paris, était en ce moment à la barre de l'Assemblée. Rœderer, partisan de la constitution, de l'école des Mirabeau et des Talleyrand, était un ennemi courageux de l'anarchie. Il trouvait dans la constitution le point de conciliation entre sa fidélité au peuple et sa loyauté envers le roi; il voulait défendre cette constitution avec toutes les armes de la loi que la sédition n'aurait pas encore brisées dans sa main. « Des rassemblements armés menacent de violer la constitution, l'enceinte de la représentation, la demeure du roi, dit Rœderer à la barre; les rapports de cette nuit sont alarmants : le ministre de l'intérieur nous demande de faire marcher sans délai des troupes à la défense du château. La loi défend les rassemblements armés. Ils s'avancent pourtant. Ils demandent à entrer; mais si vous donnez vous-mêmes l'exemple de les admettre dans votre sein, que devient entre nos mains la force de la loi? Votre indulgence en l'abrogeant briserait toute force publique dans les mains des magistrats. Nous demandons à être chargés de remplir tous nos devoirs : qu'on nous laisse la responsabilité, que rien ne diminue l'obligation où nous sommes de mourir pour le maintien de la tranquillité publique! » Ces paroles dignes du chancelier de L'Hôpital ou de Mathieu

Molé sont froidement accueillies par l'Assemblée, bafouées par les ricanements des tribunes. Vergniaud les salue hypocritement et les écarte.

« Eh oui, sans doute, dit l'orateur, qu'un rassemblement armé devait arracher de la tribune un an plus tard; eh oui, sans doute, nous aurions mieux fait peut-être de ne jamais recevoir d'hommes armés; car, si aujourd'hui le civisme amène ici de bons citoyens, l'aristocratie peut y conduire demain ses janissaires. Mais l'erreur que nous avons commise autorise l'erreur du peuple. Les rassemblements formés jusqu'ici paraissent autorisés par le silence de la loi. Les magistrats, il est vrai, vous demandent la force pour les réprimer. Dans ces circonstances, que devez-vous faire? Je crois qu'il y aurait une extrême rigueur à être inflexibles envers une faute dont le principe est dans vos décrets; ce serait faire injure aux citoyens qui demandent en ce moment à vous présenter leurs hommages que de leur supposer de mauvaises intentions. On prétend que ce rassemblement veut présenter une adresse au château; je ne pense pas que les citoyens qui le composent demandent à être introduits en armes auprès de la personne du roi; je pense qu'ils se conformeront aux lois, qu'ils iront sans armes et comme de simples pétitionnaires. Je demande que les citoyens réunis pour défiler devant nous soient admis à l'instant. »

Indignés de ces perfidies ou de ces lâchetés de paroles, Dumolard, Ramond, s'opposent avec énergie à cette faiblesse ou à cette complicité de l'Assemblée. « Le plus bel hommage que vous puissiez faire au peuple de Paris, s'écrie Ramond, c'est de le faire obéir à ses propres lois. Je demande que les citoyens déposent leurs armes avant d'être admis devant vous. — Que parlez-vous, répond Guadet, de désobéissance à la loi, puisque vous y avez si souvent dérogé vous-même? Vous commettriez une injustice révoltante, vous ressembleriez à cet empereur romain qui, pour trouver plus de coupables, fit écrire les lois en caractères tellement obscurs, que personne ne pouvait les comprendre ! »

La députation des insurgés entre à ces dernières paroles, au milieu des applaudissements et des murmures d'indignation qui se partagent l'Assemblée.

XIV

L'orateur de la députation, Huguenin, lit la pétition concertée à Charenton. Il déclare que la ville est debout, à la hauteur des circonstances, prête à se servir des grands moyens pour venger la majesté du peuple. Il déplore cependant la nécessité de tremper ses mains dans le sang des conspirateurs. « Mais l'heure est arrivée, dit-il avec une apparente résignation au combat, le sang coulera; les hommes du 14 juillet ne sont pas endormis, s'ils ont paru l'être; leur réveil est terrible : parlez, et nous agirons. Le peuple est là pour juger ses ennemis; qu'ils choisissent entre Coblentz et nous ! qu'ils purgent la terre de la liberté ! Les tyrans, vous les connaissez; le roi n'est pas d'accord avec vous, nous n'en voulons d'autre preuve que le renvoi des ministres patriotes et l'inaction de nos armées. La tête du peuple ne vaut-elle donc pas celle des rois? Le sang des patriotes doit-il donc impunément couler pour satisfaire l'orgueil et l'ambition du château perfide des Tuileries ? Si le roi n'agit pas, suspendez-le : un seul homme ne peut pas entraver la volonté de vingt-cinq millions d'hommes. Si par égard nous le maintenons à son poste, c'est à condition qu'il le remplisse constitutionnellement ! S'il s'en écarte, il n'est plus rien !... Et la haute cour d'Orléans, que fait-elle? poursuit Huguenin; où sont les têtes des coupables qu'elle devait frapper?... Nous forcera-t-on à reprendre nous-mêmes le glaive?... »

Ces paroles sinistres consternent les constitutionnels et font sourire les Girondins. Le président cependant répond avec une fermeté qui n'est pas soutenue par l'attitude de ses collègues. Ils décident que le peuple des faubourgs sera admis à défiler en armes dans la salle.

XV

Aussitôt après le vote de ce décret, les portes, assiégées par la multitude, s'ouvrent et livrent passage aux trente mille pétitionnaires. Pendant ce long défilé, la musique fait entendre les airs démagogiques de la *Carmagnole* et du *Ça ira*, ces pas de charge des émeutes. Des femmes armées de sabres les brandissent vers les tribunes, qui battent des mains; elles dansent devant une table de pierre où sont inscrits les droits de l'homme, comme les Israélites autour du tabernacle. Les mêmes drapeaux, les mêmes inscriptions triviales qui souillaient la rue profanent l'enceinte des lois. Les lambeaux de culottes pendant en trophées, la guillotine, la *potence* avec la figure de la reine suspendue, traversent impunément l'Assemblée ; des députés applaudissent, d'autres détournent la tête ou se voilent le front des deux mains ; quelques-uns, plus courageux, s'élancent vers l'homme qui porte le *cœur saignant* et forcent ce misérable, moitié par supplication, moitié par menace, de se retirer avec son emblème d'assassinat. Une partie du peuple regarde d'un œil respectueux l'enceinte qu'il profane, l'autre apostrophe en passant les représentants de la nation, et semble jouir de leur avilissement. Le cliquetis des armes bizarres de cette foule, le bruit des souliers ferrés et des sabots sur le pavé de la salle, les glapissements des femmes, les voix des enfants, les cris de : « Vive la nation ! » les chants patriotiques, les sons des instruments assourdissent l'oreille. L'aspect des haillons contraste avec les marbres, les statues, les décorations de l'enceinte. Les miasmes de cette lie en mouvement corrompent l'air et suffoquent la respiration. Il était trois heures quand les traînards de l'attroupement eurent défilé. Le président se hâta de suspendre la séance dans l'attente des prochains excès.

XVI

Mais des forces imposantes paraissent disposées dans les cours des Tuileries et dans le jardin pour défendre la demeure du roi contre l'invasion des faubourgs. Trois régiments de ligne, deux escadrons de gendarmerie, plusieurs bataillons de garde nationale et du canon composaient ces moyens de défense. Ces troupes indécises, travaillées par la sédition, n'étaient qu'une apparence de force. Les cris de : « Vive la nation ! » les gestes amis des insurgés, la vue des femmes tendant les bras aux soldats à travers les grilles, la présence des officiers municipaux qui montraient dans leur attitude une neutralité dédaigneuse pour le roi, tout ébranlait le sentiment de la résistance dans le cœur de ces troupes : elles voyaient des deux côtés l'uniforme de la garde nationale. Entre la population de Paris, dont elles partageaient les sentiments, et le château, qu'on leur disait plein de trahisons, elles ne savaient plus où était le devoir. En vain M. Rœderer, ferme organe de la constitution; en vain des officiers supérieurs de la garde nationale, tels que MM. Acloque et Romainvillers, leur présentaient le texte abstrait de la loi, qui leur ordonnait de repousser la force par la force. L'Assemblée leur donnait l'exemple de la complicité; le maire Pétion se dérobait à sa responsabilité; le roi immobile se réfugiait dans son inviolabilité; les troupes, abandonnées à elles-mêmes, ne pouvaient tarder à se rompre devant la menace ou devant la séduction.

Dans l'intérieur du palais, environ deux cents gentilshommes, ayant à leur tête le vieux maréchal de Mouchy, étaient accourus au premier bruit des dangers du roi. C'étaient des victimes volontaires du vieil honneur français plus que des défenseurs utiles de la monarchie. Craignant d'exciter les ombrages de la garde nationale et des troupes, ces gentilshommes se tenaient cachés dans les appartements, prêts à mourir plutôt qu'à combattre. Ils ne portaient point d'uniforme; ils cachaient leurs armes sous leurs habits : de là le nom de chevaliers du poignard, sous lequel on les signala à la haine du peuple. Venus secrètement de leurs provinces pour offrir leur dévouement désespéré à leur malheureux maître, inconnus les uns aux autres, munis seulement d'une carte d'entrée au palais, ils accouraient les jours du péril. Ils devaient être dix mille, ils n'étaient que deux cents : c'était la réserve de la fidélité. Ils faisaient leur devoir sans se compter; ils vengeaient la noblesse française des fautes et des abandons de l'émigration.

XVII

L'attroupement, en sortant de l'Assemblée, avait marché en colonne serrée vers le Carrousel. Santerre et Alexandre, à la tête de leurs bataillons, lui imprimaient le mouvement. Une masse compacte d'insurgés suivaient par la rue Saint-Honoré. Les autres tronçons du rassemblement, disjoints et coupés du corps principal, encombraient les cours du Manége et des Feuillants, et cherchaient à se faire jour en débouchant violemment par une des issues qui communiquent de ces cours avec le jardin. Un bataillon de garde nationale défendait l'accès de cette grille. La faiblesse ou la complaisance d'un officier municipal livre le passage; le bataillon se replie et prend position sous les fenêtres du château. La foule traverse obliquement le jardin; en passant devant les bataillons, elle les salue du cri de : « Vive la nation ! » et les invite à enlever les baïonnettes de leurs fusils : les baïonnettes tombent ; le rassemblement s'écoule par la porte du Pont-Royal, et se replie sur les guichets du Carrousel qui fermaient cette place du côté de la Seine. La garde de ces guichets cède de nouveau, laisse passer un certain nombre de séditieux, et se referme. Ces hommes, échauffés par la marche, par les chants, par les acclamations de l'Assemblée et par l'ivresse, se répandent en hurlant dans les cours du château. Ils courent aux portes principales, ils assiègent les postes qui les défendent, ils appellent à eux leurs camarades du dehors, ils ébranlent les gonds de la porte Royale. L'officier municipal Panis ordonne de l'ouvrir. Le Carrousel est forcé. Les masses semblent hésiter un moment devant les pièces de canon braquées contre elles et devant les escadrons de gendarmerie en bataille. Saint-Prix, commandant de canonniers, séparé de ses pièces par un mouvement de la foule, fait porter au commandant en second l'ordre de les replier sur la porte du château. Cet officier refuse d'obéir. « Le Carrousel est forcé, dit-il à haute voix, il faut que le château le soit aussi. A moi, canonniers ; voilà l'ennemi ! » Il montre du geste les fenêtres du roi, retourne ses pièces et les braque contre le palais. Les troupes, démoralisées par cette désertion de l'artillerie, restent en bataille, mais répandent devant le peuple les amorces de leurs fusils en signe de fraternité, et livrent tous les passages aux séditieux.

Le commandant de la garde nationale, témoin de ce mouvement, crie de la cour à ses grenadiers, qu'il voit aux fenêtres de la salle des Gardes, de prendre les armes pour défendre l'escalier. Les grenadiers, au lieu d'obéir, sortent du palais par la galerie du côté du jardin. Santerre, Théroigne et Saint-Huruge se précipitent sur la porte du palais. Les plus téméraires et les plus robustes des hommes de leur cortége s'engouffrent sous la voûte qui conduit du Carrousel au jardin; il écartent violemment les canonniers, s'emparent d'une des pièces, l'arrachent de son affût, et la portent à bras d'hommes jusque dans la salle des Gardes, au sommet du grand escalier. La foule, enhardie par ce prodige de force et d'audace, inonde la salle, et se répand comme un torrent dans tous les escaliers et dans tous les corridors du château. Toutes les portes s'ébranlent ou tombent sous les épaules ou sous les haches de cette multitude. Elle cherche à grands cris le roi, une porte seule l'en sépare; la porte ébranlée est prête à céder sous l'effort des leviers et sous les coups de pique des assaillants.

XVIII

Le roi, qui se fiait aux promesses de Pétion et aux forces nombreuses dont le palais était entouré, avait vu sans inquiétude la marche du rassemblement.

L'assaut soudainement donné à sa demeure l'avait surpris dans une complète sécurité. Retiré avec la reine, Madame Élisabeth et ses enfants dans ses appartements intérieurs du côté du jardin, il écoutait gronder de loin ces masses, sans penser qu'elles pourraient pénétrer jusqu'à lui. Les voix de ses serviteurs effrayés, fuyant de toutes parts; le fracas des portes qui se brisent et qui tombent sur les parquets, les hurlements du peuple qui s'approche, jettent tout à coup l'effroi dans ce groupe de famille. Le roi, confiant d'un geste la reine, sa sœur, ses enfants, aux officiers et aux femmes de leur maison qui les entourent, s'élance seul au bruit dans la salle du Conseil. Il y trouve le fidèle maréchal de Mouchy, qui ne se lasse pas d'offrir les derniers jours de sa longue vie à son maître; M. d'Hervilly, commandant de la garde constitutionnelle à cheval licenciée peu de jours auparavant; le généreux Acloque, commandant du bataillon du faubourg Saint-Marceau, d'abord révolutionnaire modéré, puis vaincu par les vertus privées de Louis XVI, aujourd'hui son ami et brûlant de mourir pour lui; trois braves grenadiers du bataillon du faubourg Saint-Martin, Lecrosnier, Bridaut, Gossé, restés seuls à leur poste de l'intérieur dans la défection commune, et cherchant le roi pour le couvrir de leurs baïonnettes, hommes du peuple, étrangers à la cour, ralliés par le seul sentiment du devoir et de l'affection, ne défendant que l'homme dans le roi.

Au moment où le roi entrait dans cette salle, les portes de la pièce attenante, appelée salle des Nobles, étaient ébranlées sous les coups des assaillants. Le roi s'y précipite au-devant du danger. Les panneaux de la porte tombent à ses pieds; des fers de lance, des bâtons ferrés, des piques, passent à travers les ouvertures. Des cris de fureur, des jurements, des imprécations accompagnent les coups de hache. Le roi, d'une voix ferme, ordonne à deux valets de chambre dévoués qui l'accompagnent, MM. Hue et de Marchais, d'ouvrir les portes. « Que puis-je craindre au milieu de mon peuple? » dit ce prince en s'avançant hardiment vers les assaillants.

Ces paroles, ce mouvement en avant, la sérénité de ce front, ce respect de tant de siècles pour la personne sacrée du roi, suspendent l'impétuosité des premiers agresseurs. Ils semblent hésiter à franchir le seuil qu'ils viennent de forcer. Pendant ce mouvement d'hésitation, le maréchal de Mouchy, Acloque, les trois grenadiers, les deux serviteurs, font reculer le roi de quelques pas et se rangent entre lui et le peuple. Les grenadiers présentent la baïonnette, ils tiennent la foule en respect un instant. Mais le flot de la multitude qui grossit pousse en avant les premiers rangs. Le premier qui s'élance est un homme en haillons, les bras nus, les yeux égarés, l'écume à la bouche. « Où est le Véto? » dit-il en brandissant vers la poitrine du roi un long bâton armé d'un dard de fer. Un des grenadiers abat du poids de sa baïonnette le bâton et écarte le bras de ce furieux. Le brigand tombe aux pieds du citoyen; cet acte d'énergie impose à ses camarades. Ils foulent aux pieds l'homme abattu. Les piques, les haches, les couteaux s'abaissent ou s'écartent. La majesté royale reprend un moment son empire. Cette foule se contient d'elle-même à une certaine distance du roi, dans une attitude de curiosité brutale plutôt que de fureur.

XIX

Cependant quelques officiers des gardes nationaux, que le bruit des dangers du roi avait fait accourir, se groupent avec les braves grenadiers et parviennent à faire un peu d'espace autour de Louis XVI. Le roi, qui n'a qu'une pensée, celle d'éloigner le peuple de l'appartement où il a laissé la reine, fait fermer derrière lui la porte de la salle du Conseil. Il entraîne à sa suite la multitude dans le vaste salon de l'Œil-de-Bœuf, sous prétexte que cette pièce, par son étendue, permettra à une plus grande masse de citoyens de le voir et de lui parler. Il y parvient ; entouré d'une foule immense et tumultueuse, il se félicite de se trouver seul exposé aux coups des armes de toute espèce que des milliers de bras agitent sur sa tête. Mais en se retournant il aperçoit sa sœur, Madame Élisabeth, qui lui tend les bras et qui veut s'élancer vers lui.

Elle avait échappé aux efforts des femmes qui retenaient la reine et les enfants dans la chambre à coucher du roi. Elle adorait son frère. Elle voulait mourir sur son cœur. Jeune, d'une beauté angélique, sanctifiée à la cour par la piété de sa vie et par son dévouement passionné au roi, elle avait renoncé à tout amour pour l'unique amour de sa famille. Ses cheveux épars, ses yeux mouillés, ses bras tendus vers le roi, lui donnaient une expression désespérée et sublime. « C'est la reine ! » s'écrient quelques femmes des faubourgs. Ce nom dans un pareil moment était un arrêt de mort. Des forcenés s'élancent vers la sœur du roi les bras levés, ils vont la frapper ; des officiers du palais les détrompent. Le nom vénéré de Madame Élisabeth fait retomber leurs armes. « Ah ! que faites-vous ? s'écrie douloureusement la princesse ; laissez-leur croire que je suis la reine ! En mourant à sa place, je l'aurais peut-être sauvée ! » A ces mots un mouvement irrésistible de la foule écarte violemment Madame Élisabeth de son frère et la jette dans l'embrasure d'une des fenêtres de la salle, où la foule qui l'enferme la contemple du moins avec respect.

XX

Le roi était parvenu jusqu'à l'embrasure profonde de la fenêtre du milieu. Acloque, Vannot, d'Hervilly, une vingtaine de volontaires et de gardes nationaux lui faisaient un rempart de leurs corps. Quelques officiers mettent l'épée à la main. « Remettez les épées dans le fourreau, leur dit le roi avec tranquillité; cette multitude est plus égarée que coupable. » Il monte sur une banquette adossée à la fenêtre, les grenadiers y montent à ses côtés, d'autres devant lui; ils abaissent, ils écartent, ils parent les bâtons, les faux, les piques qui flottent sur les têtes de la foule. Des vociférations atroces s'élevaient confusément de cette masse irritée : *A bas le veto! Le camp sous Paris! Rendez-nous les ministres patriotes? Où est l'Autrichienne?* Des forcenés se dégageaient à chaque instant des rangs et venaient vomir de plus près des injures et des menaces de mort contre le roi. Ne pouvant l'approcher à travers la haie de baïonnettes croisées devant lui, ils agitaient sous ses yeux et sur sa tête leurs hideux drapeaux et leurs inscriptions sinistres. L'un d'eux se lançait sans cesse, une pique à la main, pour pénétrer jusqu'au roi. C'était le même assassin qui deux ans plus tôt avait lavé de ses mains, dans un seau d'eau, les têtes coupées de Berthier et de Foulon, et qui, les portant par les cheveux sur le quai de la Ferraille, les avait jetées au peuple pour en faire des enseignes de carnage et des incitations à de nouveaux meurtres.

Un jeune homme blond, en costume élégant, au geste terrible, ne cessait d'assaillir les grenadiers et se déchirait les doigts sur leurs baïonnettes pour les écarter et se faire jour. « Sire, Sire ! s'écriait-il, je vous somme, au nom de cent mille âmes qui m'entourent, de sanctionner le décret contre les prêtres ! cela ou la mort ! »

D'autres hommes du peuple, quoique armés de sabres nus, d'épées, de pistolets, de piques, ne faisaient aucun geste menaçant et réprimaient les attentats à la vie du roi. On distinguait même quelques signes de respect et de douleur sur la physionomie du plus grand nombre. Dans cette revue de la Révolution, le peuple se montrait terrible, mais il ne se confondait pas avec les assassins. Un certain ordre commençait à s'établir dans les escaliers et dans les salles ; la foule, pressée par la foule, après avoir contemplé le roi et jeté ses menaces dans son oreille, s'engouffrait dans les autres appartements et parcourait en triomphe ce « *palais du despotisme.* »

Le boucher Legendre chassait devant lui, pour se faire place, ces hordes de femmes et d'enfants accoutumés à trembler à sa voix. Il fait signe qu'il veut parler. Le silence s'établit. Les gardes nationaux s'entr'ouvrent pour le laisser interpeller le roi. « Monsieur..., » lui dit-il d'une voix tonnante ; le roi, à ce mot, qui est une déchéance, fait un mouvement de dignité offensée. « Oui, monsieur, reprend Legendre en appuyant plus fortement sur le mot, écoutez-nous ; vous êtes fait pour nous écouter ! Vous êtes un perfide ! vous nous avez toujours trompés ! vous nous trompez encore! mais prenez garde à vous, la mesure est comble, le peuple est las d'être votre jouet et votre victime. » Legendre, après ces paroles menaçantes, lut une pétition en termes aussi impérieux, dans laquelle il demandait au nom du peuple le rappel des ministres girondins et la sanction immédiate des décrets. Le roi répondit avec une dignité intrépide : « Je ferai ce que la constitution m'ordonne de faire. »

XXI

A peine un flot de peuple était-il écoulé, qu'un autre lui succédait. A chaque invasion nouvelle du rassemblement, les forces du roi et du petit nombre de ses défenseurs s'épuisaient dans cette lutte renaissante avec une foule qui ne se lassait pas. Les portes ne suffisaient déjà plus à l'impatiente curiosité de ces milliers d'hommes accourus à ce pilori de la royauté. Ils entraient par les toits, par les fenêtres, par les galeries élevées qui ouvrent sur les terrasses. Leurs escalades amusaient les spectateurs innombrables pressés dans le jardin. Les battements de mains, les bravos, les éclats de rire de cette foule extérieure encourageaient les assaillants. De sinistres dialogues s'établissaient à haute voix entre les séditieux d'en haut et les impatients d'en bas. « L'a-t-on frappé? est-il mort? jetez-nous les têtes! » criaient des voix. Des membres de l'Assemblée, des journalistes girondins, des hommes politiques, Garat, Gorsas, Marat, mêlés à cette foule, échangeaient des plaisanteries sur ce martyre de honte imposé au roi. Un moment le bruit courut qu'il était assassiné.

Il n'y eut pas un cri d'horreur dans cette multitude. Elle leva les yeux vers le balcon pour voir si on lui montrait le cadavre. Cependant, au milieu de sa rage, la multitude semblait avoir besoin de réconciliation. Un homme du peuple tendit un bonnet rouge au bout d'une pique à Louis XVI. « Qu'il s'en coiffe! qu'il s'en coiffe! cria la foule, c'est le signe de patriotisme; s'il s'en pare, nous croirons à sa bonne foi! » Le roi fit signe à un des grenadiers de lui donner le bonnet rouge; il le plaça en souriant sur sa tête. On cria : « Vive le roi! » Le peuple avait couronné son chef du signe de la liberté, le bonnet de la démagogie remplaçait le diadème de Reims. Le peuple était vainqueur, il se sentit apaisé!

Mais de nouveaux orateurs, montés sur les épaules de leurs camarades, ne cessaient de demander au roi, tantôt avec supplications, tantôt avec menaces, de promettre le rappel de Roland et la sanction des décrets. Louis XVI, invincible dans sa résistance constitutionnelle, éluda ou refusa toujours d'acquiescer aux injonctions des séditieux. « Gardien de la prérogative du pouvoir exécutif, je ne la livrerai pas à la violence, répondit-il; ce n'est pas le moment de délibérer quand on ne délibère pas librement. — N'ayez pas peur, Sire, lui dit un grenadier de la garde nationale. — Mon ami, lui répondit le roi en lui prenant le bras et en l'approchant de sa poitrine, mets ta main là, et vois si mon cœur bat plus vite qu'à l'ordinaire. » Ce geste, ces paroles de confiance intrépide, vu et entendues de la foule, retournèrent le cœur des séditieux.

Un homme en haillons, tenant une bouteille à la main,

s'approcha du roi et lui dit : « Si vous aimez le peuple, buvez à sa santé ! » Les personnes qui entouraient le prince, craignant le poison autant que le poignard, conjurèrent le roi de ne pas boire. Louis XVI tendit le bras, prit la bouteille, l'éleva à ses lèvres et but à la nation ! Cette familiarité avec la foule, représentée par un mendiant, acheva de populariser le roi. De nouveaux cris de : « Vive le roi ! » partirent de toutes les bouches et se propagèrent jusque sur les escaliers; ces cris allèrent consterner, sur la terrasse du jardin, les groupes qui attendaient une victime et qui apprenaient un attendrissement des bourreaux.

XXII

Pendant que l'infortuné prince se débattait ainsi seul contre un peuple entier, la reine subissait dans une salle voisine les mêmes outrages et les mêmes caprices. Plus redoutée que le roi, elle courait plus de dangers. Les nations agitées ont besoin de personnifier leur haine comme leur amour. Marie-Antoinette représentait à la fois aux yeux du peuple trompé toutes les corruptions des cours, tout l'orgueil du despotisme, toutes les scélératesses de la trahison. Sa beauté, sa jeunesse, la sensibilité de son cœur changée en débordements par la calomnie, le sang de la maison d'Autriche, sa fierté, qu'elle tenait de la nature plus encore que de ce sang; ses rapports avec le comte d'Artois, ses complots avec les émigrés, sa complicité présumée avec la coalition, les libelles scandaleux, infâmes, semés contre elle depuis quatre ans, faisaient de cette malheureuse princesse la victime émissaire de l'opinion égarée. Les femmes la méprisaient comme épouse coupable, les patriotes l'abhorraient comme conspiratrice, les hommes politiques la craignaient comme conseillère du roi. Le nom de *l'Autrichienne,* que le peuple lui donnait, résumait contre elle tous ces griefs. Elle était l'impopularité de ce trône dont elle devait être la grâce et le pardon.

Marie-Antoinette connaissait cette animosité du peuple contre sa personne. Elle savait que sa présence à côté du roi serait une provocation à l'assassinat. C'est ce motif qui l'avait retenue, seule avec ses enfants, dans la chambre du Lit. Le roi espérait qu'elle y était oubliée; mais c'était la reine surtout que les femmes de l'attroupement cherchaient et qu'elles appelaient à grands cris des noms les plus outrageants pour une femme, pour une épouse et pour une reine.

A peine le roi était-il enfermé par les masses du peuple dans l'Œil-de-Bœuf, que déjà les portes de la chambre à coucher étaient assiégées des mêmes hurlements et des mêmes coups. Mais cette partie de l'attroupement était surtout composée de femmes. Leurs bras, plus faibles, se déchiraient contre les panneaux de chêne et contre les gonds. Elles appelèrent à leur aide les hommes qui avaient porté la pièce de canon à bras jusque dans la salle des Gardes. Ces hommes accoururent. La reine, debout, pressant ses deux enfants contre son corps, écoutait dans une mortelle anxiété ces vociférations à sa porte. Elle n'avait auprès d'elle que M. de Lajard, ministre de la guerre, seul, impuissant, mais dévoué; quelques dames de sa maison et la princesse de Lamballe, cette amie de ses beaux et de ses mauvais jours, l'environnaient. Belle-fille du duc de Penthièvre et belle-sœur du duc d'Orléans, la princesse de Lamballe avait hérité dans le cœur de la reine de la tendresse exaltée que Marie-Antoinette avait portée longtemps à la comtesse de Polignac. L'amitié de Marie-Antoinette était de l'adoration. Refoulée par la tiédeur du roi, qui n'avait que les vertus, mais aucune des grâces d'un époux; haïe du peuple, lassée du trône, elle épanchait dans ses prédilections intimes le trop-plein d'un cœur tout à la fois altéré et vide de sentiment. On accusait ce favoritisme. On calomniait tout de la reine, jusqu'à ses amitiés.

La princesse de Lamballe, restée veuve à dix-huit ans, pure de toute ombre sur ses mœurs, au-dessus de toute ambition et de tout intérêt par son rang et par sa fortune, n'aimait dans la reine qu'une amie. Plus l'adversité s'acharnait sur Marie-Antoinette, plus la jeune favorite jouissait d'en prendre sa part. Ce n'étaient pas les grandeurs, c'était le malheur qui l'attirait. Surintendante de sa maison, elle logeait, aux Tuileries, dans un appartement voisin de celui de la reine, pour partager toutes ses larmes et tous ses dangers. Elle était obligée de s'absenter quelquefois pour aller au château de Vernon soigner le vieux duc de Penthièvre. La reine, qui pressentait les orages, lui avait écrit, quelques jours avant le 20 juin, une lettre touchante pour la supplier de ne pas revenir. Cette lettre, retrouvée dans les cheveux de la princesse de Lamballe après son assassinat, et *inconnue jusqu'ici*, révèle la tendresse de l'une et le dévouement de l'autre.

« Ne revenez pas de Vernon, ma chère Lamballe, avant votre entier rétablissement. Le bon duc de Penthièvre en serait bien triste et bien affligé, et nous nous devons tous de ménager son grand âge et ses vertus. Je vous ai dit si souvent de vous ménager vous-même, que, si vous m'aimez, vous penserez à vous. On a besoin de toutes ses forces dans les temps où nous sommes. Ah! ne revenez pas... revenez le plus tard possible. Votre cœur serait trop navré, vous auriez trop à pleurer sur tous mes malheurs, vous qui m'aimez si tendrement. Cette race de tigres qui inonde le royaume jouirait bien cruellement si elle savait tout ce que nous souffrons. Adieu, ma chère Lamballe, je suis tout occupée de vous, et vous savez si je peux changer jamais. »

Madame de Lamballe, au contraire, s'était hâtée de revenir. Elle se pressait contre la reine comme pour être frappée du même coup. A côté d'elle se trouvaient à leur poste d'autres femmes courageuses, la princesse de Tarente, mesdames de Tourzel, de Makau, de La Roche-Aymon[1].

M. de Lajard, militaire de sang-froid, responsable au roi et à lui-même de tant de vies chères ou sacrées, re-

[1] La marquise de La Roche-Aymon, née de Beauvilliers, dame du palais de la reine Marie-Antoinette, ne considérait la vie de cour que comme une véritable charge pendant les heureux jours ; mais, à l'approche des mauvais, elle n'en remplit qu'avec plus de zèle et de dévouement les devoirs qui la rapprochaient de l'auguste princesse. Aussi, depuis les horribles scènes des 5 et 6 octobre, fut-elle constamment à côté de la reine.

A la journée du 20 juin 1792, la reine, avec un touchant empressement, saisit l'occasion de lui prouver à quel point elle avait remarqué son changement de conduite. En entrant dans le salon où la famille royale était réunie peu d'instants avant que l'émeute eût forcé les portes des Tuileries, le roi, n'ayant pas aperçu madame de La Roche-Aymon, témoigna à haute voix son étonnement de son absence. Aussitôt la reine, avec un véritable élan, répondit au roi : « Ah! Sire, *n'avez-vous donc pas remarqué que*

cueillit à la hâte, par les couloirs secrets qui communiquaient de la chambre à coucher dans l'intérieur du palais, quelques officiers et quelques gardes nationaux égarés dans le tumulte. Il fit approcher de la reine ses enfants, pour que leur présence et leur grâce, en attendrissant la foule, servissent de bouclier à leur mère. Il ouvrit lui-même les portes. Il plaça la reine et ses femmes dans l'embrasure d'une fenêtre. On roula en avant de ce groupe la table massive du conseil, pour interposer une barrière entre les armes de la populace et la vie de la famille royale. Quelques gardes nationaux se massèrent aux deux

depuis nos malheurs madame de La Roche-Aymon a été constamment auprès de nous ? »

La journée du 10 août fournit à la reine une nouvelle occasion de prouver à madame de La Roche-Aymon que, malgré ses angoisses personnelles, son cœur reconnaissant partageait celles que la marquise devait ressentir pour ses enfants, qu'elle n'avait pas vus depuis vingt-quatre heures, et qui étaient restés dans son hôtel, situé sur la place du Carrousel (hôtel dont la machine infernale a détruit une partie). Voulant rapprocher ces enfants de leur mère, la reine envoya, dès que la nuit fut venue, deux officiers des gardes suisses avec des hommes dévoués, qui pénétrèrent dans l'hôtel de La Roche-Aymon par une petite porte du jardin située à côté du corps de garde de gendarmerie, et ramenèrent les deux enfants près de la reine qui, comme d'habitude, les réunit à monseigneur le Dauphin et à Madame Royale.

Ce fut par une protection toute providentielle que la marquise et ses enfants sortirent sains et saufs du château des Tuileries à la fin de cette journée néfaste.

Plus tard, enfermés à l'Abbaye, ils n'échappèrent au massacre que grâce au dévouement du concierge de cette prison, lequel se trouvait être un ancien serviteur de M. le marquis de La Roche-Aymon.

La seconde captivité de madame de La Roche-Aymon n'a fini qu'après la mort de Robespierre.

côtés et un peu en avant de la table. La reine, debout, tenait par la main sa fille, âgée de quatorze ans.

Enfant d'une beauté noble et d'une maturité précoce, les angoisses de famille au milieu desquelles elle grandissait avaient reflété sur ses traits leur gravité et leur tristesse. Ses yeux bleus, son front élevé, son nez aquilin, ses cheveux blonds flottant en longues ondes sur ses épaules, rappelaient, au déclin de la monarchie, ces jeunes filles des Gaules qui décoraient le trône des premières races. La jeune fille se pressait contre le sein de sa mère comme pour la couvrir de son innocence. Élevée dans les premiers tumultes de la Révolution, traînée à Paris comme une captive au milieu du sang du 6 octobre, elle ne connaissait du peuple que ses émotions et ses colères. Le Dauphin, enfant de sept ans, était assis sur la table devant la reine. Sa figure naïve, où rayonnait toute la beauté des Bourbons, exprimait plus d'étonnement que de frayeur. Il se tournait sans cesse vers sa mère. Il levait les yeux vers les siens comme pour y lire, à travers les larmes, la confiance ou la peur qu'il fallait avoir. C'est dans cette attitude que l'attroupement, en s'écoulant de l'Œil-de-Bœuf, trouva la reine et défila triomphalement devant elle. L'apaisement produit par la fermeté et par la confiance du roi se faisait déjà sentir dans les gestes et dans la contenance des séditieux.

Les hommes les plus féroces s'amollissent devant la faiblesse, la beauté, l'enfance. Une femme belle, reine humiliée, une jeune fille innocente, un enfant souriant aux ennemis de son père, ne pouvaient manquer de réveiller la sensibilité jusque dans la haine. Les hommes des faubourgs défilaient muets et comme honteux de leur violence devant ce groupe de grandeur abaissée. Quelques-uns seulement, les plus lâches, étalaient en passant sous les yeux de la famille royale les enseignes dérisoires ou atroces qui déshonoraient le peuple. Leurs complices indignés abaissaient de la main ces signes, et faisaient écouler vite ceux qui les portaient. Quelques-uns même adressaient des regards d'intelligence et de compassion, d'autres des sourires, d'autres des paroles de familiarité au Dauphin. Des dialogues moitié terribles, moitié respectueux, s'établissaient entre l'attroupement et l'enfant. « Si tu aimes la nation, dit un volontaire à la reine, place le bonnet rouge sur la tête de ton fils. » La reine prit le bonnet rouge des mains de cet homme, et le posa elle-même sur les cheveux du Dauphin. L'enfant étonné prit pour un jeu ces outrages. Les hommes applaudirent; mais les femmes, plus implacables envers une femme, ne cessèrent d'invectiver. Les mots obscènes empruntés aux égouts des halles frappaient pour la première fois les voûtes du palais et l'oreille de ces enfants. Leur ignorance les sauvait de l'horreur de les comprendre. La reine en rougissait jusqu'aux yeux, mais sa pudeur offensée ne rabaissait rien de sa mâle fierté. On voyait qu'elle rougissait pour ce peuple, pour ces enfants, et non pour elle. Une jeune fille, d'une figure gracieuse et d'un costume décent, s'élançait avec plus d'acharnement, et se répandait en plus amères invectives contre *l'Autrichienne*. La reine, frappée du contraste entre la fureur de cette jeune fille et la douceur de ses traits, lui dit avec bonté : « Pourquoi me haïssez-vous? vous ai-je jamais fait, à mon insu, quelque injure ou quelque mal? — A moi, non, répondit la belle patriote; mais c'est vous qui faites le malheur de la nation. — Pauvre enfant, répliqua la reine, on vous l'a dit, on vous a trompée : quel intérêt avais-je à faire le malheur du peuple?

Femme du roi, mère du Dauphin, je suis Française par tous les sentiments de mon cœur d'épouse et de mère. Jamais je ne reverrai mon pays ! Je ne puis être heureuse ou malheureuse qu'en France. J'étais heureuse quand vous m'aimiez. »

Ce tendre reproche troubla le cœur de la jeune fille. Sa colère se fondit tout à coup en larmes. Elle demanda pardon à la reine. « C'est que je ne vous connaissais pas, lui dit-elle ; mais je vois que vous êtes bien bonne. » A ce moment, Santerre perça la foule. Mobile et sensible, quoique brutal, Santerre avait la rudesse, la fougue et l'attendrissement faciles. Les faubourgs s'ouvrirent devant lui et tremblèrent à sa voix. Il fit le geste impérieux d'évacuer la salle, et poussa lui-même ce troupeau d'hommes et de femmes par les épaules vers la porte en face de l'OEil-de-Bœuf. Le courant s'établit vers les issues opposées du palais. La chaleur était suffocante. Le front du Dauphin ruisselait de sueur sous le bonnet rouge. « Enlevez ce bonnet à cet enfant, s'écria Santerre ; vous voyez bien qu'il étouffe ! » La reine lança à Santerre un regard de mère. Santerre s'approcha d'elle ; il appuya sa main sur la table, et, se penchant vers Marie-Antoinette : « Vous avez des amis bien maladroits, madame, lui dit-il à demi-voix ; j'en connais qui vous serviraient mieux ! » La reine baissa les yeux et se tut. C'est de ce propos que datent les intelligences secrètes qu'elle établit avec les agitateurs des faubourgs. Ces grands factieux, après avoir secoué la monarchie, recevaient avec complaisance les supplications de la reine. Leur orgueil jouissait de relever la femme qu'ils avaient abaissée. Mirabeau, Barnave, Danton, avaient vendu ou offert de vendre tour à tour la puissance de leur popularité. Santerre n'offrit que sa compassion.

XXIII.

L'Assemblée avait rouvert sa séance à l'annonce de l'invasion du château. Une députation de vingt-quatre membres avait été envoyée pour servir de sauvegarde au roi. Arrivés trop tard, ces députés erraient dans les cours, les vestibules, les escaliers encombrés du palais. Quoiqu'ils répugnassent à l'idée du dernier des crimes commis sur la personne du roi, ils ne s'affligeaient pas dans le secret de leur cœur d'une grande menace savourée longtemps par la cour. Leurs pas se perdaient dans la foule, leurs paroles dans le bruit. Vergniaud lui-même, placé sur une marche élevée du grand escalier, faisait de vains appels à l'ordre, à la légalité, à la constitution. L'éloquence, si forte pour remuer les masses, est impuissante pour les arrêter. De temps en temps des députés royalistes indignés rentraient dans la salle des séances, montaient dans le désordre de leurs habits à la tribune, et reprochaient son indifférence à l'Assemblée. Parmi ceux-là se faisaient remarquer Vaublanc, Ramond, Becquet, Girardin. Mathieu Dumas, ami de La Fayette, s'écria en montrant du geste les fenêtres du château : « J'en arrive; le roi est en danger! Je viens de le voir, j'en atteste le témoignage de mes collègues, MM. Isnard, Vergniaud, faisant d'inutiles efforts pour contenir le peuple. Oui, j'ai vu le représentant héréditaire de la nation insulté, menacé, avili! Vous êtes responsables devant la postérité! »

On lui répondit par des éclats de rire ironiques et par des huées. « Ne dirait-on pas que le bonnet des patriotes est un signe avilissant pour le front d'un roi! dit le Girondin Lasource; ne croirait-on pas que nous avons des inquiétudes sur les jours du roi! N'insultons pas le peuple en lui prêtant des sentiments qu'il n'a pas. Le peuple ne menace ni la personne de Louis XVI ni celle du prince royal. Il ne commet aucun excès, aucune violence. Adoptez des mesures de douceur et de conciliation. » C'était l'assoupissement perfide de Pétion. L'Assemblée se rendormit à ces paroles.

XXIV

Cependant Pétion lui-même ne pouvait feindre plus longtemps d'ignorer la marche d'un rassemblement de quarante mille âmes traversant Paris depuis le matin, l'entrée de ce rassemblement armé dans l'Assemblée et l'invasion des Tuileries. Son absence prolongée rappelait le sommeil de La Fayette au 6 octobre, mais l'un complice, l'autre innocent. La nuit approchait, elle pouvait cacher dans ses ombres des désordres et des attentats qui dépasseraient les vues des Girondins. Pétion parut dans les cours : des cris de : « Vive Pétion ! » l'accueillirent. On le porta de bras en bras jusqu'aux dernières marches de l'escalier. Il pénétra dans la salle où depuis trois heures Louis XVI subissait ces outrages. « Je viens d'apprendre seulement à présent la situation de Votre Majesté, dit Pétion au roi. — Cela est étonnant, répondit le roi avec une indignation concentrée, car il y a longtemps que cela dure. »

Pétion monta sur une chaise, harangua à plusieurs reprises la foule immobile sans pouvoir obtenir qu'elle s'ébranlât. A la fin, se faisant élever plus haut sur les épaules de quatre grenadiers : « Citoyens et citoyennes, dit-il, vous avez exercé avec dignité et modération votre droit de pétition ; vous finirez cette journée comme vous l'avez commencée. Jusqu'ici votre conduite a été conforme à la loi ; c'est au nom de la loi que je vous somme maintenant de suivre mon exemple et de vous retirer. »

La foule obéit à Pétion et s'écoula lentement en traversant la longue avenue des appartements du château. A peine le flot commença-t-il à baisser que le roi, dégagé par les grenadiers de l'embrasure où il était emprisonné, rejoignit sa sœur, qui tomba dans ses bras; il sortit avec elle par une porte dérobée, et courut rejoindre la reine dans son appartement. Marie-Antoinette, soutenue jusque-là par sa fierté contre les larmes, succomba à l'excès de son émotion et de sa tendresse en revoyant le roi. Elle se précipita à ses pieds, et, enlaçant ses genoux dans ses embrassements, elle se répandit non en sanglots, mais en cris. Madame Élisabeth, les enfants, serrés dans les bras les uns des autres et tous dans les bras du roi qui pleurait sur eux, jouissaient de se retrouver comme après un naufrage, et leur joie muette s'élevait au ciel avec l'étonnement et la reconnaissance de leur salut. Les gardes nationaux fidèles, les généraux amis du roi, le maréchal de Mouchy, MM. des Aubiers, Acloque, félicitèrent le roi du courage et de la présence d'esprit qu'il avait montrés. On se raconta mutuellement les périls auxquels on venait d'échapper, les propos atroces, les gestes, les regards, les armes, les costumes, les repentirs soudains de cette multitude. Le roi, en ce moment, s'étant par hasard approché d'une glace, aperçut sur sa tête le bonnet rouge qu'on avait oublier de lui ôter. Il rougit, le lança avec dégoût à ses pieds, et, se jetant dans un fauteuil, il porta un mouchoir à ses yeux. « Ah! madame, s'écria-t-il en regardant la reine, pourquoi faut-il que je vous aie arrachée à votre patrie pour vous associer à l'ignominie d'un pareil jour! »

XXV

Il était huit heures du soir. Le supplice de la famille royale avait duré cinq heures. La garde nationale des quartiers voisins, rassemblée d'elle-même, arrivait homme par homme pour prêter secours à la constitution. On entendait encore de l'appartement du roi les pas tumultueux et les cris sinistres des colonnes du peuple qui s'écoulaient lentement par les cours et par le jardin. Les députés constitutionnels accoururent indignés et se répandant en imprécations contre Pétion et les Girondins. Une députation de l'Assemblée parcourut le château pour constater les traces de violence et de désordre laissées par l'expédition des faubourgs. La reine lui montra du geste les serrures forcées, les gonds arrachés, les tronçons d'armes, les fers des piques, les panneaux de boiseries et jusqu'à la pièce de canon chargée à mitraille qui jonchaient le seuil des appartements. Le désordre des vêtements du roi, de sa sœur, des enfants; ces bonnets rouges, ces cocardes attachées de force sur leur tête; les cheveux épars de la reine, la pâleur de ses traits, l'agitation de ses lèvres, les ruisseaux de ses larmes sur ses joues, étaient des traces plus criantes que ces débris laissés par le peuple sur le champ de bataille de la sédition. Ce spectacle mouillait tous les yeux et arrachait de l'indignation aux cœurs même des députés les plus hostiles à la cour. La reine s'en aperçut. « Vous pleurez, monsieur! dit-elle à Merlin. — Oui, madame, répondit le député stoïque, je pleure sur les malheurs de la femme, de l'épouse, de la mère; mais mon attendrissement ne va pas plus loin, je hais les rois et les reines! » Ce mot, qui pouvait être sublime à sa place, était révoltant dans un pareil moment, devant un roi avili, des enfants innocents, une femme outragée. Il dut frapper au cœur de la reine plus cruellement que les coups de hache du peuple aux portes de son palais. Il lui annonçait par la voix d'un seul homme l'inflexibilité de la Révolution. Fallait-il associer la haine à la pitié dans la même expression devant de pareilles infortunes? Les opinions les plus rigides n'ont-elles pas aussi leur décence et leur pudeur qui leur défendent de se dévoiler quand elles ne peuvent que blesser des cœurs saignants? Et n'y a-t-il pas dans la nature de l'homme quelque chose de plus saint et de plus permanent que ces haines d'opinion, nous voulons dire l'attendrissement sur les vicissitudes du sort, le respect de la fortune tombée et la compassion pour la douleur?

Telle fut la journée du 20 juin. Le peuple y montra de la discipline dans le désordre et de la retenue dans la violence; le roi, une héroïque intrépidité dans la résignation;

quelques-uns des Girondins, une perversité froide, qui donne à l'ambition le masque du patriotisme, et qui, pour ramasser le pouvoir, l'avilit sous les insultes du peuple et ne le retrouve après qu'en débris.

XXVI

Tout se préparait dans les départements pour envoyer à Paris les vingt mille hommes décrétés par l'Assemblée. Les Marseillais, appelés par Barbaroux sur les instances de madame Roland, s'approchaient de la capitale. C'était le feu des âmes du Midi venant raviver à Paris le foyer révolutionnaire, trop languissant au gré des Girondins. Ce corps de douze ou quinze cents hommes était composé de Génois, de Liguriens, de Corses, de Piémontais expatriés, et recrutés pour un coup de main décisif sur toutes les rives de la Méditerranée; la plupart matelots ou soldats aguerris au feu, quelques-uns scélérats aguerris au crime. Ils étaient commandés par des jeunes gens de Marseille, amis de Barbaroux et d'Isnard. Fanatisés par le soleil et par l'éloquence des clubs provençaux, ils s'avançaient aux applaudissements des populations du centre de la France, reçus, fêtés, enivrés d'enthousiasme et de vin dans des banquets patriotiques qui se succédaient sur leur passage. Le prétexte de leur marche était de fraterniser, à la prochaine fédération du 14 juillet, avec les autres fédérés du royaume. Le motif secret était d'intimider la garde nationale de Paris, de retremper l'énergie des faubourgs, et d'être l'avant-garde de ce camp de vingt mille hommes que les Girondins avaient fait voter à l'Assemblée pour dominer à la fois les Feuillants, les Jacobins, le roi et l'Assemblée elle-même, avec une armée des départements toute composée de leurs créatures.

La mer du peuple bouillonnait à leur approche. Les gardes nationales, les fédérés, les sociétés populaires, les enfants, les femmes, toute cette partie des populations qui vit des émotions de la rue et qui court à tous les spectacles publics, volaient à la rencontre des Marseillais. Leurs figures hâlées, leurs physionomies martiales, leurs yeux de feu, leurs uniformes couverts de la poussière des routes, leur coiffure phrygienne, leurs armes bizarres, les canons qu'ils traînaient à leur suite, les branches de verdure dont ils ombrageaient leurs bonnets rouges, leurs langages étrangers mêlés de jurements et accentués de gestes féroces, tout cela frappait vivement l'imagination de la multitude. L'idée révolutionnaire semblait s'être faite homme et marcher, sous la figure de cette horde, à l'assaut des derniers débris de la royauté. Ils entraient dans les villes et dans les villages sous des arcs de triomphe. Ils chantaient en marchant des strophes terribles. Ces couplets, alternés par le bruit régulier de leurs pas sur les routes et par le son des tambours, ressemblaient aux chœurs de la patrie et de la guerre, répondant, à intervalles égaux, au cliquetis des armes et aux instruments de mort dans une marche aux combats. Voici ce chant, gravé dans l'âme de la France.

XXVII

I

Allons, enfants de la patrie,
Le jour de gloire est arrivé;
Contre nous de la tyrannie
L'étendard sanglant est levé.
Entendez-vous dans les campagnes
Mugir ces féroces soldats?
Ils viennent jusque dans vos bras
Égorger vos fils, vos compagnes!...
Aux armes, citoyens! formez vos bataillons!
Marchons! qu'un sang impur abreuve nos sillons!

II

Que veut cette horde d'esclaves,
De traîtres, de rois conjurés?
Pour qui ces ignobles entraves,
Ces fers dès longtemps préparés?
Français, pour nous, ah! quel outrage!
Quels transports il doit exciter!
C'est nous qu'on ose méditer
De rendre à l'antique esclavage!...
Aux armes, citoyens! formez vos bataillons!
Marchons! qu'un sang impur abreuve nos sillons!

III

. . . .
. . . .

IV

. . . .
. . . .

V

. . . .
. . . .

VI

Amour sacré de la patrie,
Conduis, soutiens nos bras vengeurs.
Liberté, liberté chérie,
Combats avec tes défenseurs!
Sous nos drapeaux que la victoire
Accoure à tes mâles accents;
Que tes ennemis expirants
Voient ton triomphe et notre gloire!
Aux armes, citoyens! formez vos bataillons!
Marchons! qu'un sang impur abreuve nos sillons!

STROPHE DES ENFANTS.

> Nous entrerons dans la carrière
> Quand nos aînés n'y seront plus;
> Nous y trouverons leur poussière
> Et la trace de leurs vertus!
> Bien moins jaloux de leur survivre
> Que de partager leur cercueil,
> Nous aurons le sublime orgueil
> De les venger ou de les suivre!...
> Aux armes, citoyens! formez vos bataillons!
> Marchons! qu'un sang impur abreuve nos sillons!

XXVIII

Ces paroles étaient chantées sur des notes tour à tour graves et aiguës, qui semblaient gronder dans la poitrine avec les frémissements sourds de la colère nationale, puis avec la joie de la victoire. Elles avaient quelque chose de solennel comme la mort, de serein comme l'immortelle confiance du patriotisme. On eût dit un écho retrouvé des Thermopyles. C'était de l'héroïsme chanté.

On y entendait le pas cadencé de milliers d'hommes marchant ensemble à la défense des frontières sur le sol retentissant de la patrie, la voix plaintive des femmes, les vagissements des enfants, les hennissements des chevaux, le sifflement des flammes de l'incendie dévorant les palais et les chaumières ; puis les coups sourds de la vengeance frappant et refrappant avec la hache et immolant les ennemis et les profanateurs du sol. Les notes de cet air ruisselaient comme un drapeau trempé de sang encore chaud sur un champ de bataille. Elles faisaient frémir ; mais le frémissement qui courait avec ses vibrations sur le cœur était intrépide. Elles donnaient l'élan, elles doublaient les forces, elles voilaient la mort. C'était l'*eau de feu* de la Révolution, qui distillait dans les sens et dans l'âme du peuple l'ivresse du combat.

Tous les peuples entendent à de certains moments jaillir ainsi leur âme nationale dans des accents que personne n'a écrits et que tout le monde chante. Tous les sens veulent porter leur tribut au patriotisme et s'encourager mutuellement. Le pied marche, le geste anime, la voix enivre l'oreille, l'oreille remue le cœur. L'homme tout entier se monte comme un instrument d'enthousiasme. L'art devient saint, la danse héroïque, la musique martiale, la poésie populaire. L'hymne qui s'élance à ce moment de toutes les bouches ne périt plus. On ne le profane pas dans les occasions vulgaires. Semblable à ces drapeaux sacrés suspendus aux voûtes des temples et qu'on n'en sort qu'à certains jours, on garde le chant national comme une arme extrême pour les grandes nécessités de la patrie. Le nôtre reçut des circonstances où il jaillit un caractère particulier qui le rend à la fois plus solennel et plus sinistre : la gloire et le crime, la victoire et la mort, semblent entrelacés dans ses refrains. Il fut le chant du patriotisme, mais il fut aussi l'imprécation de la fureur. Il conduisit nos soldats à la frontière, mais il accompagna nos victimes à l'échafaud.

Le même fer défend le cœur du pays dans la main du soldat, et égorge les victimes dans la main du bourreau.

XXIX

La *Marseillaise* conserve un retentissement de chant de gloire et de cri de mort; glorieuse comme l'un, funèbre comme l'autre, elle rassure la patrie et fait pâlir les citoyens. Voici son origine.

Il y avait alors un jeune officier du génie en garnison à Strasbourg. Son nom était Rouget de Lisle. Il était né à Lons-le-Saulnier, dans ce Jura, pays de rêverie et d'énergie, comme le sont toujours les montagnes. Ce jeune homme aimait la guerre comme soldat, la Révolution comme penseur; il charmait par les vers et par la musique les lentes impatiences de la garnison. Recherché pour son double talent de musicien et de poëte, il fréquentait familièrement la maison du baron de Dietrich, noble alsacien du parti constitutionnel, ami de La Fayette et maire de Strasbourg. La femme du baron de Dietrich, ses jeunes amies, partageaient l'enthousiasme du patriotisme et de la Révolution, qui palpitait surtout aux frontières, comme les crispations du corps menacé sont plus sensibles aux extrémités. Elles aimaient le jeune officier, elles inspiraient son cœur, sa poésie, sa musique. Elles exécutaient les premières ses pensées à peine écloses, confidentes des balbutiements de son génie.

C'était dans l'hiver de 1792. La disette régnait à Strasbourg. La maison de Dietrich, opulente au commencement de la Révolution, mais épuisée de sacrifices nécessités par les calamités du temps, s'était appauvrie ! Sa table frugale était hospitalière pour Rouget de Lisle. Le jeune officier s'y asseyait le soir et le matin comme un fils ou un frère de la famille. Un jour qu'il n'y avait eu que du pain de munition et quelques tranches de jambon fumé sur la table, Dietrich regarda de Lisle avec une sérénité triste et lui dit : « L'abondance manque à nos festins ; mais qu'importe, si l'enthousiasme ne manque pas à nos fêtes civiques et le courage aux cœurs de nos soldats ? J'ai encore une dernière bouteille de vin du Rhin dans mon cellier. Qu'on l'apporte, dit-il, et buvons-la à la liberté et à la patrie ! Strasbourg doit avoir bientôt une cérémonie patriotique ; il faut que de Lisle puise dans ces dernières gouttes un de ces hymnes qui portent dans l'âme du peuple l'ivresse d'où il a jailli. » Les jeunes femmes applaudirent, apportèrent le vin, remplirent les verres de Dietrich et du jeune officier jusqu'à ce que la liqueur fût épuisée. Il était tard. La nuit était froide. De Lisle était rêveur ; son cœur était ému ; sa tête échauffée. Le froid le saisit ; il rentra chancelant dans sa chambre solitaire, chercha lentement l'inspiration tantôt dans les palpitations de son âme de citoyen, tantôt sur le clavier de son instrument d'artiste, composant tantôt l'air avant les paroles, tantôt les paroles avant l'air, et les associant tellement dans sa pensée, qu'il ne pouvait savoir lui-même lequel de la note ou du vers était né le premier, et qu'il était impossible de séparer la poésie de la musique et le sentiment de l'expression. Il chantait tout et n'écrivait rien.

XXX

Accablé de cette inspiration sublime, il s'endormit la tête sur son instrument, et ne se réveilla qu'au jour. Les chants de la nuit lui remontèrent avec peine dans la mémoire comme les impressions d'un rêve. Il les écrivit, les nota, et courut chez Dietrich. Il le trouva dans son jardin, bêchant de ses propres mains des laitues d'hiver. La femme du maire patriote n'était pas encore levée. Dietrich l'éveilla ; il appela quelques amis ; tous passionnés comme lui pour la musique, et capables d'exécuter la composition de de Lisle. Une des jeunes filles accompagnait. Rouget chanta. A la première strophe les visages pâlirent, à la seconde les larmes coulèrent, aux dernières le délire de l'enthousiasme éclata. Dietrich, sa femme, le jeune officier, se jetèrent en pleurant dans les bras les uns des autres. L'hymne de la patrie était trouvé ! hélas ! il devait être aussi l'hymne de la terreur. L'infortuné Dietrich marcha peu de mois après à l'échafaud, aux sons de ces notes nées à son foyer du cœur de son ami et de la voix de sa femme.

Le nouveau chant, exécuté quelques jours après à Strasbourg, vola de ville en ville sur tous les orchestres populaires. Marseille l'adopta pour être chanté au commencement et à la fin des séances de ses clubs. Les Marseillais le répandirent en France en le chantant sur leur route. De là lui vint le nom de *Marseillaise*. La vieille mère de de Lisle, royaliste et religieuse, épouvantée du retentissement de la voix de son fils, lui écrivait : « Qu'est-ce donc que cet hymne révolutionnaire que chante une horde de brigands qui traverse la France, et auquel on mêle notre nom? » De Lisle lui-même, proscrit en qualité de fédéraliste, l'entendit, en frissonnant, retentir comme une menace de mort à ses oreilles en fuyant dans les sentiers du Jura. « Comment appelle-t-on cet hymne? demanda-t-il à son guide. — La *Marseillaise*, » lui répondit le paysan. C'est ainsi qu'il apprit le nom de son propre ouvrage. Il était poursuivi par l'enthousiasme qu'il avait semé derrière lui. Il échappa à peine à la mort. L'arme se retourne contre la main qui l'a forgée. La Révolution en démence ne reconnaissait plus sa propre voix!

LIVRE DIX-SEPTIÈME

Réaction contre le 20 juin. — Pétion suspendu par le directoire de Paris. — Indignation de l'armée. — La Fayette vient à Paris. — Son discours à l'Assemblée. — Double rôle de Danton. — Les démarches de La Fayette sans résultat. — La reine compte sur Danton. — Intelligences des Girondins avec la cour. — Guadet secrètement introduit aux Tuileries. — Son attendrissement.

I

La cour tremblait à l'approche des Marseillais : elle n'avait pour se défendre que le fantôme de la constitution dans l'Assemblée et que l'épée de La Fayette sur les frontières. Les orateurs constitutionnels Vaublanc, Ramond, Girardin, Becquet, luttaient d'éloquence, mais non d'influence, avec les orateurs de la Gironde; ils défendaient lettre à lettre le code impuissant que la nation venait de jurer; ils montraient dans cette crise le plus beau et le plus méritoire des courages, le courage sans espoir. La Fayette, de son côté, défiait avec sa généreuse intrépidité les Jacobins dans les proclamations qu'il adressait à son armée et dans les lettres qu'il écrivait à l'Assemblée ; mais quand un peuple est sous les armes, il écoute mal les longues phrases : un mot et un geste, voilà l'éloquence du général. La Fayette prenait le ton d'un dictateur sans en avoir la force. Ce rôle n'est accepté qu'après des victoires. Aussi les dénonciations courageuses contre la faction des Jacobins n'excitèrent que de rares applaudissements dans l'Assemblée et les sourires des Girondins ; elles furent seulement un avertissement pour ces partis : ils sentirent qu'il fallait se hâter pour devancer La Fayette. L'insurrection fut résolue ; Girondins, Jacobins, Cordeliers, s'entendirent pour la rendre sinon décisive, au moins significative et terrible contre la cour.

II

A peine les bandes de Santerre et de Danton étaient-elles rentrées dans leurs faubourgs, que déjà l'indignation générale soulevait l'opinion du centre de Paris. La garde nationale, si pusillanime la veille, la bourgeoisie, si indifférente, l'Assemblée elle-même, si passive ou si complice avant l'événement, n'avaient qu'un cri contre les attentats du peuple, contre la duplicité de Pétion, contre les offenses impunies à la majesté, à la liberté, à la personne du souverain constitutionnel. Toute la journée du 21, les cours, le jardin, les vestibules des Tuileries furent remplis d'une population émue et consternée, qui par son attitude et par ses paroles semblait vouloir venger la royauté des outrages dont on venait de l'abreuver. On se montrait avec horreur, aux guichets, aux grilles, aux fenêtres du château, les stigmates de l'insurrection. On se demandait où s'arrêterait une démocratie qui traitait ainsi les pouvoirs constitués. On se racontait les larmes de la reine, les frayeurs des enfants, le dévouement surnaturel de Madame Élisabeth, la dignité intrépide de Louis XVI. Ce prince n'avait jamais manifesté et ne manifesta jamais, depuis, plus de magnanimité. L'excès de l'insulte avait découvert en lui l'héroïsme de la résignation. Jusque-là on avait douté de son courage. Ce courage se trouva grand. Mais sa fermeté était modeste, et, pour ainsi dire, timide comme son caractère. Il fallait que des circonstances extrêmes la relevassent malgré lui. Le roi, pendant cinq heures de supplice, avait vu sans pâlir les piques et les sabres de quarante mille fédérés passer à quelques doigts de sa poitrine. Il avait déployé dans cette lente revue de la sédition plus d'énergie et couru plus de périls qu'il n'en faut à un général pour gagner dix batailles. Le peuple de Paris le sentait. Pour la première fois il passait de l'estime et de la compassion jusqu'à l'admiration pour Louis XVI. De toutes parts des voix s'élevaient demandant à le venger.

III

Plus de vingt mille citoyens se portèrent spontanément chez des officiers publics pour y signer une pétition qui demandait justice de ces crimes. L'administration du département décida qu'il y avait lieu de poursuivre les auteurs des désordres. L'Assemblée décréta qu'à l'avenir les rassemblements armés sous prétexte de pétition seraient dispersés par la force. Les Jacobins et les Girondins réunis tremblèrent, se turent, ou se bornèrent à se réjouir dans le secret de leurs conciliabules de l'avilissement du trône. La sensibilité s'éteignit dans le cœur même des femmes. L'esprit de parti rendit cruel un cœur d'épouse et de mère devant le supplice d'une mère et d'une épouse outragée. « Que j'aurais voulu voir sa longue humiliation, et combien son orgueil a dû souffrir! » s'écria madame Roland en parlant de Marie-Antoinette. Ce mot était un crime de la politique contre la nature. Madame Roland le pleura plus tard; elle en comprit la cruauté le jour où des femmes féroces firent leur joie de son martyre, et battirent des mains devant la charrette qui la conduisait à l'échafaud.

Pétion publia une justification de sa conduite. Cette justification l'accusa davantage. Quand il parut le 21 aux Tuileries, accompagné de quelques officiers municipaux, il fut accablé de mépris, de reproches et de menaces. Le bataillon des Filles-Saint-Thomas, composé d'hommes dévoués à la constitution, chargea ses armes sous les yeux de Pétion. La voix unanime des citoyens accusait le maire de Paris d'avoir eu la volonté du crime sans en avoir montré la franchise. Sergent, qui accompagnait Pétion, fut renversé par un garde national indigné et foulé aux pieds dans la cour des Tuileries. Le directoire de Paris suspendit le maire. On fit des préparatifs de défense autour du château contre un nouveau rassemblement, qu'on annonçait pour le soir. On parla de proclamer la loi martiale, de déployer le drapeau rouge. L'Assemblée s'émut de ces bruits dans la séance du soir. Guadet s'écria qu'on voulait renouveler contre le peuple la sanglante journée du Champ de Mars.

Pétion reparut le soir aux Tuileries, et se présenta devant le roi pour lui rendre compte de l'état de Paris. La reine lui lança un regard de mépris. « Eh bien, monsieur, lui dit le roi, le calme est-il rétabli dans la capitale? — Sire, répondit Pétion, le peuple vous a fait des représentations, il est tranquille et satisfait. — Avouez, monsieur, que la journée d'hier a été un grand scandale, et que la municipalité n'a pas fait tout ce qu'elle devait faire ! — Sire, la municipalité a fait son devoir. L'opinion publique la jugera. — Dites la nation entière. — Elle ne craint pas le jugement de la nation. — Dans quelle situation est en ce moment Paris? — Sire, tout est calme. — Cela n'est pas vrai. — Sire!... — Taisez-vous! — Le magistrat du peuple n'a pas à se taire quand il fait son devoir et qu'il dit la vérité. — C'est bon, retirez-vous! — Sire, la municipalité connaît ses devoirs; elle n'attend pas pour les remplir qu'on les lui rappelle. »

Quand Pétion fut sorti, la reine, alarmée des conséquences de ce dialogue si âpre d'un côté, si provoquant de l'autre, dit à Rœderer : « Ne trouvez-vous pas que le roi a été bien vif? ne craignez-vous pas que cela ne lui nuise dans l'esprit public? — Madame, répondit Rœderer, personne ne s'étonnera que le roi impose silence à un homme qui parle sans l'écouter. » Le roi écrivit le 22 à l'Assemblée pour se plaindre des excès dont sa demeure avait été le théâtre et pour remettre sa cause dans ses mains. Il publia une proclamation au peuple français. Il y peignait les violences de la multitude, les armes portées dans son palais, les portes enfoncées à coups de hache, les canons braqués contre sa famille. « J'ignore où ils voudront s'arrêter, disait-il en finissant, avec une résignation calculée; si ceux qui veulent renverser la monarchie ont besoin d'un crime de plus, ils peuvent le commettre! » Le roi et la reine passèrent en revue les gardes nationales de Paris aux acclamations de : « Vive le roi! » et de : « Vive la nation! » Des départements indignés envoyèrent des adresses d'adhésion au trône; d'autres départements, d'adhésion aux Girondins. Tout présageait une lutte plus décisive. Le roi n'avait point cédé. L'émeute avait trompé l'espoir de ceux qui voulaient frapper et de ceux qui voulaient seulement intimider. La journée du 20 juin était trop pour une menace, trop peu pour un attentat.

IV

Cet attentat avait surtout révolté l'armée. Le roi est son chef. Les outrages faits au roi lui semblent toujours faits à elle-même. Quand l'autorité souveraine est violée, chaque officier tremble pour la sienne. D'ailleurs l'honneur français fut toujours la seconde âme de l'armée. Les récits du 20 juin, qui arrivaient de Paris et qui circulaient dans les camps, montraient aux troupes une reine belle et malheureuse, une sœur dévouée, des enfants naïfs, devenus pendant plusieurs heures le jouet d'une populace cruelle. Les larmes de ces enfants et de ces femmes tombaient sur le cœur des soldats; ils brûlaient de les venger et demandaient à marcher sur Paris.

La Fayette, campé alors sous le canon de Maubeuge, favorisa ces manifestations dans son armée. L'attentat impuni du 20 juin, en lui annonçant le triomphe des Jacobins et des Girondins, lui annonça en même temps le complet anéantissement de son influence. Il rêva généreusement le rôle de Monk. Soutenir le roi qu'il avait abaissé lui parut une tentative digne à la fois de sa situation de chef de parti et de sa loyauté de soldat. Sûr d'entraîner le faible Luckner, dont le corps d'armée était à Menin et à Courtray, La Fayette lui envoya Bureau de Puzy pour l'informer de sa résolution de se rendre à Paris, et de chercher à entraîner la garde nationale et l'Assemblée pour écraser les Jacobins et la Gironde, et pour raffermir la constitution. Luckner reçut cette communication avec effroi, mais il n'opposa pas son autorité de général en chef aux intentions de La Fayette. Militaire sans tact, il ne comprit pas qu'en donnant un assentiment tacite à la demande de son lieutenant il devenait le complice de La Fayette. « Les sans-culottes, dit-il à Bureau de Puzy, couperont la tête à La Fayette. Qu'il y prenne garde, c'est son affaire. »

La Fayette, parti de son camp avec un seul officier de confiance, arriva inopinément à Paris, descendit chez son ami M. de La Rochefoucauld, et se rendit le lendemain à la barre de l'Assemblée. La Rochefoucauld, pendant la nuit, avait averti les constitutionnels, les principaux chefs de la garde nationale, et préparé des manifestations dans les tribunes. L'entrée de La Fayette dans l'Assemblée fut saluée par quelques salves d'applaudissements. Les murmures d'étonnement et d'indignation des Girondins leur répondirent. Le général, accoutumé aux tumultes de la place publique, opposa un front calme à l'attitude de ses ennemis. Placé par la témérité de sa démarche entre la haute cour nationale d'Orléans et le triomphe, cette heure était la crise de son pouvoir et de sa vie. Homme plus intrépide de cœur que prompt aux coups de main, il ne pâlit pas.

« Messieurs, dit-il, je dois d'abord vous donner l'assurance que mon armée ne court aucun danger par ma présence ici. On m'a reproché d'avoir écrit ma lettre du 16 juin au milieu de mon camp; il était de mon devoir de protester contre cette imputation de timidité, de sortir de cet honorable rempart que l'affection des troupes formait autour de moi, et de me présenter seul. Un motif plus puissant m'appelait. Les violences du 20 juin ont soulevé l'indignation et les alarmes de tous les bons citoyens et surtout de l'armée. Dans la mienne, les officiers, sous-officiers et soldats ne font qu'un. J'ai reçu de tous les corps des adresses pleines de dévouement à la constitution, de haine contre les factieux. J'ai arrêté ces manifestations. Je me suis chargé d'exprimer seul le sentiment de tous. C'est comme citoyen que je vous parle. Il est temps de garantir la constitution, d'assurer la liberté de l'Assemblée nationale, celle du roi, sa dignité. Je supplie l'Assemblée d'ordonner que les excès du 20 juin seront poursuivis comme des crimes de lèse-nation, de prendre des mesures efficaces pour faire respecter toutes les autorités constituées, et particulièrement la vôtre et celle du roi, et de donner à l'armée l'assurance que la constitution ne recevra aucune atteinte à l'intérieur pendant que les braves Français prodiguent leur sang pour la défense des frontières. »

V

Ces paroles, écoutées avec le frémissement concentré de la colère par les Girondins, furent applaudies de la majorité de l'Assemblée. Derrière La Fayette, Brissot et Robespierre voyaient la garde nationale et l'armée. Sa popularité, qui n'était plus qu'une ombre, le protégeait encore ; mais quand les Jacobins et les Girondins, un moment consternés, virent que ce n'était là qu'un coup d'État comminatoire, et qu'il n'y avait ni baïonnettes ni mesures pour appuyer cette manifestation désarmée, ils commencèrent à se rassurer. Ils laissèrent le général sans soldats traverser triomphalement la salle et aller s'asseoir au banc des plus humbles pétitionnaires. Ils tâtèrent même son ascendant sur l'Assemblée pour voir s'il était solide. « Au moment où j'ai vu M. de La Fayette, dit ironiquement M. Guadet, une idée bien consolante s'est offerte à mon esprit : « Ainsi, me » suis-je dit, nous n'avons plus d'ennemis extérieurs. Ainsi » les Autrichiens sont vaincus ! » L'illusion n'a pas duré longtemps ; nos ennemis sont toujours les mêmes, nos dangers extérieurs n'ont pas changé, et cependant M. de La Fayette est à Paris ! il se constitue l'organe des honnêtes gens et de l'armée ! Ces honnêtes gens, qui sont-ils ? Cette armée, comment a-t-elle pu délibérer ? Mais d'abord qu'il nous montre son congé ! »

Les applaudissements revinrent à la Gironde. Ramond veut répondre à Guadet : il fait un éloge emphatique de La Fayette, « ce fils aîné de la liberté française, cet homme qui a sacrifié à la Révolution sa noblesse, sa fortune, sa vie ! — Faites-vous donc son oraison funèbre ? » crie Saladin à Ramond. Le jeune Ducos déclare que la liberté des délibérations est opprimée par la présence d'un général d'armée. Isnard, Morveau, Ducos, Guadet, se groupent sur les marches de la tribune. Le mot de scélérat se fait entendre. Vergniaud dit que M. de La Fayette a quitté son poste devant l'ennemi, que c'est à lui et non à un maréchal de camp que la nation a confié le commandement d'une armée, qu'il faut savoir seulement s'il l'a quittée sans congé. Guadet insiste sur sa proposition. Gensonné demande l'appel nominal. L'appel nominal donne une faible majorité aux amis de La Fayette. Sa lettre est renvoyée à la commission des Douze.

Voilà toute la victoire qu'obtint cette démarche. Une intention généreuse, un acte de courage individuel, de saines paroles, un vote, et rien après. De même que les Girondins au 20 juin, La Fayette osa trop ou trop peu. Menacer sans frapper, en politique, c'est se découvrir, c'est donner le secret de sa faiblesse à ceux qui peuvent croire encore à votre force. Si La Fayette eût tenté de faire de sa présence à Paris un coup d'État et non un coup parlementaire ; s'il se fût assuré d'un régiment, de quelques bataillons de garde nationale soldés ; s'il eût marché sur les Jacobins, fermé leurs clubs en se rendant à l'Assemblée aux applaudissements des citoyens ; s'il eût fait préparer par ses amis une motion qui lui donnât la dictature militaire de Paris, la responsabilité de la constitution, la garde de l'Assemblée et du roi, il pouvait peut-être écraser les factieux : sa conduite réservée ne fit que les irriter.

VI

L'Assemblée délibérait encore. Il était déjà sorti, n'emportant pour conquête que quelques sourires et quelques battements de mains. Il se rendit chez le roi. La famille royale y était réunie : le roi et la reine le reçurent avec la reconnaissance due à son dévouement, mais avec le sentiment de l'inutilité de son courage. Ils craignirent même en secret que la témérité sans force de cet acte n'excitât contre la cour un nouveau soulèvement. La Fayette, dans cette circonstance, compromit plus que sa vie, il compromit sa popularité ; mais la reine, dès cette époque, cherchait son salut plus bas : elle avait trouvé dans les factieux subalternes d'autres Mirabeau prêts à transiger avec la monarchie ou à se laisser acheter par la cour. L'or de la liste civile coulait dans les clubs et dans les faubourgs. Danton dirigeait d'une main les jeunes gens et le club des Cordeliers, de l'autre les trames secrètes de la cour. Il faisait assez peur à l'une pour qu'elle achetât sa connivence ; il lâchait assez la bride aux autres pour qu'ils se confiassent à sa démagogie ; il les trahissait tous les deux et se complaisait dans cette double puissance qu'il devait à sa double immoralité. De là ce propos terrible de Danton, correspondant à cette alternative de la situation : « Je sauverai le roi ou je le tuerai. »

La reine fit avertir Danton, dans la nuit, que La Fayette se proposait de passer le lendemain, à côté du roi, une revue des bataillons de la garde nationale commandés par Acloque, de les haranguer et de les provoquer à une réaction contre la Gironde et les clubs. Pétion, informé par Danton, contremanda avant le jour la revue projetée. La Fayette passa la nuit dans son hôtel, sous la protection d'un détachement d'honneur de gardes nationaux. Il repartit tristement le lendemain pour retourner à son armée. Cependant il ne se découragea pas de son dessein d'intimider les Jacobins et de raffermir le trône constitutionnel. Ce qu'il n'avait pu faire par sa présence à Paris, il essaya de le faire par correspondance. Il adressa en repartant une lettre pleine de salutaires conseils et de courageuses leçons à l'Assemblée. Il y menaçait énergiquement les factieux. Ces coups d'État, consistant en lettres déposées sur une tribune, échouèrent comme ils devaient échouer. C'est la main sur son épée qu'un général peut faire compter avec lui les factions. On n'obtient d'elles que ce qu'on leur arrache. Vergniaud, Brissot, Gensonné, Guadet, écoutèrent la lecture de cette correspondance dictatoriale avec le sourire du dédain.

VII

Ce voyage de La Fayette à Paris fut la seule tentative de dictature qu'il afficha dans sa vie. Le motif était généreux, le péril grand, les moyens nuls. De ce jour La Fayette, après avoir succombé dans une démarche ouverte, eut recours à d'autres plans. Sauver le roi, le faire évader de ce palais où il l'avait gardé deux ans, devint son unique pensée. Ce plan était conforme à toute la vie de La Fayette : maintenir l'équilibre entre le peuple et le roi de manière à les soutenir l'un par l'autre et à élever la liberté entre les partis. Mirabeau avait pressenti de loin cette politique de son rival. « Défiez-vous de La Fayette, avait-il dit à la reine dans ses dernières conférences avec cette princesse ; si jamais il commande l'armée, il voudra garder le roi dans sa tente. » La Fayette lui-même ne déguisait pas cette ambition de protectorat sur Louis XVI. Au moment même où il se dévouait au salut du roi, il écrivait à son confident Lacombe : « En fait de liberté, je ne me fie ni au roi ni à personne; et s'il voulait *trancher du souverain*, je me battrais contre lui comme en 89, autrement on peut parler. »

Il fit proposer au roi deux plans différents pour enlever ce prince et sa famille de Paris et les placer au milieu de son armée. Le premier plan devait être exécuté le jour anniversaire de la fédération, le 14 juillet. La Fayette serait venu de nouveau à Paris avec Luckner. Les généraux auraient entouré le roi de quelques troupes affidées. La Fayette aurait harangué les bataillons de la garde nationale réunis au Champ de Mars, et rendu au roi la liberté en l'escortant hors de Paris. Le second plan consistait à faire faire aux troupes de La Fayette une marche de guerre qui les conduirait jusqu'à vingt lieues de Compiègne. La Fayette porterait de là à Compiègne deux régiments de cavalerie dont il se croyait sûr. Arrivé lui-même à Paris la veille, il accompagnerait le roi à l'Assemblée. Le roi déclarerait que, conformément à la constitution, qui lui permettait de résider à une distance de vingt lieues de la capitale, il se rendait à Compiègne; quelques détachements de cavalerie, préparés par le général et postés autour de la salle, escorteraient le roi et assureraient son départ. Arrivé à Compiègne, le roi s'y trouverait en sûreté au milieu des régiments de La Fayette; il ferait de là des représentations à l'Assemblée, et renouvellerait, libre et sans contrainte, ses serments à la constitution. Cette preuve de la sincérité du roi suffirait, selon La Fayette, pour lui ramener tous les esprits et pour rasseoir le trône et la constitution. Louis XVI rentrerait dans Paris aux acclamations du peuple. Ces rêves de restauration, fondés sur de tels retours d'opinion, étaient honorables, mais chimériques. Mirabeau, Barnave, La Fayette, se ressemblaient tous dans leurs plans de restauration monarchique. Tout-puissants dans l'agression, faibles dans la défense : pour démolir ils ont le peuple, pour reconstruire ils n'ont que leur courage et leur vertu.

VIII

Ces plans, un moment discutés, furent tour à tour rejetés par le roi. Placé au centre du danger, il sentait l'impraticabilité du remède. Il ne se fiait pas à ces repentirs d'ambition, qui ne lui présentaient pour le salut que ces mêmes mains auxquelles il croyait devoir sa perte. Passer dans le camp de La Fayette ne lui semblait que changer de servitude. « Nous savons bien, disaient les amis de Louis XVI, que La Fayette sauvera le roi, mais il ne sauvera pas la monarchie. »

La reine, dont la fierté égalait le courage, dédaigna d'implorer la vie de la commisération de celui qui avait tant abaissé son orgueil. De tous les hommes du temps, celui qu'elle redoutait le plus, c'était La Fayette, car il avait été pour elle la première figure de la Révolution. Les autres la menaçaient sans doute; La Fayette seul lui était suspect même dans ses plans pour la sauver. Elle aimait mieux les périls que l'abaissement : elle refusa tout. D'ailleurs ses relations secrètes avec Danton la tranquillisaient. La vie du roi respectée au 20 juin, malgré les insultes des forcenés, l'avait rassurée sur ses jours. Elle croyait tenir, par les mains de mystérieux agents, les fils de la conduite des grands démagogues. On la trompait sur plusieurs d'entre eux. De là ces bruits de corruption qui couraient alors sur Robespierre, sur Santerre, sur Marat. Elle venait de faire remettre à Danton cent cinquante mille livres, pour confirmer par des largesses l'ascendant de cet orateur sur le peuple des faubourgs. Madame Élisabeth elle-même comptait fermement sur Danton. Elle souriait avec complaisance à cette image de la force populaire qu'elle croyait acquise à son frère. « Nous ne craignons rien, dit-elle en secret à la marquise de Raigecourt, sa confidente, Danton est avec nous. » La reine répondait à un aide de camp de La Fayette qui la conjurait de se réfugier au milieu des troupes : « Nous sommes bien reconnaissants des desseins de votre général ; mais ce qu'il y a de mieux pour nous, c'est d'être renfermés trois mois dans une tour. »

Le secret de l'abandon des Tuileries sans résistance, le 10 août, et de la translation de la famille royale dans la tour du Temple, est dans ces mots de Marie-Antoinette et de Madame Élisabeth. Danton connaissait la pensée de la reine, et la reine comptait sur Danton pour cet emprisonnement temporaire du roi. Tel était l'aveuglement du moment, que, protecteur pour protecteur, à La Fayette elle préférait Danton.

IX

Les Girondins eux-mêmes eurent à cette époque de mystérieuses intelligences avec la cour. Mais si le patriotisme et l'ambition des hommes de ce parti se prêtèrent à ces relations, aucune vénalité ne les corrompit. Guadet, le plus redouté de ces orateurs par la cour, reçut des propositions et les repoussa avec indignation. Le sentiment désintéressé de l'antique vertu républicaine élevait le cœur de ces jeunes hommes au-dessus de ces viles tentations. On pouvait les séduire par la gloire, par la compassion, jamais par l'or.

Guadet à vingt ans était déjà orateur politique. Son opposition mordante lui avait fait refuser longtemps le titre d'avocat au parlement de Bordeaux. Plus tard sa parole l'y rendit célèbre. Sa célébrité le désigna au parti populaire. L'élection l'arracha à la vie privée et à l'amour d'une jeune femme qu'il venait d'épouser. Le mouvement politique l'entraîna à la tribune nationale. Moins splendide que celle de Vergniaud, sa parole frappait des coups également terribles. Aussi honnête, mais plus âpre, on l'admirait moins, on le craignait plus. Le roi, qui connaissait l'ascendant de Guadet, désira se l'attacher par la confiance, cette séduction des cœurs généreux. Les Girondins flottaient encore entre la monarchie constitutionnelle et la république. Dévoués à la démocratie, ils étaient prêts à la servir sous la forme qui leur assurerait le plus vite sa direction.

Guadet consentit à une entrevue secrète aux Tuileries. La nuit couvrit sa démarche : une porte et un escalier dérobés le conduisirent dans un appartement où le roi et Marie-Antoinette l'attendaient seuls. La simplicité et la bonhomie de Louis XVI triomphaient au premier abord des préventions politiques des hommes droits qui l'approchaient. Il accueillit Guadet comme on accueille une dernière espérance. Il lui peignit l'horreur de sa situation comme roi, et surtout comme époux et comme père. La reine versa des larmes devant le député. L'entretien se prolongea longtemps dans la nuit. Des conseils furent demandés, donnés, non suivis peut-être. La bonne foi était des deux côtés dans les cœurs, la constance et la fermeté de résolution n'y étaient pas. Quand Guadet voulut se retirer, la reine lui demanda s'il ne désirait pas voir le Dauphin; et, prenant elle-même un flambeau sur la cheminée, elle le conduisit dans un cabinet où le jeune prince était couché. L'enfant dormait. Les charmes de sa figure, son sommeil tranquille dans ce palais troublé, cette jeune mère, reine de France, se couvrant, pour ainsi dire, de l'innocence de son fils pour exciter la commisération d'un ennemi de la royauté, attendrirent Guadet. Il écarta de la main les cheveux qui couvraient le visage du Dauphin, et l'embrassa sur le front sans le réveiller. « Élevez-le pour la liberté, madame, elle est la condition de sa vie, » dit Guadet à la reine; et il déroba quelques larmes sous ses paupières.

Ainsi la nature prévaut toujours, dans le cœur de l'homme, sur l'esprit de parti. Étrange spectacle donné à l'histoire par la destinée, dans cette chambre où dort un enfant, et qu'éclaire de sa propre main une reine! Cet homme qui baise en pleurant le front de ce jeune roi est un de ceux qui neuf mois plus tard lui enlèveront la couronne et céderont la vie de son père au peuple. Quel abîme que le sort! quelle nuit que l'avenir! Quelle dérision de la fortune que ce baiser de Guadet! Il sortit de là aussi ému que s'il eût prévu ce piége sinistre sous ses pas. L'homme sensible en lui avait peur de l'homme politique. Ainsi est fait l'homme. Qu'il prenne garde à sa vie!

LIVRE DIX-HUITIÈME

Troisième lettre de La Fayette à l'Assemblée. — Alarmes des patriotes. — Robespierre à l'écart des mouvements. — Motions de Danton. — La Fayette accusé par l'Assemblée. — Le roi sanctionne la suspension de Pétion. — Irritation des partis. — Vergniaud prend la parole. — Mœurs et caractère de Vergniaud. — Son éducation. — Son portrait. — Discours de Vergniaud. — Adresse des Jacobins aux fédérés rédigée par Robespierre. — Danton provoque une nouvelle pétition au Champ de Mars.

I

A peine La Fayette était-il de retour à son camp, qu'il écrivit une troisième lettre à l'Assemblée : lettre aussi impuissante que ses démarches ; on en entendit la lecture avec indifférence. « Je m'étonne, dit Isnard, que l'Assemblée n'ait pas déjà envoyé de sa barre à Orléans ce soldat factieux ! »

Aux Jacobins, la lutte entre Robespierre et les Girondins parut un moment amortie. Ils ne rivalisaient plus que d'insultes à la cour et de menaces contre La Fayette. L'explosion du 20 juin n'avait pas éteint ce foyer de haine. L'inaction des armées, les périls croissants sur nos frontières, l'attitude équivoque de La Fayette, la retraite de Luckner, que l'on croyait son complice, le rapprochement des troupes de Paris, fomentaient la colère et les alarmes des patriotes. Robespierre continuait à se tenir à l'écart des mouvements, ne se compromettait avec aucun des partis, et s'absorbait dans les considérations générales de la chose publique. Observer, éclairer et dénoncer tous ses périls au peuple, était le seul rôle qu'il affectât alors. Sa popularité était grande, mais froide et raisonnée comme ce rôle.

Les murmures des impatients interrompaient souvent ses longues harangues à la tribune des Jacobins. Il dévorait dans une impassible attitude de cruelles humiliations. Son instinct, sûr de la mobilité de l'opinion, semblait révéler d'avance à Robespierre que, dans ce conflit de mouvements contraires et désordonnés, l'empire resterait au plus immuable et au plus patient. Danton fit aux Cordeliers et aux Jacobins des motions terribles, et sembla chercher sa force dans le scandale même de ses violences contre la cour. Il masquait ainsi ses intelligences avec le château. « Je prends, s'écria-t-il, je prends l'engagement de porter la terreur dans une cour perverse! Elle ne déploie tant d'audace que parce que nous avons été trop timides. La maison d'Autriche a toujours fait le malheur de la France. Demandez une loi qui force le roi à répudier sa femme et à la renvoyer à Vienne avec tous les égards, les ménagements et la sûreté qui lui sont dus! » C'était sauver la reine par la haine même qu'on lui portait.

Brissot, si longtemps ami de La Fayette, le livra enfin à la colère des Jacobins. « Cet homme a levé le masque, dit-il : égaré par une aveugle ambition, il s'érige en protecteur. Cette audace le perdra. Que dis-je? elle l'a déjà perdu. Quand Cromwell crut pouvoir parler en maître au parlement d'Angleterre, il était entouré d'une armée de fanatiques, et il avait remporté des victoires. Où sont les lauriers de La Fayette? où sont ses séides? Nous châtierons son insolence, et je prouverai sa trahison. Je prouverai qu'il veut établir une espèce d'aristocratie constitutionnelle, qu'il s'est concerté avec Luckner, qu'il a perdu à pétitionner à Paris le temps de vaincre aux frontières. Ne craignons rien que de nos divisions. Quant à moi, ajouta-t-il en se tournant vers Robespierre, je déclare que j'oublie tout ce qui s'est passé ! — Et moi, répondit Robespierre un moment fléchi, j'ai senti que l'oubli et l'union étaient aussi dans mon cœur, au plaisir que m'a fait ce matin le discours de Guadet à l'Assemblée, et au plaisir que j'éprouve en ce moment en entendant Brissot! Unissons-nous pour accuser La Fayette. »

II

Des pétitions énergiques des différentes sections de Paris répondirent à la pensée de Robespierre, de Danton, de Brissot, et demandèrent un exemple terrible contre La Fayette et une loi sur le danger de la patrie. La Fayette, en menaçant de son épée la Révolution, n'avait fait que la réveiller avec plus de fureur. « Frappez un grand coup, s'écrièrent les pétitionnaires patriotes ; licenciez l'état-major de la garde nationale, cette féodalité municipale où l'esprit de trahison de La Fayette vit encore et corrompt le patriotisme ! »

Le peuple s'attroupa de nouveau dans les jardins publics. Un rassemblement se forma devant la maison de La Fayette et brûla un arbre de la liberté, que des officiers de la garde nationale avaient planté à sa porte pour honorer leur général. On craignait à chaque instant une nouvelle invasion des faubourgs. Pétion adressa aux citoyens des proclamations ambiguës dans lesquelles les insinuations contre la cour se mêlaient aux recommandations paternelles du magistrat. Le roi sanctionna la suspension de Pétion de ses fonctions de maire de Paris. Les factieux s'indignèrent qu'on leur enlevât leur complice. La popularité de Pétion devint de la rage. Le cri de *Pétion ou la mort!* répondit à cette mesure. Les gardes nationales et les sans-culottes se battirent au Palais-Royal. Les fédérés des départements arrivaient par détachements et renforçaient ceux de Paris. Les adresses des départements et des villes, apportées par les députations de ces fédérés, respiraient la colère nationale. « Roi des Français, lis et relis la lettre de Roland ! Nous venons punir tous les traîtres ! Il faut que la France soit à Paris pour en chasser tous les ennemis du peuple. Le rendez-vous est sous les murs de ton palais. Marchons-y, » disaient les fédérés de Brest.

Le ministre de l'intérieur demanda à l'Assemblée des lois contre ces réunions séditieuses. L'Assemblée lui répondit en sanctionnant ce rassemblement tumultueux dans Paris et en décrétant que les gardes nationaux et les fédérés qui s'y rendraient seraient logés chez les citoyens. Le roi intimidé sanctionna ce décret. Un camp sous Soissons fut résolu. Les routes se couvrirent d'hommes en marche vers Paris. Luckner évacua sans combat la Belgique. Les cris de trahison retentirent dans tout l'empire. Strasbourg demanda des renforts. Le prince de Hesse, révolutionnaire expatrié au service de la France, proposa à l'Assemblée d'aller défendre Strasbourg contre les Autrichiens, et de faire porter devant lui son cercueil sur les remparts, pour se rappeler son devoir et pour ne se laisser d'autre perspective que son trépas. Sieyès demanda qu'on élevât sur les quatre-vingt-trois départements l'étendard du péril de la patrie. « Mort à l'Assemblée, mort à la Révolution, mort à la liberté, si la guillotine d'Orléans ne fait pas justice de La Fayette! » tel était le cri unanime aux Jacobins.

III

L'Assemblée répondit à ces clameurs de mort par des émotions convulsives. Enfin, une de ces grandes voix qui résument le cri de tout un peuple et qui donnent à la passion publique l'éclat et le retentissement du génie, Vergniaud, dans la séance du 3 juillet, prit la parole, et, s'élevant pour la première fois au sommet de son éloquence, demanda, comme Sieyès son inspirateur et son ami, qu'on proclamât le danger de la patrie.

Jusqu'alors Vergniaud n'avait été que disert; ce jour-là, il fut la voix de la patrie. C'était un de ces hommes qui n'ont pas besoin de grandir lentement dans une assemblée. Ils paraissent grands, ils paraissent seuls, le jour où les événements leur donnent leur rôle. Il y avait peu de mois que Vergniaud était arrivé à Paris. Obscur, inconnu, modeste, sans pressentiment de lui-même, il s'était logé avec trois de ses collègues du Midi dans une pauvre chambre de la rue des Jeûneurs, puis dans un pavillon écarté du faubourg qu'entouraient les jardins de Tivoli. Les lettres qu'il écrivait à sa famille sont pleines des plus humbles détails de ce ménage domestique. Il a peine à vivre. Il surveille avec une stricte économie ses moindres dépenses. Quelques louis sollicités par lui de sa sœur lui paraissent une somme suffisante pour le soutenir longtemps. Il écrit qu'on lui fasse parvenir un peu de linge par la voie la moins chère. Il ne songe pas à la fortune, pas même à la gloire. Il vient au poste où le devoir l'envoie. Il s'effraye, dans sa naïveté patriotique, de la mission que Bordeaux lui impose. Une probité antique éclate dans les épanchements confidentiels de cette correspondance avec les siens. Sa famille a des intérêts à faire valoir auprès des ministres. Il se refuse à solliciter pour elle, dans la crainte que la demande d'une justice ne paraisse dans sa bouche commander une faveur. « Je me suis enchaîné à cet égard par la délicatesse, je me suis fait à moi-même ce décret, » dit-il à son beau-frère M. Alluaud, un second père pour lui.

Tous ces entretiens intimes entre Vergniaud, sa sœur et son beau-frère, respirent la simplicité, la tendresse d'âme, le foyer. Les racines de l'homme public trempent dans un sol pur de mœurs privées. Aucune trace d'esprit de faction, de fanatisme républicain, de haine contre le roi, ne se révèle dans l'intimité des sentiments de Vergniaud. Il parle de la reine avec attendrissement, de Louis XVI avec pitié. « La conduite équivoque du roi, écrit-il vers cette époque, accumule nos dangers et les siens. On m'assure qu'il vient aujourd'hui à l'Assemblée. S'il ne se prononce pas d'une manière décisive, il se prépare quelque grande catastrophe. Il a bien des efforts à faire pour précipiter dans l'oubli tant de fausses démarches que l'on regarde comme des trahisons. » Et plus loin, retombant de sa pitié pour le roi à sa propre situation domestique : « Je n'ai point d'argent, écrit-il ; mes anciens créanciers de Paris me recherchent, je les paye un peu chaque mois ; les loyers sont chers ; il m'est impossible de payer le tout. » Ce jeune homme, dont le geste écrasait un trône, avait à peine où reposer sa tête dans l'empire qu'il allait ébranler.

IV

Élevé au collége des Jésuites par la bienfaisance de Turgot, alors intendant du Limousin, Vergniaud, après ses études, était entré au séminaire. Il allait se vouer par piété au sacerdoce. Il recula au dernier pas ; il revint dans sa famille. Solitaire et triste, son imagination se répandit d'abord en poésie avant d'éclater en éloquence. Il jouait avec son génie sans le connaître. Quelquefois il s'enfermait dans sa chambre, se feignait à lui-même un peuple pour auditoire, et improvisait des discours sur des catastrophes imaginaires. Un jour, son beau-frère M. Alluaud l'entendit à travers la porte. Il eut le pressentiment de la gloire de sa famille; il l'envoya à Bordeaux étudier la pratique des lois.

L'étudiant fut recommandé au président Dupaty, écrivain célèbre et parlementaire éloquent. Dupaty conçut pour ce jeune homme une espérance confuse de grandeur. Il l'aima, le protégea, le prit par la main et l'admit à travailler auprès de lui. Il y a des parentés de génie comme des parentés de sang. L'homme illustre se fit le père intellectuel de l'orphelin. La sollicitude de Dupaty pour Vergniaud rappelait les patronages antiques d'Hortensius et de Cicéron. « J'ai payé de mes deniers et je continuerai à payer pour d'autres années la pension de votre beau-frère, écrit Dupaty à M. Alluaud. Je lui procurerai moi-même des causes de choix pour ses débuts; il ne lui faut que du temps; un jour il fera une grande gloire à son nom. Aidez-le à pourvoir à ses nécessités les plus urgentes; il n'a pas encore de robe de palais. J'écris à son oncle pour toucher sa générosité; j'espère que nous en obtiendrons un habit. Reposez-vous sur moi du reste, et fiez-vous à l'intérêt que m'inspirent ses infortunes et ses talents. »

Vergniaud justifia promptement ces présages d'une amitié éclairée. Il puisa chez Dupaty les vertus austères de l'antiquité autant que les formes majestueuses du forum romain. Le citoyen se sentait sous l'avocat; l'homme de bien donnait de l'autorité, de la conscience à la parole. Riche à peine des premiers émoluments du barreau, il s'en dépouille et vend le petit héritage qu'il tenait de sa mère pour payer les dettes de son père mort. Il rachète l'honneur de sa mémoire de tout ce qu'il possède; il arrive à Paris presque indigent. Boyer-Fonfrède et Ducos de Bordeaux, ses deux amis, le reçoivent pour hôte à leur table et sous leur toit. Vergniaud, insouciant des moyens de succès comme tous les hommes qui se sentent une grande force intérieure, travaillait peu et se fiait à l'occasion et à la nature. Son génie, malheureusement indolent, aimait à sommeiller et à s'abandonner aux nonchalances de l'âge et de l'esprit. Il fallait le secouer pour le réveiller de ses loisirs de jeunesse et le pousser à la tribune ou au conseil. Pour lui, comme pour les Orientaux, il n'y avait point de transition entre l'oisiveté et l'héroïsme. L'action l'enlevait, mais le lassait vite. Il retombait dans la rêverie du talent.

Brissot, Guadet, Gensonné, l'entraînèrent chez madame Roland. Elle ne le trouvait pas assez viril et assez ambitieux pour son génie. Ses mœurs méridionales, ses goûts littéraires, son attrait pour une beauté moins impérieuse, le ramenaient sans cesse dans la société d'une actrice du Théâtre-Français, madame Simon-Candeille. Il avait écrit pour elle, sous un autre nom, quelques scènes du drame alors célèbre de la *Belle Fermière*. Cette jeune femme, à la fois poëte, écrivain, comédienne, déployait dans ce drame toutes les fascinations de son âme, de son talent et de sa beauté. Vergniaud s'enivrait, dans cette vie d'artiste, de musique, de déclamation et de plaisirs; il se pressait de jouir de sa jeunesse, comme s'il eût eu le pressentiment qu'elle serait sitôt cueillie. Ses habitudes étaient méditatives et paresseuses. Il se levait au milieu du jour, il écrivait peu et sur des feuilles éparses; il appuyait le papier sur ses genoux, comme un homme pressé qui se dispute le temps; il composait ses discours lentement dans ses rêveries, et les retenait à l'aide de notes dans sa mémoire; il polissait son éloquence à loisir, comme le soldat polit son arme au repos. Il ne voulait pas seulement que ses coups fussent mortels, il voulait qu'ils fussent brillants ; aussi curieux de l'art que de la politique. Le coup porté, il en abandonnait le contrecoup à la destinée et s'abandonnait de nouveau lui-même à la mollesse. Ce n'était pas l'homme de toutes les heures, c'était l'homme des grandes journées.

V

Vergniaud était de taille moyenne. Sa stature robuste et carrée avait l'aplomb de la statue de l'orateur : on y sentait le lutteur de paroles ; son nez était court, large, fièrement relevé des narines ; ses lèvres un peu épaisses dessinaient fermement sa bouche : on voyait qu'elles avaient été modelées pour jeter la parole à grands flots, comme les lèvres d'un triton à l'ouverture d'une grande source ; ses yeux noirs et pleins d'éclairs semblaient jaillir sous des sourcils proéminents ; son front large et plan avait ce poli du miroir où se réfléchit l'intelligence ; ses cheveux châtains ondoyaient aux secousses de sa tête ainsi que ceux de Mirabeau. La peau de son visage était timbrée par la petite vérole, comme un marbre dégrossi par le marteau à diamant du tailleur de pierre. Son teint pâle avait la lividité des émotions profondes. Au repos, nul n'aurait remarqué cet homme dans une foule. Il aurait passé avec le vulgaire sans blesser et sans arrêter le regard. Mais quand l'âme se répandait dans sa physionomie, comme la lumière sur un buste, l'ensemble de sa figure prenait par l'expression l'idéal, la splendeur et la beauté qu'aucun de ses traits n'avait en détail. Il s'illuminait d'éloquence. Les muscles palpitants de ses sourcils, de ses tempes, de ses lèvres, se modelaient sur sa pensée, et confondaient sa physionomie avec la pensée même : c'était la transfiguration du génie. Le jour de Vergniaud, c'était la parole; le piédestal de sa beauté, c'était la tribune. Quand il en était descendu, elle s'évanouissait : l'orateur n'était plus qu'un homme.

VI

Tel était l'homme qui monta le 3 juillet à la tribune de l'Assemblée nationale, et qui, dans l'attitude de la consternation et de la colère, se recueillit un moment dans ses pensées, les mains sur ses yeux, avant de parler. Le tremblement de sa voix aux premiers mots qu'il proféra, et les notes graves et grondantes de sa parole, plus profondes qu'à l'ordinaire, son geste abattu, l'énergie triste et concentrée de sa physionomie, indiquaient en lui la lutte d'une résolution désespérée, et prédisposaient l'Assemblée à une émotion grande et sinistre comme la physionomie de l'orateur. C'était de ces jours où l'on s'attend à tout.

« Quelle est donc, murmura Vergniaud, l'étrange situation où se trouve l'Assemblée nationale? quelle fatalité nous poursuit et signale chaque journée par des événements qui, portant le désordre dans nos travaux, nous rejettent sans cesse dans l'agitation tumultueuse des inquiétudes, des espérances, des passions? Quelle destinée prépare à la France cette terrible effervescence au sein de laquelle on serait tenté de douter si la Révolution rétrograde ou si elle avance vers son terme? Au moment où nos armées du Nord paraissent faire des progrès dans la Belgique, nous les voyons tout à coup se replier devant l'ennemi. On ramène la guerre sur notre territoire. Il ne restera de nous chez les malheureux Belges que le souvenir des incendies qui auront éclairé notre retraite. Du côté du Rhin, les Prussiens s'accumulent incessamment sur nos frontières découvertes. Comment se fait-il que ce soit précisément au moment d'une crise si décisive pour l'existence de la nation, que l'on suspende le mouvement de nos armées, et que, par une désorganisation subite du ministère, on rompe les liens de la confiance, et on livre au hasard et à des mains inexpérimentées le salut de l'empire? Serait-il vrai qu'on redoute nos triomphes? Est-ce du sang de l'armée de Coblentz ou du nôtre qu'on est avare? Si le fanatisme des prêtres menace de nous livrer à la fois aux déchirements de la guerre civile et à l'invasion, quelle est donc l'intention de ceux qui font rejeter avec une invincible opiniâtreté la sanction de nos décrets? Veulent-ils régner sur des villes abandonnées, sur des champs dévastés? Quelle est au juste la quantité de larmes, de misères, de sang, de morts, qui suffit à leur vengeance? Où en sommes-nous, enfin? Et vous, messieurs, dont les ennemis de la constitution se flattent d'avoir ébranlé le courage, vous dont ils tentent chaque jour d'alarmer les consciences et la probité en qualifiant votre amour de la liberté d'esprit de faction, comme si vous aviez oublié qu'une cour despotique et les lâches héros de l'aristocratie ont donné ce nom de factieux aux représentants qui allèrent prêter serment au Jeu de Paume, aux vainqueurs de la Bastille, à tous ceux qui ont fait et soutenu la Révolution, vous qu'on ne calomnie que parce que vous êtes étrangers à la caste que la constitution a renversée dans la poussière, et que les hommes dégradés qui regrettent l'infâme honneur de ramper devant elle n'espèrent pas de trouver en vous des complices (applaudissements); vous qu'on voudrait aliéner du peuple parce qu'on sait que le peuple est votre appui, et que si, par une coupable désertion de sa cause, vous méritiez d'être abandonnés de lui, il serait aisé de vous dissoudre; vous qu'on a voulu diviser, mais qui ajournerez après la guerre vos divisions et vos querelles; et qui ne trouvez pas si doux de vous haïr que vous préfériez cette infernale jouissance au salut de la patrie; vous qu'on a voulu épouvanter par des pétitions armées, comme si vous ne saviez pas qu'au commencement de la Révolution le sanctuaire de la liberté fut environné des satellites du despotisme, Paris assiégé par l'armée de la cour, et que ces jours de danger furent les jours de gloire de notre première assemblée; je vais appeler enfin votre attention sur l'état de crise où nous sommes. Ces troubles intérieurs ont deux causes : manœuvres aristocratiques, manœuvres sacerdotales. Toutes tendent au même but, la contre-révolution.

VII

« Le roi a refusé sa sanction à votre décret sur les troubles religieux. Je ne sais pas si le sombre génie de Médicis et du cardinal de Lorraine erre encore sous les voûtes du palais des Tuileries, et si le cœur du roi est troublé par les idées fantastiques qu'on lui suggère ; mais il n'est pas permis de croire, sans lui faire injure et sans l'accuser d'être l'ennemi le plus dangereux de la Révolution, qu'il veuille encourager par l'impunité les tentatives criminelles de l'ambition sacerdotale, et rendre aux orgueilleux suppôts de la tiare la puissance dont ils ont également opprimé les peuples et les rois. Il n'est pas permis de croire, sans lui faire injure et sans le déclarer le plus cruel ennemi de l'empire, qu'il se complaise à perpétuer les séditions, à éterniser les désordres qui le précipiteraient par la guerre civile vers sa ruine. J'en conclus que s'il résiste à vos décrets, c'est qu'il se juge assez puissant sans les moyens que vous lui offrez pour maintenir la paix publique. Si donc il arrive que la paix publique n'est pas maintenue, que la torche du fanatisme menace encore d'incendier le royaume, que les violences religieuses désolent toujours les départements, c'est que les agents de l'autorité royale sont eux-mêmes la cause de tous nos maux. Eh bien, qu'ils répondent sur leur tête de tous les troubles dont la religion sera le prétexte ! Montrez dans cette responsabilité terrible le terme de votre patience et des inquiétudes de la nation !

» Votre sollicitude pour la sûreté extérieure de l'empire vous a fait décréter un camp sous Paris. Tous les fédérés de la France devaient y venir, le 14 juillet, répéter le serment de vivre libres ou de mourir. Le souffle empoisonné de la calomnie a flétri ce projet. Le roi a refusé sa sanction. Je respecte trop l'exercice d'un droit constitutionnel pour vous proposer de rendre les ministres responsables de ce refus; mais s'il arrive qu'avant le rassemblement des bataillons le sol de la liberté soit profané, vous devez les traiter comme des traîtres. Il faudra les jeter eux-mêmes dans l'abîme que leur incurie ou leur malveillance aura creusé sous les pas de la liberté! Déchirons enfin le bandeau que l'intrigue et l'adulation ont mis sur les yeux du roi, et montrons-lui le terme où des amis perfides s'efforcent de le conduire.

» C'est au nom du roi que les princes français soulèvent contre nous les cours de l'Europe; c'est pour venger la dignité du roi que s'est conclu le traité de Pilnitz; c'est pour défendre le roi qu'on voit accourir en Allemagne sous le drapeau de la rébellion les anciennes compagnies des gardes du corps; c'est pour venir au secours du roi que les émigrés s'enrôlent dans les armées autrichiennes, et s'apprêtent à déchirer le sein de la patrie; c'est pour se joindre à ces preux chevaliers de la prérogative royale que d'autres abandonnent leur poste en présence de l'ennemi, trahissent leurs serments, volent les caisses, corrompent les soldats, et placent ainsi leur honneur dans la lâcheté, le parjure, l'insubordination, le vol et les assassinats. Enfin le nom du roi est dans tous les désastres.

» Or, je lis dans la constitution : « Si le roi se met à la » tête d'une armée, et en dirige les forces contre la nation,

» ou s'il ne s'oppose pas par un acte formel à une telle en-
» treprise exécutée en son nom, il sera censé avoir abdiqué
» la royauté. » C'est en vain que le roi répondrait : « Il est
» vrai que les ennemis de la nation prétendent n'agir que
» pour relever ma puissance; mais j'ai prouvé que je n'étais
» pas leur complice : j'ai obéi à la constitution, j'ai mis des
» troupes en campagne. Il est vrai que ces armées étaient
» trop faibles; mais la constitution ne désigne pas le degré
» de force que je devais leur donner. Il est vrai que je les
» ai rassemblées trop tard; mais la constitution ne désigne
» pas le temps auquel je devais les rassembler. Il est vrai
» que des camps de réserve auraient pu les soutenir; mais
» la constitution ne m'oblige pas à former des camps de
» réserve. Il vrai que, lorsque les généraux s'avançaient
» sans résistance sur le territoire ennemi, je leur ai ordonné
» de reculer; mais la constitution ne me commande pas de
» remporter la victoire. Il est vrai que mes ministres ont
» trompé l'Assemblée nationale sur le nombre, la dispo-
» sition des troupes et leurs approvisionnements; mais la
» constitution me donne le droit de choisir mes ministres,
» elle ne m'ordonne nulle part d'accorder ma confiance aux
» patriotes et de chasser les contre-révolutionnaires. Il est
» vrai que l'Assemblée nationale a rendu des décrets né-
» cessaires à la défense de la patrie, et que j'ai refusé de
» les sanctionner; mais la constitution me garantit cette
» faculté. Il est vrai enfin que la contre-révolution s'opère,
» que le despotisme va remettre entre mes mains son
» sceptre de fer, que je vous en écraserai, que vous allez
» ramper, que je vous punirai d'avoir eu l'insolence de
» vouloir être libres; mais tout cela se fait constitutionnelle-
» ment. Il n'est émané de moi aucun acte que la constitu-

» tion condamne. Il n'est donc pas permis de douter de ma
» fidélité envers elle et de mon zèle pour sa défense. » (Vifs
applaudissements.)

» S'il était possible, messieurs, que dans les calamités
d'une guerre funeste, dans les désordres d'un bouleverse-
ment contre-révolutionnaire, le roi des Français tînt ce
langage dérisoire ; s'il était possible qu'il leur parlât de son
amour pour la constitution avec une ironie aussi insultante;
ne serions-nous pas en droit de lui répondre :

VIII

» O roi qui sans doute avez cru avec le tyran Lysandre
que la vérité ne valait pas mieux que le mensonge, et qu'il
fallait amuser les hommes par des serments comme on
amuse les enfants avec des osselets; qui n'avez feint d'aimer les lois que pour conserver la puissance qui vous servirait à les braver, la constitution que pour qu'elle ne vous
précipitât pas du trône où vous aviez besoin de rester pour
la détruire, la nation que pour assurer le succès de vos
perfidies en lui inspirant de la confiance, pensez-vous nous
abuser aujourd'hui avec d'hypocrites protestations? Pensez-vous nous donner le change sur la cause de nos malheurs par l'artifice de vos excuses et l'audace de vos sophis-
mes? Était-ce nous défendre que d'opposer aux soldats
étrangers des forces dont l'infériorité ne laissait pas même
d'incertitude sur leur défaite? Était-ce nous défendre

que d'écarter les projets tendant à fortifier l'intérieur du royaume, ou de faire des préparatifs de résistance pour l'époque où nous serions déjà devenus la proie des tyrans ? Était-ce nous défendre que de ne pas réprimer un général qui violait la constitution, et d'enchaîner le courage de ceux qui la servaient? Était-ce nous défendre que de paralyser sans cesse le gouvernement par la désorganisation continuelle du ministère? La constitution vous laissa-t-elle le choix des ministres pour notre bonheur ou notre ruine? Vous fit-elle chef de l'armée pour notre gloire ou notre honte? Vous donna-t-elle enfin le droit de sanction, une liste civile et tant de grandes prérogatives, pour perdre constitutionnellement la constitution et l'empire? Non, non, homme que la générosité des Français n'a pu émouvoir, homme que le seul amour du despotisme a pu rendre sensible, vous n'avez pas rempli le vœu de la constitution ! Elle peut être renversée, mais vous ne recueillerez pas le fruit de votre parjure! Vous ne vous êtes point opposé par un acte formel aux victoires qui se remporteraient en votre nom sur la liberté; mais vous ne recueillerez point le fruit de ces indignes triomphes! Vous n'êtes plus rien pour cette constitution que vous avez si indignement violée, pour ce peuple que vous avez si lâchement trahi ! (Applaudissements réitérés.)

» Comme les faits que je viens de rapporter ne sont pas dénués de rapports très-frappants avec plusieurs actes et plusieurs rapports du roi ; comme il est certain que les faux amis qui l'environnent sont vendus aux conjurés de Coblentz, et qu'ils brûlent de perdre le roi pour transporter la couronne sur la tête de quelques-uns des chefs de leurs complots; comme il importe à sa sûreté personnelle autant qu'à la sûreté de l'empire que sa conduite ne soit plus environnée de soupçons, je proposerai une adresse qui lui rappelle les vérités que je viens de faire retentir, et où on lui démontrera que la neutralité qu'il garde entre la patrie et Coblentz serait une trahison envers la France.

IX

» Je demande de plus que vous déclariez que la patrie est en danger. Vous verrez à ce cri d'alarme tous les citoyens se rallier, la terre se couvrir de soldats, et se renouveler les prodiges qui ont couvert de gloire les peuples de l'antiquité. Les Français régénérés de 89 sont-ils déchus de ce patriotisme? Le jour n'est-il pas venu de réunir ceux qui sont dans Rome et ceux qui sont sur le mont Aventin? Attendez-vous que, las des fatigues de la Révolution ou corrompus par l'habitude de parader autour d'un château, des hommes faibles s'accoutument à parler de liberté sans enthousiasme et d'esclavage sans horreur? Que nous prépare-t-on? Est-ce le gouvernement militaire que l'on veut rétablir? On soupçonne la cour de projets perfides; elle fait parler de mouvements militaires, de loi martiale; on familiarise l'imagination avec le sang du peuple. Le palais du roi des Français s'est tout à coup changé en château fort. Où sont cependant ses ennemis? Contre qui se pointent ces canons et ces baïonnettes? Les amis de la constitution ont été repoussés du ministère. Les rênes de l'empire demeurent flottantes au hasard, à l'instant où pour les soutenir il fallait autant de vigueur que de patriotisme. Partout on fomente la discorde. Le fanatisme triomphe. La connivence du gouvernement accroît l'audace des puissances étrangères, qui vomissent contre nous des armées et des fers, et refroidit la sympathie des peuples, qui font des vœux secrets pour le triomphe de la liberté. Les cohortes ennemies s'ébranlent. L'intrigue et la perfidie trament des trahisons. Le corps législatif oppose à ces complots des décrets rigoureux, mais nécessaires; la main du roi les déchire. Appelez, il en est temps, appelez tous les Français pour sauver la patrie! Montrez-leur le gouffre dans toute son immensité. Ce n'est que par un effort extraordinaire qu'ils pourront le franchir. C'est à vous de les y préparer par un mouvement électrique qui fasse prendre l'élan à tout l'empire. Imitez vous-mêmes les Spartiates des Thermopyles, ou ces vieillards vénérables du sénat romain qui allèrent attendre sur le seuil de leur porte la mort que de farouches vainqueurs apportaient à leur patrie. Non, vous n'aurez pas besoin de faire des vœux pour qu'il naisse des vengeurs de vos cendres. Le jour où votre sang rougira la terre, la tyrannie, son orgueil, ses palais, ses protecteurs, s'évanouiront à jamais devant la toute-puissance nationale et devant la colère du peuple. »

X

Ce discours, où tous les périls et toutes les calamités du temps étaient si artificieusement rejetés sur le roi seul, retentit dans toute la France comme le tocsin du patriotisme. Médité chez madame Roland, commenté aux Jacobins, adressé à toutes les sociétés populaires du royaume, lu aux séances de tous les clubs, il remua dans la nation entière tous les ressentiments contre la cour. Le 10 août était dans ces paroles. Une nation qui avait adressé de pareils soupçons et de pareilles menaces à son roi ne pouvait plus ni lui obéir ni le respecter. La proclamation du danger de la patrie était, au fond, la proclamation de la trahison du pouvoir exécutif.

Brissot et Condorcet, l'un dans un discours, l'autre dans un projet d'adresse au roi, développèrent avec moins de grandeur, mais avec plus de haine, ces considérations. Ils envenimèrent la blessure que le coup de Vergniaud avait faite à la royauté.

Aux Jacobins, Robespierre rédigea une adresse aux fédérés. Tout en proclamant les mêmes dangers que Vergniaud avait signalés dans son discours, Robespierre indiquait d'avance au peuple qu'il aurait bientôt à combattre d'autres ennemis que la cour. Il semait d'avance les soupçons dans les âmes, et prenait ses gages contre le triomphe des Girondins.

« Salut aux Français des quatre-vingt-trois départements! Salut aux Marseillais! Salut, s'écriait-il, à la patrie puissante, invincible, qui rassemble ses enfants autour d'elle au jour de ses dangers et de ses fêtes! Ouvrons nos maisons à nos frères! Citoyens, n'êtes-vous accourus que pour une vaine cérémonie de fédération et pour des serments superflus? Non, non, vous accourez au cri de la nation qui vous appelle! Menacés dehors, trahis dedans, nos chefs perfides mènent nos armées aux piéges. Nos généraux respectent le territoire du tyran autrichien et brûlent les villes de nos frères belges. Un autre monstre, La Fayette, est venu insulter en face l'Assemblée nationale. Avilie, menacée, outragée, existe-t-elle encore? Tant d'attentats réveillent enfin la nation, et vous êtes accourus. Les endormeurs du peuple vont essayer de vous séduire. Fuyez leurs caresses, fuyez leurs tables, où l'on boit le modérantisme et l'oubli du devoir. Gardez vos soupçons dans vos cœurs! L'heure fatale va sonner. Voilà l'autel de la patrie. Souffrirez-vous que de lâches idoles viennent s'y placer entre la liberté et vous, pour usurper le culte qui lui est dû? Ne prêtons serment qu'à la patrie entre les mains du *Roi immortel de la nature*. Tout nous rappelle à ce Champ de Mars les parjures de nos ennemis. Nous ne pouvons y fouler un seul endroit qui ne soit souillé du sang innocent qu'ils y ont versé! Purifiez ce sol, vengez ce sang, ne sortez de cette enceinte qu'après avoir décidé dans vos cœurs le salut de la patrie! »

XI

Camille Desmoulins et Chabot dénoncèrent aussi aux Jacobins les projets de fuite du roi, la prochaine arrivée de La Fayette. « Peuple, on vous abuse, dit à son tour Danton, jamais on ne compose avec les tyrans. Il faut que nos frères des départements jurent de ne se séparer que lorsque les traîtres seront punis par la loi ou auront passé à l'étranger. Le droit de pétition n'a pas été enseveli au Champ de Mars avec les cadavres de ceux qui y furent immolés. Qu'une pétition nationale sur le sort du pouvoir exécutif soit donc présentée au Champ de Mars par la nation souveraine ! »

Il dit, et il sortit, laissant cette motion énigmatique à la réflexion des patriotes. Sobre de paroles, impatient de menées, Danton n'aimait pas les longs discours. Il frappait un mot comme on frappe une médaille, et le lançait en circulation dans la foule. Il rencontra en sortant un groupe d'hommes alarmés qui se pressèrent autour de lui et lui demandèrent son avis sur la chose publique. « Ils sont là, dit-il en montrant d'un geste de mépris la porte des Jacobins, un tas de bavards qui délibèrent toujours ! Imbéciles que vous êtes, ajouta-t-il en s'adressant au groupe, à quoi bon tant de paroles, tant de débats sur la constitution, tant de façons avec les aristocrates et avec les tyrans ? Faites comme eux ; vous étiez dessous, mettez-vous dessus : voilà toute la révolution ! »

LIVRE DIX-NEUVIÈME

Premières insurrections en Bretagne et dans le Vivarais. — L'exaltation des patriotes. — Chabot. — Grangeneuve. — Tentative de réconciliation des partis à l'Assemblée. — Lamourette. — La suspension de Pétion envenime les ressentiments. — Terreur de la reine à l'approche du jour de la fédération. — Craintes de la famille royale. — Espoir de la reine. — Outrages à la famille royale. — L'armoire de fer. — Le roi et la famille royale au Champ de Mars. — Assassinats. — D'Éprémesnil. — Situation de la garde nationale. — Barbaroux et Rebecqui chefs des Marseillais. — Madame Roland âme du 10 août. — Pétion complice. — Barbaroux, Danton, Santerre à la tête du mouvement. — Conciliabules secrets à Charenton. — Repas aux Champs-Élysées. — Rixes entre les Marseillais et les royalistes. — Tentatives des amis de Robespierre pour lui donner la dictature.

I

Tout indiquait, comme on l'a vu dans l'adresse de Robespierre et dans les mots de Danton, un rendez-vous donné au Champ de Mars, le 14 juillet, pour emporter la royauté dans une tempête, et pour faire éclore la république ou la dictature d'une acclamation des fédérés. « Nous sommes un million de factieux, » écrivait le Girondin Carra dans sa feuille.

La nation tout entière, alarmée sur son existence, sans défenseurs sur ses frontières, sans gouvernement au dedans, sans confiance dans ses généraux, voyant les déchirements des factions dans l'Assemblée, et se croyant trahie par la cour, était dans cet état d'émotion et d'angoisse qui livre un peuple au hasard de tous les événements. La Bretagne commençait à s'insurger au nom de la religion sous le drapeau du roi. Cette insurrection, toute populaire, dans les nobles ne chercha que des chefs. La guerre de la Vendée, destinée à devenir bientôt si terrible, fut dès le premier jour une guerre de conscience dans le peuple, une guerre d'opinion dans les chefs. L'émigration s'armait pour le roi et pour l'aristocratie, la Vendée pour Dieu.

Un simple cultivateur, Alain Redeler, le 8 juillet, à la sortie de la messe, dans la paroisse de Fouestan, indiqua aux paysans un rassemblement armé pour le lendemain auprès de la petite chapelle des landes de Kerbader. A l'heure dite, cinq cents hommes s'y trouvèrent déjà réunis. Ce rassemblement, bien différent des rassemblements tumultueux de Paris, témoignait par son attitude le recueillement de ses pensées. Les signes religieux s'y mêlaient aux armes. La prière y consacrait l'insurrection. Le tocsin sonnait de clocher en clocher. La population des campagnes tout entière répondait à l'appel des cloches comme à la voix de Dieu lui-même. Mais aucun désordre ne souilla ce soulèvement. Le peuple se contentait d'être debout, et ne demandait que la liberté de ses autels. Les gardes nationales, la troupe de ligne, l'artillerie, marchèrent de tous les points du département. Le choc fut sanglant, la victoire disputée. Cependant l'insurrection parut s'émouvoir et couva sourdement dans la Bretagne pour éclater plus tard. C'était la première étincelle de la grande guerre civile.

II

Elle éclata en même temps, mais moins obstinée, sur un autre point du royaume. Un gentilhomme nommé Dusaillant et un prêtre nommé l'abbé de La Bastide rassemblèrent, au nom du comte d'Artois, trois mille paysans dans le Vivarais.

Ce pays, obstrué de montagnes, percé de défilés étroits, raviné de torrents, palissadé de forêts de sapins, est une citadelle naturelle élevée par la nature entre les plaines du bas Languedoc et les belles vallées du Rhône et de la Saône. Lyon est sa grande capitale. L'esprit catholique et sacerdotal de cette ville toute romaine régnait dans ces montagnes. Les nombreux châteaux qui commandent les vallées appartenaient à une noblesse très-rapprochée par le sang et par les mœurs de la bourgeoisie, et se confondant par ses occupations rurales et par la religion avec le peuple des campagnes. Les gentilshommes n'étaient que les premiers entre les paysans. Unis d'intérêts avec le clergé, ils agitaient par lui le pays.

Dusaillant s'empara du château gothique et crénelé de

Jalès, le fortifia, y établit le quartier général du soulèvement, fit prêter à ces rassemblements un serment de fidélité au roi seul et à la religion antique. Les jeunes gentilshommes de la contrée amenèrent successivement à ce chef leurs détachements; des prédicateurs les enflammèrent au nom de la foi. De jeunes filles à cheval, vêtues et armées en amazones, parcouraient les rangs, distribuaient les signes de la révolte, les cœurs de Jésus sur la poitrine, les croix d'or au chapeau. Elles réveillaient au nom de l'amour l'héroïsme de l'ancienne chevalerie; cette race pieuse, enthousiaste et intrépide des Cévennes, se levait à leur voix. L'insurrection, qui semblait isolée dans ce pays inaccessible, avait des intelligences avec Lyon, et promettait à cette ville des renforts et des communications avec le Midi, pour le jour où Lyon tenterait sa contre-révolution. En traversant le Rhône, au pied du mont Pilate, l'armée de Jalès se trouvait en contact avec le Piémont par les Basses-Alpes; en s'étendant dans le bas Languedoc, elle touchait aux Pyrénées et à l'Espagne : Dusaillant avait admirablement posté le noyau de la guerre civile. Le cœur du pays, le cours du Rhône, le nœud de la France méridionale, étaient à lui s'il eût triomphé.

III

L'Assemblée le comprit. Les patriotes s'inquiétèrent à Lyon, à Nîmes, à Valence, dans toutes les villes du Midi.

Une armée de gardes nationales marcha avec du canon ; le château de Bannes, les gorges qui couvraient le camp, furent vaillamment défendus, héroïquement emportés. Un combat désespéré s'engagea autour du château de Jalès, cette place forte du soulèvement. Gentilshommes, paysans, prêtres, soutinrent avec intrépidité plusieurs assauts des troupes ; les femmes mêmes distribuaient les munitions, chargeaient les armes, secouraient les blessés. A la nuit, les insurgés abandonnèrent le château criblé de boulets, et dont les murs s'écroulaient sur ses défenseurs. Ils se dispersèrent dans les gorges de l'Ardèche : ils laissèrent de nombreux cadavres, quelques-uns de femmes. Le chef du mouvement, Dusaillant, ayant quitté son cheval, ses armes, et s'étant déguisé en prêtre, fut reconnu et arrêté par un vétéran. Il offrit soixante louis au soldat pour sa rançon. Le soldat refusa. Dusaillant périt massacré par le peuple en entrant dans la ville où les troupes le conduisaient pour être jugé. L'abbé de La Bastide eut le même sort. La fureur ne jugeait déjà plus, elle frappait.

IV

Ces nouvelles émurent Paris et poussèrent jusqu'au délire le patriotisme menacé. Les idées nouvelles aspiraient à avoir leurs martyrs, comme les idées anciennes avaient leurs victimes. Les impatients du règne de la liberté frémissaient des lenteurs de la crise ; ils imploraient un événement quelconque qui, en poussant le peuple aux extrémités, rendît toute réconciliation impossible entre la nation et le roi. Ne voyant pas surgir cette occasion d'elle-même, ils pensèrent à la faire naître artificiellement. Il fallait un prétexte à l'insurrection; ils voulurent le lui donner, même au prix de leur vie.

Il y avait alors à Paris deux hommes d'une foi intrépide et d'un dévouement fanatique à leur parti : c'étaient Chabot et Grangeneuve. Grangeneuve était Girondin, homme d'idées courtes, mais inflexibles, n'aspirant qu'à servir l'humanité en soldat obscur, sentant bien que la médiocrité de son génie ne lui laissait d'autre moyen d'être utile à la liberté que de mourir pour elle. Caractères dévoués qui donnent leur sang à leur cause sans demander même qu'elle se souvienne de leurs noms.

Chabot, fils d'un cuisinier du collége de Rodez, élevé par la charité de ses maîtres, enivré dans sa première jeunesse d'une ascétique piété, avait revêtu la robe de capucin. Il s'était signalé longtemps par une mendicité plus humble et par une sordidité plus repoussante dans cet ordre mendiant, parmi ces Diogènes du christianisme. Esprit mobile et excessif, la première contagion des idées révolutionnaires l'avait atteint dans la cellule de son monastère. La fièvre de la liberté et de la transformation sociale avait allumé son âme; il avait secoué sa foi et son froc. L'éclat de son apostasie, son ressentiment contre les autels de sa jeunesse, la fougue et le déréglement de ses prédications populaires, l'avaient signalé au peuple et porté à l'Assemblée législative. Caché derrière Robespierre et Pétion, il voyait au delà de la constitution de 91 la ruine de la royauté; il y aspirait ouvertement. C'était un de ces hommes qui dédaignent les détours, qui se découvrent devant l'ennemi et qui croient que la haine active et déclarée est la meilleure politique contre les institutions qu'on veut détruire. Chabot et Grangeneuve étaient des conciliabules de Charenton.

V

Un soir, ils sortirent ensemble d'une de ces conférences affligés et découragés des hésitations et des temporisations des conspirateurs. Grangeneuve marchait la tête baissée et en silence : « A quoi penses-tu? lui dit Chabot. — Je pense, répondit le Girondin, que ces lenteurs énervent la Révolution et la patrie. Je pense que, si le peuple donne du temps à la royauté, le peuple est perdu. Je pense qu'il n'y a qu'une heure pour les révolutions, et que ceux qui la laissent échapper ne la retrouvent pas et en doivent compte plus tard à Dieu et à la postérité. Tiens, Chabot! le peuple ne se lèvera pas de lui-même; il lui faut un mobile, il lui faut un accès de rage et d'effroi qui lui donne le redoublement d'énergie dont il a besoin au dernier moment pour secouer ses vieilles institutions. Comment le lui donner? J'y pensais, et je l'ai enfin trouvé dans mon cœur. Mais trouverai-je également un homme capable de la résolution et du secret nécessaires à un pareil acte? — Parle, dit Chabot, je suis capable de tout pour détruire ce que je hais. — Eh bien, reprit Grangeneuve, le sang est l'ivresse du peuple; il y a du sang pur au berceau de toutes les grandes révolutions, depuis celui de Lucrèce jusqu'à celui de Guillaume Tell et de Sydney. Pour les hommes d'État, les révolutions sont une théorie; pour le peuple, c'est une vengeance. Mais pour pousser la multitude à la vengeance, il faut lui montrer une victime. Puisque la cour nous refuse cette joie, il faut la donner nous-mêmes à notre cause; il faut qu'une victime paraisse tomber sous les coups des aristocrates, il faut que l'homme que la cour sera censée avoir immolé soit un de ses ennemis les plus connus, et membre de l'Assemblée, pour que l'attentat contre la représentation nationale s'ajoute dans cet acte à l'assassinat d'un citoyen. Il faut que cet assassinat soit commis aux portes du château, pour qu'il crie vengeance de plus près. Mais quel sera ce citoyen? Ce sera moi. Ma parole est nulle, ma vie est inutile à la liberté; ma mort lui profitera, mon cadavre sera l'étendard de l'insurrection et de la victoire du peuple. »

Chabot écoutait Grangeneuve avec admiration. « C'est le génie du patriotisme qui t'inspire! lui dit-il; s'il faut deux victimes, je m'offre d'être ton second. — Tu seras plus, répliqua Grangeneuve, tu seras non pas l'assassin, puisque j'implore moi-même ma mort, mais tu seras mon meurtrier. Cette nuit je me promènerai seul et sans armes dans le lieu le plus désert et le moins éclairé, près des guichets du Louvre : aposte deux patriotes dévoués et armés de poignards, convenons d'un signe que je leur ferai moi-même pour me désigner à leurs coups; je ferai ce signe. Ils me frapperont; je recevrai la mort sans pousser un cri. Ils fuiront. Au jour on trouvera mon cadavre! Vous accuserez la cour! La vengeance du peuple fera le reste!... »

Chabot, aussi fanatique et aussi décidé que Grangeneuve

à calomnier le roi par la mort d'un patriote, jura à son ami cette odieuse supercherie de la haine. Le rendez-vous de l'assassinat fut fixé, l'heure convenue, le signe concerté. Grangeneuve se retira chez lui, fit son testament, se prépara à la mort, et se rendit à minuit à l'endroit marqué. Il s'y promena deux heures. Il vit s'avancer plusieurs fois des hommes qu'il prit pour ses assassins apostés. Il fit le signe convenu et attendit le coup. Nul ne frappa. Chabot avait hésité à l'accomplir, ou faute de résolution, ou faute d'instruments. La victime n'avait pas manqué au sacrifice, mais le meurtrier.

VI

Au milieu de ces prodiges de haine, un homme tenta un prodige de réconciliation des partis. C'était Lamourette, ancien grand vicaire de l'évêque d'Arras et alors évêque constitutionnel de Lyon. Sincèrement religieux, la Révolution en passant par son âme avait pris quelque chose de la charité du christianisme. Il était vénéré de l'Assemblée pour la vertu la plus rare dans les luttes d'idées, la modération. Il recueillit en un jour le fruit de l'estime qu'on lui portait. Brissot allait monter à la tribune pour proposer de nouvelles mesures de sûreté générale. Lamourette le devance et demande au président la parole pour une motion d'ordre. Il l'obtient. « De toutes les mesures, dit-il, qu'on vous proposera pour arrêter les divisions qui nous déchirent, on n'en oublie qu'une; et celle-là suffirait à elle seule pour rendre l'ordre à l'empire et la sécurité à la nation. C'est l'union de tous ses enfants dans une même pensée; c'est le rapprochement de tous les membres de cette Assemblée, exemple irrésistible qui rapprocherait tous les citoyens! Et quoi donc s'y oppose? Il n'y a rien d'irréconciliable que le crime et la vertu. Les honnêtes gens ont un terrain commun de patriotisme et d'honneur, où ils peuvent toujours se rencontrer. Qu'est-ce qui nous sépare? Des préventions, des soupçons des uns contre les autres. Étouffons-les dans un embrassement patriotique et dans un serment unanime. Foudroyons par une exécration commune la république et les deux chambres!... »

A ces mots, l'Assemblée entière se lève, le serment sort de toutes les bouches, des cris d'enthousiasme retentissent dans la salle, et vont apprendre au dehors que la parole d'un honnête homme a éteint les divisions, confondu les partis, rapproché les hommes. Les membres des factions les plus opposées quittent leurs places et vont embrasser leurs ennemis. La gauche et la droite n'existent plus. Ramon, Vergniaud, Chabot, Vaublanc, Gensonné, Basire, Condorcet, Pastoret, Jacobins et Girondins, constitutionnels et républicains, tout se mêle, tout se confond, tout s'efface dans une fraternelle unité. Ces cœurs lassés de divisions se reposent un moment de la haine. On envoie un message au roi pour qu'il jouisse de la concorde de son peuple. Le roi accourt. Il est enveloppé de cris d'enthousiasme. Son âme respire de meilleures espérances. L'émotion arrache à sa timidité naturelle quelques mots touchants qui redoublent les transports de l'Assemblée. « Je ne fais qu'un avec vous, dit il d'une voix où roulent des larmes. Notre union sauvera la France. » Il sort accompagné jusqu'à son palais par les bénédictions de la foule. Il croit avoir reconquis le cœur des Français. Il embrasse la reine, sa sœur, ses enfants; il voudrait pouvoir embrasser tout son peuple. Il fait rouvrir en signe de confiance le jardin des Tuileries, fermé depuis les attentats du 20 juin. La foule s'y précipite et vient assiéger de ses cris d'amour ces mêmes fenêtres qu'elle assiégeait la veille d'insultes. La famille royale crut à quelques beaux jours. Hélas! le premier dont elle jouit depuis tant d'années ne dura pas jusqu'au soir.

L'arrêté du département qui suspendait Pétion de ses fonctions, apporté à la séance du soir, fit revivre les dissensions mal étouffées. Un sentiment, quelque doux qu'il soit, ne prévaut pas sur une situation. La haine s'était détendue un instant, mais elle était dans les choses plus que dans les cœurs; elle vibra de nouveau avec plus de force.

Le peuple accompagna de cris de mort le directoire du département, que l'Assemblée avait appelé dans son sein. « Rendez-nous Pétion! La Rochefoucauld à Orléans! » Ces vociférations terribles vinrent refouler jusque dans le cœur du roi la joie passagère qui l'avait traversé. La séance des Jacobins fut plus turbulente que la veille. « On s'embrasse à l'Assemblée, dit Billaud-Varennes; c'est le baiser de Judas, c'est le baiser de Charles IX tendant la main à Coligny! On s'embrassait ainsi au moment où le roi préparait sa fuite au 6 octobre. On s'embrassait ainsi avant les massacres du Champ de Mars! On s'embrasse, mais les conspirations de la cour cessent-elles? Nos ennemis en avancent-ils moins contre nos frontières? Et La Fayette en est-il moins un traître?... »

VII

C'est sous de tels auspices que le jour de la fédération s'approchait. La reine le voyait avec terreur. Tout révélait des projets sinistres pour cet anniversaire. La France révolutionnaire, en envoyant les fédérés de Brest et de Marseille, avait envoyé tous ses hommes de main à Paris. La famille royale vivait dans les transes de l'assassinat. Tout son espoir reposait sur les troupes étrangères, qui promettaient de la délivrer dans un mois. On comptait au château marche par marche l'arrivée du duc de Brunswick à Paris. Le jour de la délivrance était marqué d'avance par le doigt de la reine sur le calendrier de ses appartements. Il ne s'agissait que de vivre jusque-là. Mais la reine craignait à la fois pour le roi le poison, le poignard et la balle des assassins.

Épiée dans l'intérieur même des plus secrets appartements par les sentinelles de la garde nationale, qui veillaient à toutes les portes plus en geôliers qu'en défenseurs, la famille royale ne touchait qu'en apparence aux aliments servis sur sa table des Tuileries, et se faisait apporter mystérieusement sa nourriture par des mains sûres et affidées. La reine fit revêtir au roi un plastron composé de quinze doubles de forte soie à l'épreuve du stylet et de la balle. Le roi ne se prêta que par complaisance pour la tendresse de la reine à ces précautions contre la destinée. Les révolutions n'assassinent pas, elles immolent. L'infortuné prince le savait. « Ils ne me feront pas frapper par la main d'un scélérat, dit-il tout bas à la femme de la reine qui lui essayait le gilet plastronné. Leur plan est changé. Ils me feront mourir en plein jour et en roi. » Il nourrissait ces pressentiments de la lecture des catastrophes royales qui lui prédisaient la sienne. Le portrait de Charles Ier, par Van Dyck, était en face de lui dans son cabinet; l'histoire de ce prince, toujours ouverte sur sa table : il l'étudiait et l'interrogeait, comme si ces pages eussent renfermé le mystère d'une destinée qu'il cherchait à comprendre pour la tromper. Mais déjà il ne se flattait plus lui-même. L'avenir lui avait dit son mot. Sauver la reine, ses enfants, sa sœur, était le dernier terme de ses espérances et le seul mobile de ses efforts. Quant à lui, son sacrifice était fait. Il le renouvelait tous les jours dans les exercices religieux qui élevaient et consolaient sa résignation. « Je ne suis pas heureux, répondit-il à un de ses confidents qui lui conseillait de jouer héroïquement son sort avec la fortune. Sans doute je pourrais tenter encore des mesures d'audace, mais elles ont des chances extrêmes; si je puis les courir pour moi, je n'ose y exposer ma famille. La fortune m'a trop appris à me défier d'elle. Je ne veux pas fuir une seconde fois, je m'en suis trop mal trouvé. J'aime mieux la mort, elle n'a rien qui m'effraye; je m'y attends, je m'y exerce tous les jours. Ils se contenteront de ma vie, ils épargneront celle de ma femme et de mes enfants. »

VIII

La reine nourrissait les mêmes pensées. Une mélancolie abattue, interrompue, seulement par des élans de mâle fierté, avait remplacé sur son visage et dans ses paroles la sérénité de ses heureux jours. « Je commence à voir qu'ils feront le procès du roi, disait-elle à son amie la princesse de Lamballe. Quant à moi, je suis étrangère... ils m'assassineront ! Que deviendront nos pauvres enfants ? » Souvent ses femmes la surprenaient dans les larmes. L'une d'elles ayant voulu lui présenter une potion calmante dans une de ces crises de douleur : « Laissez là, lui répondit la reine, ces médicaments inutiles pour les maux de l'âme; ils ne me peuvent rien. Les langueurs et les spasmes sont les maladies des femmes heureuses. Depuis mes malheurs je ne sens plus mon corps, je ne sens que ma destinée ; mais ne le dites pas au roi. »

IX

Quelquefois cependant l'espérance prévalait sur l'abattement dans cette âme. Le ressort de la jeunesse et du caractère la relevait de ses pressentiments. Forcée par la crainte des attroupements des faubourgs et des surprises nocturnes de quitter son appartement du rez-de-chaussée, Marie-Antoinette avait fait placer son lit dans une chambre du premier étage, entre la chambre du roi et celle de ses enfants. Toujours éveillée longtemps avant le jour, elle avait défendu qu'on fermât les persiennes et les rideaux de ses fenêtres, afin de jouir des premières clartés du ciel qui venaient abréger la longueur de ses nuits sans sommeil.

Une de ces nuits de juillet où la lune éclairait sa chambre, elle contempla longtemps le ciel avec un recueillement de joie intérieure. « Vous voyez cette lune, dit-elle à la personne qui veillait au pied de son lit : quand elle viendra de nouveau briller dans un mois, elle me trouvera libre et heureuse, et nos chaînes seront brisées. » Elle déroula ses espérances, ses craintes, ses angoisses, l'itinéraire des princes et du roi de Prusse, leur prochaine entrée dans Paris, ses inquiétudes sur l'explosion de la capitale à l'approche des armées étrangères, ses tristesses sur le défaut d'énergie du roi dans la crise. « Il n'est pas lâche, disait-elle ; au contraire, il est impassible devant le danger ; mais son courage est dans son cœur et n'en sort pas, sa timidité l'y comprime. Son grand-père Louis XV a prolongé son enfance jusqu'à vingt et un ans. Sa vie s'en ressent. Il n'ose rien. Sa propre parole l'effraye. Un mot énergique de sa bouche en ce moment à la garde nationale entraînerait Paris. Il ne le dira pas. Pour moi, je pourrais bien agir, et monter à cheval s'il le fallait ; mais ce serait donner des armes contre lui. On crierait à l'Autrichienne ! Une reine qui n'est pas régente, dans ma situation, doit se taire et se préparer à mourir ! »

X

Madame Élisabeth recevait les confidences des deux époux et les caresses des enfants. Sa foi, plus soumise que celle de la reine, plus tendre que celle du roi, faisait de sa vie un continuel holocauste. Elle ne trouvait, ainsi que son frère, de consolation qu'au pied des autels. Elle y prosternait tous les matins sa résignation. La chapelle du château était le refuge où la famille royale s'abritait contre tant de douleurs. Mais là encore la haine de ses ennemis la poursuivait. Un des premiers dimanches de juillet, des soldats de la garde nationale, qui remplissaient la galerie par où le roi allait entendre la messe, crièrent : « Plus de roi ! à bas le *veto !* » Le roi, accoutumé aux outrages, entendit ces cris, vit ces gestes sans s'étonner. Mais à peine la famille royale était-elle agenouillée dans sa tribune, que les musiciens de la chapelle firent éclater les airs révolutionnaires de la *Marseillaise* et du *Ça ira*. Les chantres eux-mêmes, choisissant dans les psaumes les strophes menaçantes que la colère de Dieu adresse à l'orgueil des rois, les chantèrent avec affectation à plusieurs reprises, comme si la menace et la terreur fussent sorties de ce sanctuaire même où la famille condamnée venait chercher la consolation et la force.

Le roi fut plus sensible à ces outrages qu'à tous les autres. Il lui sembla, dit-il en sortant, que Dieu lui-même se tournait contre lui. Les princesses mirent leurs livres sur leurs yeux pour cacher leurs larmes. La reine et ses enfants ne pouvaient plus respirer l'air du dehors. Chaque fois qu'on ouvrait les fenêtres, on entendait crier sur la terrasse des Feuillants : *La Vie de Marie-Antoinette.* Des colporteurs étalaient des estampes infâmes où la reine était représentée en *Messaline* et le roi en *Vitellius.* Les éclats de rire de la populace répondaient aux apostrophes obscènes que ces hommes adressaient du geste aux fenêtres du château. L'intérieur même des appartements n'était pas à l'abri de l'insulte et du danger. Une nuit, le valet de chambre qui veillait dans un corridor à la porte de la reine lutta avec un assassin qui se glissait dans l'ombre. Marie-Antoinette s'élança de sa couche au bruit. « Quelle situation ! s'écria-t-elle ; des outrages le jour, des meurtres la nuit ! »

XI

A chaque instant on s'attendait à de nouveaux assauts des faubourgs. Une nuit où l'on croyait à une irruption, le roi et Madame Élisabeth, réveillés et debout, avaient défendu d'éveiller la reine. « Laissez-la prendre quelques heures de repos, dit le roi à madame Campan, elle a bien assez de peines ! ne les devançons pas. » A son réveil, la reine se plaignit amèrement de ce qu'on l'avait laissée dormir pendant les alarmes du château. « Ma sœur Élisabeth était près du roi, et je dormais ! s'écria-t-elle. Je suis sa femme; et je ne veux pas qu'il coure un danger sans que je le partage ! »

C'est dans ces jours de trouble que le roi recueillit et cacha les papiers découverts depuis dans l'armoire de fer. On sait que ce prince, plus homme que roi, se délassait des soucis du trône par des travaux de main, et qu'il excellait dans le métier de la serrurerie. Pour se perfectionner dans son art, il avait admis depuis dix ans dans sa familiarité un serrurier nommé Gamain. Le roi et l'ouvrier étaient amis comme des hommes qui passent des heures ensemble, et qui échangent dans l'intimité bien des pensées. Louis XVI croyait à la fidélité de son compagnon de travail. Il lui confia le soin de pratiquer dans l'épaisseur du mur d'un corridor obscur qui desservait son appartement une ouverture recouverte d'une porte en fer et masquée avec art par des boiseries. Là, le roi enfouit des papiers politiques importants et les correspondances secrètes qu'il avait entretenues avec Mirabeau, Barnave et les Girondins. Il crut le cœur de Gamain aussi sûr et aussi muet que la muraille à laquelle il livrait ses secrets. Gamain fut un traître et dénonça plus que son roi, il dénonça son compagnon et son ami.

XII

Le jour de la fédération, Louis XVI se rendit avec la reine et ses enfants au Champ de Mars. Des troupes indécises l'escortaient. Un peuple immense entourait l'autel de la patrie. Les cris de : « Vive Pétion ! » insultèrent le roi à son passage. La reine tremblait pour les jours de son mari. Le roi marcha à la gauche du président de l'Assemblée vers l'autel à travers la foule. La reine, inquiète, le suivait des yeux, croyant à chaque instant le voir immoler par les milliers de baïonnettes et de piques sous lesquelles il avait à passer. Ces minutes furent pour elle des siècles d'angoisses. Il y eut au pied de l'autel de la patrie un mouvement de confusion, produit par le flux et le reflux de la foule, dans lequel le roi disparut. La reine le crut frappé et poussa un cri d'horreur. Le roi reparut. Il prêta le serment civique. Les députés qui l'entouraient l'invitèrent à mettre le feu de sa propre main à un trophée expiatoire qui réunissait tous les symboles de la féodalité, pour le réduire en cendres. La dignité du roi se souleva contre le rôle qu'on voulait lui imposer. Il s'y refusa en disant que la féodalité était détruite en France par la constitution mieux que par le feu. Les députés Gensonné, Jean Debry, Garreau et Antonelle allumèrent seuls le bûcher aux applaudissements du peuple. Le roi rejoignit la reine et rentra dans son palais à travers un peuple taciturne. Les dangers de cette journée évanouis lui en laissaient envisager de plus terribles. Il n'avait gagné qu'un jour.

XIII

Le lendemain, un des grands agitateurs de 89, le premier provocateur des états généraux, Duval d'Éprémesnil, devenu odieux à la nation parce qu'il n'avait voulu de la Révolution qu'au profit des parlements, et qu'une fois les parlements attaqués il s'était rangé du parti de la cour, fut rencontré sur la terrasse des Feuillants par des groupes de peuple qui l'insultèrent et le désignèrent à la fureur des Marseillais. Atteint de plusieurs coups de sabre, abattu sous les pieds des assassins, traîné tout sanglant par les cheveux dans le ruisseau de la rue Saint-Honoré vers un égout, on allait l'y jeter; quelques gardes nationaux l'arrachèrent mourant des mains des meurtriers et le portèrent au poste du Palais-Royal. La foule, altérée de sang, assiégeait les portes du corps de garde. Pétion averti accourut, se fit jour, entra au poste, contempla d'Éprémesnil longtemps en silence, les bras croisés sur sa poitrine, et s'évanouit d'horreur à la vue de ce sinistre retour de l'opinion. Quand le maire de Paris eut repris ses sens, l'infortuné d'Éprémesnil se souleva péniblement du lit de camp où il était étendu. « Et moi aussi, monsieur, dit-il à Pétion, j'ai été l'idole du peuple, et vous voyez ce qu'il a fait de moi! Puisse-t-il vous réserver un autre sort! » Pétion ne répondit rien, des larmes roulèrent dans ses yeux; il eut de ce jour le pressentiment de l'inconstance et de l'ingratitude du peuple.

D'autres assassinats, aussi soudains que la main de la multitude, révélaient une fièvre sourde, dont les accès ne tardèrent pas à éclater en actes plus tragiques et plus généraux. Un prêtre qui avait prêté, puis rétracté son serment constitutionnel, fut pendu à la lanterne d'un réverbère sur la place Louis XV. Un garde du corps, qui traversait le jardin des Tuileries et qui regardait avec attendrissement le palais de ses anciens maîtres changé en prison, fut trahi par ses larmes, saisi par une foule de femmes et d'enfants de quinze à seize ans, traîné sur le sable et noyé avec des raffinements de barbarie dans le bassin du jardin, sous les fenêtres du roi.

La garde nationale réprimait mollement ces attentats; elle sentait sa force morale lui échapper à l'approche des Marseillais. Placée entre les excès du peuple et les trahisons imputées à la cour, en sévissant contre les uns elle craignait d'avoir l'air de protéger les autres. Sa situation était aussi fausse que celle du roi, placé lui-même entre la nation et les étrangers. La cour sentait son isolement et recrutait secrètement des défenseurs pour la crise qu'elle envisageait sans trop d'effroi. Les Suisses, troupe mercenaire mais fidèle; la garde constitutionnelle récemment licenciée, mais dont les officiers et sous-officiers soldés en secret étaient retenus à Paris pour se rallier dans l'occasion; cinq ou six cents gentilshommes appelés de leurs provinces par leur dévouement chevaleresque à la monarchie, répandus dans les différents hôtels garnis du quartier des Tuileries, munis d'armes cachées sous leurs habits, et ayant chacun un mot d'ordre et une carte d'entrée qui leur ouvraient le château les jours de rassemblement; des compagnies d'hommes du peuple et d'anciens militaires à la solde de la liste civile, et commandés par M. d'Augremont, au nombre de cinq à six cents hommes; de plus, l'immense domesticité du château; les bataillons de garde nationale des quartiers dévoués au roi, tels que ceux de la Butte-des-Moulins, des Filles-Saint-Thomas; un corps de gendarmerie à cheval composé de soldats d'élite, choisis dans les régiments de cavalerie; enfin, un noyau de troupes de ligne cantonnées dans les environs de Paris; toutes ces forces réunies au nom de la constitution autour des Tuileries, un jour de combat, présentaient à la cour un appui solide et la perspective d'une victoire dont le roi tirerait parti pour la restauration de son autorité.

Ces forces étaient réelles et plus que suffisantes, si elles eussent été bien dirigées contre les forces nombreuses mais désordonnées des faubourgs. Le roi s'y fiait, le château avait repris de l'assurance. Bien loin d'y redouter une nouvelle insurrection, on la désirait dans les conciliabules des Tuileries. La certitude d'écraser et de foudroyer les hommes du 20 juin raffermissait tous les cœurs. La royauté en était arrivée à ce point de décadence où elle ne pouvait se relever que par une victoire. Elle attendait la bataille, et elle s'y croyait préparée.

XIV

De leur côté les Girondins et les Jacobins, consternés de la réaction d'opinion que la journée manquée du 20 juin avait produite à Paris et dans les provinces, se préparaient au dernier assaut. Bien qu'ils n'eussent point d'accord préalable sur la nature du gouvernement qu'ils donneraient à la France après le triomphe du peuple, il leur fallait ce triomphe, et ils conspiraient ensemble pour détrôner leur ennemi commun. L'arrivée des Marseillais à Paris devait être pour ces deux partis le signal et le moyen d'action. Ces hommes énergiques, féroces, échauffés par la longue marche qu'ils venaient de faire aux feux de l'été, et qui s'étaient allumés sur leur route de tout l'incendie d'opinions qui dévorait les villes et les campagnes, en rapportaient les flammes à Paris. Plus aguerris aux entreprises désespérées que le peuple bruyant mais casanier de Paris, les Marseillais devaient être le noyau de la grande insurrection. C'était une bande de quinze cents hommes, accès vivant de la fureur démagogique qui refluait des extrémités de l'empire pour venir rendre de la force au cœur. Ils approchaient conduits par des chefs subalternes; les deux chefs véritables les avaient devancés à Paris : c'étaient deux jeunes Marseillais, Barbaroux et Rebecqui.

Rebecqui avait été un des premiers agitateurs de sa patrie en 89, à l'époque où l'élection de Mirabeau à l'Assemblée constituante troublait Aix et Marseille. Mis en jugement pour sa participation à ces troubles, il avait été défendu par son éloquent complice devant l'Assemblée. Devenu un des chefs des Jacobins de Marseille, il s'était mis à la tête des bataillons de garde nationale de cette ville qui avaient marché sur Arles et arraché à la vengeance des lois les assassins d'Avignon. Envoyé à la cour d'Orléans pour ce fait, il y fut couvert de l'amnistie que les Girondins avaient jetée sur les crimes du Midi. Résolu de pousser la

Révolution jusqu'à son but, au risque même de le dépasser, Rebecqui, lié d'abord avec les Girondins, était retourné à Marseille, et y avait recruté, de concert avec Barbaroux, cette colonne mobile de Marseillais dont les conspirateurs de Paris avaient besoin pour électriser la France et pour achever leurs desseins. L'appel de cette force populaire à Paris était une pensée de madame Roland, accomplie par ces deux jeunes séides. Pendant que les orateurs et les tribuns de l'Assemblée péroraient vainement aux Jacobins, aux Cordeliers et au Manége, agitant les masses sans leur donner d'impulsion précise, une femme et deux jeunes gens prenaient sur eux la responsabilité des événements et préparaient la journée suprême de la monarchie.

Barbaroux et Rebecqui rencontrèrent Roland aux Champs-Élysées, peu de jours avant l'arrivée des Marseillais. L'ancien ministre et les jeunes gens s'embrassèrent avec ce sentiment de solennelle tristesse qui devance dans le cœur des hommes résolus l'accomplissement des projets extrêmes. Après avoir causé à voix basse et des malheurs de la patrie et des plans qui les occupaient, ils convinrent, pour échapper à l'œil des espions de la cour, d'avoir le lendemain chez madame Roland un dernier entretien.

Les deux Marseillais se rendirent la nuit dans le petit appartement de la rue de la Harpe, où logeait depuis sa retraite le ministre disgracié. Madame Roland, l'âme de son mari et l'inspiration de ses amis, assistait à l'entretien et l'élevait à la hauteur et à la résolution de ses pensées. « La liberté est perdue si nous laissons du temps à la cour, dit Roland. La Fayette est venu révéler à Paris, par sa présence dictatoriale, le secret des trahisons qu'il médite à l'armée du Nord. L'armée du centre n'a ni comité, ni dévouement, ni général. Dans six semaines les Autrichiens seront à Paris! »

On déroula des cartes, on étudia les positions, les lignes des fleuves, les escarpements des montagnes, les défilés qui pouvaient présenter les obstacles les plus infranchissables à l'invasion de l'étranger. On dessina des camps de réserve destinés à couvrir successivement les lignes secondaires, quand les principales seraient forcées. Enfin on résolut de presser l'arrivée des bataillons de Marseille pour exécuter le décret du camp sous Paris, et pour prévenir par une insurrection décisive l'effet des *trames* de la cour. Il fut convenu que Pétion, nécessaire au mouvement projeté par l'ascendant de son nom et nécessaire à la mairie pour paralyser toute résistance de la municipalité et de la garde nationale au complot, garderait ce rôle de neutralité légale et hypocrite si utile aux projets des agitateurs. Barbaroux, dînant chez lui quelques jours après, lui dit tout haut qu'il ne tarderait pas à être prisonnier dans sa maison. Pétion comprit et sourit. Sa femme feignit de s'alarmer. « Tranquillisez-vous, madame, reprit Barbaroux ; si nous enchaînons Pétion, ce sera auprès de vous et avec des rubans tricolores. »

Carra avertit également Pétion qu'on le mettrait en règle avec ses devoirs officiels de maire, en lui donnant une garde de sûreté qui lui ferait un semblant de violence et qui l'empêcherait d'agir au moment de l'insurrection. Pétion accepta tellement ce rôle dans cette comédie de légalité, qu'il se plaignit après l'événement de ce que les conjurés avaient tardé de le faire arrêter, et qu'il envoya plusieurs fois lui-même presser l'arrivée des détachements d'insurgés qui devaient simuler son arrestation. Madame Roland fut l'âme,

Pétion le moyen, Barbaroux, Danton, Santerre, les meneurs du mouvement.

Les conspirateurs cherchèrent quelques jours un général capable d'imprimer une direction militaire à ces forces indisciplinées et de créer l'armée du peuple contre l'armée de la cour. Ils jetèrent les yeux sur Montesquiou, général de l'armée des Alpes, qui se trouvait en ce moment à Paris, où il venait solliciter des renforts. Montesquiou, ambitieux de gloire, de dignités, de fortune, attaché par sa naissance au parti de la cour, par ses principes et par les perspectives que la Révolution ouvrait à sa fortune au parti du peuple, paraissait à Danton un de ces hommes qui peuvent se laisser tenter aussi bien par un grand service à rendre à la liberté que par un grand service à rendre au trône. Roland et ses amis eurent une conférence avec ce général, chez Barbaroux. Ils lui dévoilèrent une partie de leurs plans. Montesquiou les écouta sans étonnement et sans répugnance, mais il ne se décida point. Ils crurent que la cour avait pris les devants et que Montesquiou, doutant du résultat de cette dernière lutte entre le peuple et le roi, voulait rester indécis comme le hasard et libre comme l'événement. Ils le quittèrent sans rompre avec lui, et se décidèrent à ne donner au peuple d'autre tactique que sa fureur et d'autre général que la fortune.

XV

Le lendemain, 29 juillet, les Marseillais arrivèrent à Charenton. Barbaroux, Bourdon de l'Oise, Merlin, Santerre, allèrent à leur rencontre, accompagnés de quelques hommes d'action des Jacobins et des faubourgs. Un banquet fraternel réunit les Marseillais et les conjurés de Paris. Les mains se serrèrent, les voix se confondirent. Les chefs venaient de trouver leur armée, l'armée venait de trouver ses chefs. L'action ne pouvait tarder. Après le banquet, où l'enthousiasme qui dévorait les âmes éclata dans les notes du chant de Rouget de Lisle, les conjurés congédièrent pour quelques heures les Marseillais logés chez les principaux patriotes de Charenton. Ils se rendirent à la faveur de la nuit dans une maison isolée du village, entourée de jardins, et qui servait depuis plusieurs mois d'asile mystérieux à leurs conciliabules. Santerre, Danton, Fabre d'Églantine, Panis, Huguenin, Gonchon, Marat, Alexandre, Camille Desmoulins, Varlet, Lenfant, Barbaroux et quelques autres hommes d'exécution s'y trouvèrent. C'était dans cette maison que toutes les journées de la Révolution avaient eu leur veille. On y sonnait l'heure, on y donnait le mot d'ordre. Des délibérations intimes, mais souvent orageuses, précédaient ces résolutions. Des ruelles désertes et de larges champs cultivés par les maraîchers des faubourgs séparaient la maison des conjurés des autres habitations, en sorte que le concours des conspirateurs ne pouvait être aperçu, et que les vociférations se perdaient dans l'espace. Les portes et les volets toujours fermés donnaient à cette demeure l'apparence d'une maison de campagne inhabitée. Le concierge n'en ouvrait la porte que la nuit et sur des signes de reconnaissance convenus.

Il était plus de minuit quand les meneurs s'y rendirent par des sentiers différents, la tête encore échauffée des hymnes patriotiques et des fumées du vin. Par une de ces étranges coïncidences qui semblent quelquefois associer les grandes crises de la nature aux grandes crises des empires, un orage éclatait en ce moment sur Paris. Une chaleur lourde et morte avait tout le jour étouffé la respiration. D'épais nuages, marbrés vers le soir de teintes sinistres, avaient comme englouti le soleil dans un océan suspendu. Vers les dix heures, l'électricité s'en dégagea par des milliers d'éclairs semblables à des palpitations lumineuses du ciel. Les vents, emprisonnés derrière ce rideau de nuages, s'en dégagèrent avec le rugissement des vagues, courbant les moissons, brisant les branches des arbres, emportant les toits. La pluie et la grêle retentirent sur le sol comme si la terre eût été lapidée d'en haut. Les maisons se fermèrent, les rues et les routes se vidèrent en un instant. La foudre, qui ne cessa d'éclater et de frapper pendant huit heures de suite, tua plusieurs de ces hommes et de ces femmes qui viennent la nuit approvisionner Paris. Des sentinelles furent trouvées foudroyées dans la cendre de leur guérite. Des grilles de fer, tordues par le vent ou par le feu du ciel, furent arrachées des murs où elles étaient scellées par leurs gonds, et emportées à des distances incroyables. Les deux dômes naturels qui s'élèvent au-dessus de l'horizon de la campagne de Paris, Montmartre et le mont Valérien, soutirèrent en plus grande masse ce fluide amoncelé dans les nues qui les enveloppaient. La foudre, s'attachant de préférence à tous les monuments isolés et couronnés de fer, abattit toutes les croix qui s'élevaient dans la campagne au carrefour des routes, depuis la plaine d'Issy et les bois de Saint-Germain et de Versailles jusqu'à la croix du pont de Charenton. Le lendemain, les tiges et les bras de ces croix jonchaient partout le sol, comme si une armée invisible eût renversé sur son passage tous les signes répudiés du culte chrétien.

XVI

C'est au bruit de ces foudres que les conjurés de Charenton délibérèrent le renversement du trône. Danton, Huguenin, Alexandre, Gonchon, Camille Desmoulins, plus en rapport avec les quartiers de Paris, répondirent des dispositions insurrectionnelles du peuple.

Santerre promit que quarante mille hommes des faubourgs se porteraient, le lendemain, au-devant des Marseillais, comme pour fraterniser avec eux. On convint de placer les fédérés phocéens au centre de cette formidable colonne, et de la faire défiler des faubourgs sur les quais. Sur l'ordre de Pétion complice, un train d'artillerie faiblement gardé devait être placé sur la route des Marseillais, de manière à être enlevé par eux. Mille insurgés devaient se détacher de la colonne principale, pendant qu'elle filerait vers le Louvre; entourer l'hôtel de ville, paralyser Pétion et favoriser l'arrivée de nouveaux commissaires des sections, qui viendraient déposer la municipalité, en installer une nouvelle, et donner ainsi le caractère légal au mouvement. Quatre cents hommes iraient arrêter le directoire du département. L'Arsenal, la halle aux blés, les Invalides, les hôtels des ministres, les ponts sur la Seine, seraient occupés par des postes nombreux. L'armée du peuple, divisée en trois corps, s'avancerait sur les Tuileries. Elle camperait dans le Carrousel et dans le jardin avec du canon, des vivres, des tentes; elle s'y fortifierait par des coupures, des barricades, des redoutes de campagne; elle intercepterait ainsi toutes les communications entre le château et ses défenseurs du dehors, s'il devait s'en présenter. La faible garde suisse des Tuileries n'essayerait pas de lutter contre une armée innombrable pourvue d'artillerie. On n'attaquerait pas les autres régiments suisses dans leurs casernes; on se contenterait de les cerner et de leur dire d'attendre, immobiles, la manifestation de la volonté nationale. On ne pénétrerait pas de force dans le château, on bloquerait seulement la royauté dans son dernier asile; et, à l'imitation du peuple romain quand il se retirait sur le mont Aventin, on enverrait un plébiscite à l'Assemblée pour lui signifier que le peuple, campé autour des Tuileries, ne déposerait les armes qu'après que la représentation nationale aurait pourvu aux dangers de la patrie et assuré la liberté. Aucun désordre, aucune violence, aucun pillage ne seraient impunis; aucun sang ne coulerait. Le détrônement s'accomplirait avec ces imposantes démonstrations de force qui, en décourageant toute résistance, enlèvent le prétexte et l'occasion de tout excès. Ce serait un acte de la volonté du peuple, grand, pur et irrésistible comme lui.

Tel était le plan des Girondins, écrit au crayon par Barbaroux, copié par Fournier l'Américain, un des chefs des Marseillais, et adopté par Danton et par Santerre.

XVII

Les conspirateurs s'entre-jurèrent de l'exécuter le lendemain ; et, pour se prémunir réciproquement contre la révélation d'un traître, s'il pouvait y avoir un traître parmi eux, ils convinrent de se surveiller mutuellement. Chaque chef marseillais prit avec lui un des chefs parisiens, chaque meneur parisien s'adjoignit un officier marseillais : Héron avec Rebecqui, Barbaroux avec Bourdon, et ainsi des autres, afin que la trahison, de quelque côté qu'elle vînt, eût à l'instant son vengeur dans le complice même qu'elle aurait choisi. Quant à la décision de l'Assemblée nationale, on s'abstint de la préjuger, de peur de faire naître des divisions au moment où l'unanimité était nécessaire. Il faut que le but des partis soit vague et indécis comme les passions et les chimères de chacun de ceux qui les composent. On diminue tout ce qu'on précise. Ne rien définir et tout espérer, c'est le prestige des révolutions.

Seulement la déchéance du roi était le cri général des *patriotes;* on la demandait déjà tout haut dans les clubs, dans les sections, dans les pétitions, à l'Assemblée. Le peuple, campé autour du château, qu'on lui montrait comme le foyer de la trahison, la demanderait inévitablement à ses représentants. Mais, le roi descendu du trône, relèverait-on un trône? Et qui appellerait-on à y monter? Serait-ce un enfant sous la tutelle du peuple? Serait-ce le duc d'Orléans? Le duc d'Orléans avait des familiers et peu de partisans. Si sa complicité présumée contre la cour tentait quelques hommes perdus d'honneur et de dettes, son nom, mal famé, répugnait aux amis intègres de la liberté. Naissance, fortune, conformité d'intérêts, popularité, solidarité d'opinion, dévouement à la cause populaire, le duc d'Orléans avait tous les titres pour être couronné par le peuple et pour triompher avec lui; il ne lui en manquait qu'un : la considération publique! Il pouvait servir et sauver son pays; il ne pouvait pas illustrer la Révolution. C'était son tort. Robespierre et les Jacobins répugnaient à accepter son nom. Les Girondins le dédaignaient à cause de son entourage. Ils l'écartèrent d'un commun accord du programme qu'ils proposaient.

Roland, Vergniaud, Gensonné, Guadet, Barbaroux lui-même, quoique indécis et hésitants devant la république, la préféraient avec toutes ses chanches d'anarchie à la domination d'un prince qui ferait succéder sur le trône l'hésitation à la faiblesse, et qui donnerait, selon eux, à une constitution jeune et saine toutes les misères de la caducité. Changement de dynastie, régence, dictature ou république, tout resta donc dans une réticence complète entre les meneurs. On s'en rapporta à l'événement, et on se contenta de le préparer sans lui demander d'avance son secret. Ce fut la marche constante des Girondins : pousser toujours sans savoir à quoi. C'est ce système de hasard qui fit de ces hommes les instruments de la Révolution, et qui ne leur permit jamais d'en devenir les dominateurs. Ils étaient destinés par leur caractère à lui donner l'impulsion, jamais la direction. Aussi elle les emporta tous avec elle, ailleurs et plus loin qu'ils ne prétendaient aller.

XVIII

Ce plan avorta par l'impossibilité de faire dans le reste de la nuit les dispositions nécessaires à un rassemblement d'insurgés. Barbaroux accusa de ce délai Santerre, qui voulait plutôt l'agitation de son faubourg que le renversement du gouvernement. Pétion lui-même n'était pas prêt. Centre de tous les mouvements légaux ou insurrectionnels de la garde nationale, confident à la fois de ceux qui voulaient défendre la constitution et de ceux qui voulaient l'attaquer, il parlait à chacun un langage différent et donnait des ordres contradictoires. Il en résulta une confusion de dispositions, de conseils et de mesures qui, laissant tout le monde dans l'incertitude sur les véritables intentions du maire de Paris, suspendit tout... Ni Paris ni les faubourgs ne s'émurent. Les Marseillais se mirent en marche sans autre cortége que les chefs qui étaient venus fraterniser la veille avec eux. Deux cents hommes de garde nationale et une cinquantaine de fédérés sans uniformes, armés de piques et de couteaux, assistèrent seuls à leur entrée dans Paris. L'écume des faubourgs et du Palais-Royal, des enfants, des femmes, des oisifs, formaient la haie sur la place de la Bastille et dans les rues qu'ils traversaient pour se rendre à la mairie. Pétion harangua ces colonnes. On leur assigna leurs casernes à la Chaussée-d'Antin. Ils s'y rendirent.

Santerre et quelques gardes nationaux du faubourg Saint-Antoine leur avaient fait préparer un banquet chez un restaurateur des Champs-Élysées. Non loin de là, des tables dressées chez un autre restaurateur rassemblaient, soit préméditation, soit hasard, un certain nombre d'officiers de la garde nationale des bataillons dévoués au roi, quelques gardes du corps licenciés et de jeunes écrivains royalistes. Cette rencontre ne pouvait manquer de produire une rixe. On croit que les royalistes la désiraient pour animer Paris contre cette horde étrangère et pour demander le renvoi des Marseillais au camp de Soissons. Dans la chaleur du repas, ils affectèrent de pousser des cris de : « Vive le roi ! » qui semblaient braver les ennemis du trône. Les Marseillais répondirent par les cris de : « Vive la nation ! » Les gestes provoquèrent les gestes. Les groupes du peuple qui assistaient de loin aux banquets jetèrent de la boue aux grenadiers royalistes. Ceux-ci tirèrent leurs sabres. Le peuple appela les Marseillais à son secours. Les fossés et les palissades qui séparaient les deux jardins furent franchis en un clin d'œil. Les fers se croisèrent, les palissades arrachées servirent d'armes aux combattants. Le sang coula. Beaucoup de gardes nationaux furent blessés. Un d'eux, l'agent de change Duhamel, tira deux coups de pistolet sur les agresseurs. Il tomba frappé à mort sous la baïonnette d'un Marseillais. Le commandant général des troupes de garde au château fit battre la générale et disposer de l'artillerie dans le jardin, comme si on eût craint une invasion. Le bataillon des Filles-Saint-Thomas prit spontanément les armes pour voler au secours des grenadiers. D'autres bataillons les imitèrent, se postèrent sur les boulevards et voulurent se porter, pour demander vengeance, à la caserne des Marseillais. Pétion accourut à la caserne, délivra quelques prisonniers, contint la garde nationale et rétablit l'ordre.

Pendant ce tumulte, les royalistes fugitifs reçurent asile par le pont tournant dans le jardin des Tuileries, et les blessés furent transportés au poste de la garde nationale du château. Le roi, la reine, les femmes de la cour, les gentilshommes rassemblés autour d'eux par le bruit du danger, descendirent au poste, pansèrent de leurs propres mains les blessures de leurs défenseurs, et se répandirent en expressions d'intérêt pour la garde nationale, d'indignation contre les Marseillais. Regnaud de Saint-Jean d'Angely fut du nombre des blessés. Le soir, le soulèvement de l'opinion publique contre les Marseillais était général dans la bourgeoisie. A la séance de l'Assemblée du lendemain, de nombreuses pétitions demandèrent leur éloignement. Les tribunes huèrent les pétitionnaires. Merlin demanda l'ordre du jour. Montaut accusa les chevaliers du poignard. Gaston vit là une provocation de la cour pour commencer la guerre civile. Grangeneuve dénonça les projets de vengeance médités par la garde nationale. Les autres députés girondins éludèrent avec dédain la demande d'éloigner les Marseillais, et sourirent à ces préludes de violences.

La cour, intimidée par ces symptômes, chercha à s'assurer des chefs de cette troupe par les corruptions au moyen desquelles elle croyait s'être attaché Danton. Mais si on corrompt aisément l'intrigue, on ne corrompt pas le fanatisme.

Il y avait des hommes de sang parmi les Marseillais, il n'y avait pas de traîtres. On renonça à ce plan de séduction.

De son côté, Marat adressa à Barbaroux un écrit incendiaire pour être imprimé et distribué à ses soldats. Marat provoquait, dans ces pages, un massacre du corps législatif, mais il voulait qu'on épargnât le roi et la famille royale. Ses liaisons sourdes et fugitives avec les agents secrets de la cour rendaient cette humanité suspecte, sous une plume qui ne distillait que du sang. Marat alors ne croyait pas encore à la victoire du peuple dans la crise qui se préparait. Il craignait pour lui-même; il demanda, le 9 août, un entretien secret à Barbaroux, et le conjura de le soustraire aux coups de ses ennemis en l'emmenant avec lui à Marseille, sous le déguisement d'un charbonnier.

XIX

Une autre démarche eut lieu au nom de Robespierre, et à son insu, pour rallier les Marseillais à sa cause. Deux de ses confidents, Panis et Fréron, ses collègues à la municipalité, firent appeler Barbaroux à l'hôtel de ville, sous prétexte de donner aux bataillons marseillais une caserne plus rapprochée du centre des mouvements de la Révolution, aux Cordeliers. Cette offre fut acceptée. Panis, Fréron, Sergent, couvrirent leur pensée de nuages. « Il faut un chef au peuple! Brissot aspire à la dictature, Pétion la possède sans l'exercer. C'est un trop petit génie! Il aime sans doute la Révolution, mais il veut l'impossible : des révolutions légales! Si on ne violentait pas sa faiblesse, il n'y aurait jamais de résultat. »

Le lendemain, Barbaroux se laissa entraîner chez Robespierre. Le fougueux jeune homme du Midi fut frappé d'étonnement en entrant chez l'austère et froid philosophe. La personnalité de Robespierre, semblable à un culte qu'il se serait rendu à lui-même, respirait jusque dans les simples ornements de son modeste cabinet. C'était partout sa propre image reproduite par le crayon, par le pinceau ou par le ciseau. Robespierre ne s'avança pas au delà des réflexions générales sur la marche de la Révolution, sur l'accélération que les Jacobins et lui avaient imprimée à ses mouvements, sur l'imminence d'une crise prochaine, et sur l'urgence de donner un centre, une âme, un chef à cette crise, en investissant un homme d'une omnipotence populaire. « Nous ne voulons pas plus d'un dictateur que d'un roi, » répondit brusquement Rebecqui. On se sépara. Panis accompagna les jeunes Marseillais, et dit à Rebecqui en lui serrant la main : « Vous avez mal compris ; il ne s'agissait que d'une autorité momentanée et insurrectionnelle pour diriger et sauver le peuple, et nullement d'une dictature. Robespierre est bien cet homme du peuple. »

Excepté cette conversation, provoquée par les amis de Robespierre, à son insu, et acceptée par les chefs marseillais, rien n'indique dans Robespierre l'ambition prématurée de la dictature, ni même aucune participation directe au mouvement du 10 août. La république était pour lui une perspective reléguée dans un lointain presque idéal; la régence lui présageait un règne de faiblesse et de troubles civils; le duc d'Orléans lui répugnait comme une intrigue couronnée; la constitution de 1791 loyalement exécutée lui aurait suffi, sans les trahisons qu'il imputait à la cour. La dictature qu'il ambitionnait pour lui-même, c'était la dictature de l'opinion publique, la souveraineté de sa parole. Il n'aspirait pas encore à un autre empire, et tout mouvement convulsif des choses pouvait nuire à celui-là.

LIVRE VINGTIÈME

Fermentation. — Les Marseillais et la commune de Paris demandent la déchéance. — La cour se prépare à la résistance. — Mise en accusation de La Fayette rejetée. — Les députés constitutionnels insultés. — Préparatifs des insurgés. — Nuit du 9 au 10 août. — Le tocsin. — Scènes intimes chez les conjurés. — Angoisses de la reine et de Madame Élisabeth. — Description des Tuileries. — Dénombrement des troupes. — Esprit qui les anime. — Possibilité de repousser les insurgés.

I

Cependant la fermentation croissait d'heure en heure. On entendait partout ce murmure sourd qui présage les catastrophes des empires comme celles de la nature. La Fayette, disait-on, allait marcher sur Paris. Le vieux Luckner avait avoué ce projet à Guadet, dans un dîner chez l'évêque Gobel. Averti du danger de cet aveu, Luckner le rétractait maintenant. Les fédérés, accumulés dans Paris, refusaient d'en sortir, prétextant les trahisons patentes des généraux aristocrates sous lesquels on les envoyait non à la victoire, mais à la mort. Dumouriez avait reçu l'ordre perfide de lever son camp, et d'ouvrir ainsi l'accès de la capitale aux Autrichiens. Il avait patriotiquement désobéi. Des préparatifs d'attaque et de défense se faisaient secrètement au château. Les appartements intérieurs du roi étaient remplis de nobles et d'émigrés rentrés. L'état-major de la garde nationale conspirait avec la cour. Le Carrousel et le jardin des Tuileries étaient un camp, le château une forteresse prête à vomir la mitraille et l'incendie sur Paris. Le sol même du jardin des Tuileries était traité par le peuple en terre maudite, qu'il était interdit aux bons citoyens de fouler du pied. Entre la terrasse des Feuillants et ce jardin, on avait tendu pour toute barrière un ruban tricolore avec cette inscription menaçante : « Tyran, notre colère tient à un ruban, ta couronne tient à un fil. »

Les sections de Paris, ces clubs légaux, ces fragments incohérents de municipalités, centres perpétuels de délibérations anarchiques, essayèrent de prendre quelque unité pour devenir plus imposantes et plus redoutables à l'Assemblée et à la cour. Pétion organisa à l'hôtel de ville un bureau de correspondance générale entre les sections. On y rédigea en leur nom une adresse à l'armée, qui n'était qu'une provocation au massacre des généraux. « Ce n'est pas contre les Autrichiens, disaient-elles aux troupes, que La Fayette voudrait vous conduire, c'est contre nous ! C'est du sang des meilleurs citoyens qu'il voudrait arroser le pavé du château royal, afin de réjouir les yeux de cette cour insatiable et corrompue ! Mais nous la surveillons et nous sommes forts ! Au moment où les traîtres voudront livrer nos villes à l'ennemi, les traîtres auront disparu, et nous nous serons ensevelis sous les cendres de nos villes ! »

Des discours analogues à cette adresse agitaient l'âme du peuple dans les sections. La presse répandit dans tout le royaume un de ces discours prononcés à la section du Luxembourg, et dont la concision relevait l'énergie. « Français, vous avez fait une révolution, contre qui ? — Contre le roi, la cour, les nobles et leurs partisans ! — A qui avez-vous confié le sort de cette révolution après l'avoir faite ? — Au roi, à la cour, aux nobles et à leurs partisans ! — A qui faites-vous la guerre au dehors ? — Aux rois, aux cours, aux nobles et à leurs partisans ! — Qui avez-vous mis à la tête de vos armées ? — Le roi, les nobles, la cour et leurs complices ! Eh bien, concluez : ou le roi, les nobles et les intrigants qui sont à la tête de vos affaires et de vos armées sont tous des Brutus qui sacrifient leurs pères, leurs frères, leurs fils au salut de la patrie, ou ils vous trahissent ! » La conclusion de ce discours, facile à tirer, était qu'il ne fallait pas confier une révolution aux hommes contre qui elle a été faite, c'est-à-dire que toutes les demi-révolutions sont des chimères, et qu'il n'y a que la république qui puisse faire une guerre sincère à la monarchie.

« Levez-vous, citoyens ! disait la section Mauconseil. Un tyran méprisable se joue de nos destinées, qu'il tombe ! L'opinion seule fait la force des rois ; eh bien, que l'opinion le détrône ! Déclarons que nous ne reconnaissons plus Louis XVI pour roi des Français. »

Danton, dans la section du Théâtre-Français, foula aux pieds cette distinction aristocratique entre les citoyens actifs et les citoyens passifs, et les appela tous, prolétaires ou propriétaires, à prendre les armes pour le salut de la patrie commune.

II

Plus logique que La Fayette, Danton ne plaçait pas les limites de la richesse à la place des limites de la naissance entre les citoyens; il les effaçait toutes. Cet appel au droit et au nombre devait étouffer les baïonnettes de la garde nationale sous la forêt de piques des fédérés. Les enrôlements volontaires pour la frontière prirent plus d'activité; ils avaient lieu solennellement sur la place de l'hôtel de ville. Ces enrôlements étaient antiques de forme. Quatre tribunes, élevées aux quatre angles de la place, étaient occupées par des commissaires qui recevaient les engagements au bruit des instruments et aux acclamations de la foule. Des allocutions brûlantes enflammaient l'esprit des volontaires : « Citoyens, nous allons partir, dirent les orateurs de la section des Quinze-Vingts; vous êtes près du gouvernail, surveillez le pilote : il vaudrait mieux le jeter à la mer que de surveiller l'équipage. Le dix-neuvième siècle approche : puissent à cette époque de 1800 tous les habitants de la terre, éclairés et affranchis, adresser à Dieu un hymne de reconnaissance et de liberté ! Demandez encore une fois à Louis XVI s'il veut être de cette fête universelle; nous lui réservons encore la première place au banquet. S'il s'y refuse, adieu ! Nos sacs sont prêts, notre adresse est l'éclair qui précède la foudre ! »

Le contre-coup de ces convulsions extérieures se faisait

sentir aux Jacobins, aux Cordeliers, et jusque dans l'Assemblée. Les séances se passaient à voir défiler des députations et à entendre des adresses. Les Marseillais, au nombre de cinq cents, vinrent déclarer par l'organe de leur orateur que le nom de Louis XVI ne leur rappelait que trahison, et demander l'accusation des ministres et la déposition du roi. « Le peuple est levé, s'écria l'orateur des fédérés ; il vous demande une réponse catégorique : pouvez-vous nous sauver ou non ? »

Isnard, dans un discours ardent et incohérent comme les vociférations de la colère, lança au roi l'outrage, l'accusation, l'ignominie et la mort. Pétion, raisonnant froidement sa haine, lut à la barre, avec l'autorité de sa magistrature, l'adresse de la commune de Paris, qui n'était qu'un acte d'accusation contre le roi : « Nous ne vous retracerons pas, disait le maire de Paris, la conduite entière de Louis XVI depuis le commencement de la Révolution, ses projets sanguinaires contre la ville de Paris, sa prédilection pour les nobles et les prêtres, son aversion contre le peuple, l'Assemblée constituante outragée par les valets de la cour, investie par des hommes armés, errante au milieu d'une ville royale, et ne trouvant d'asile que dans un jeu de paume ! Que de raisons n'avions-nous pas de l'écarter du trône, au moment où la nation fut maîtresse d'en disposer ! Nous le lui laissâmes ! Nous ajoutâmes à cette générosité tout ce qui peut relever, fortifier, embellir un trône ! Il a tourné contre la nation tous ces bienfaits, il s'est entouré de nos ennemis, il a chassé les ministres citoyens qui avaient notre confiance, il s'est ligué avec ces émigrés qui méditent la guerre extérieure contre nous, avec ces prêtres qui conspirent au dedans la guerre civile ;

il a retenu nos armées prêtes à envahir la Belgique; il est le premier anneau de la chaîne contre-révolutionnaire : il transporte Pilnitz au milieu de Paris, son nom lutte contre le nom de la nation; il a séparé ses intérêts de ceux de son peuple, séparons-nous de lui. Nous vous demandons sa déchéance ! »

A la séance du 5 août, Guadet lut des adresses des départements qui concluaient, comme celle de Pétion, à la déchéance du roi. Vaublanc s'éleva avec courage contre ces adresses inconstitutionnelles, et contre l'oppression des insultes et des menaces que la tribune et les pétitionnaires exerçaient sur la liberté des représentants de la nation. Condorcet justifia les termes de l'adresse de la commune de Paris sur la déchéance; il fit, comme Danton, appel au peuple contre les riches. Les fédérés annoncèrent qu'ils avaient pris l'arrêté de cerner le château des Tuileries jusqu'à ce que l'Assemblée eût prononcé la déchéance.

III

La cour cependant veillait. Les ministres passaient les nuits chez le roi avec quelques officiers municipaux en écharpe, pour être prêts à donner le caractère légal à la résistance. Des bruits de fuite circulaient dans le peuple. Le ministre de l'intérieur démentit ces rumeurs par une lettre officielle. « On répand avec profusion dans Paris une note portant : « Cette nuit, vers deux heures, le roi, en

» habit de paysan, est sorti du château; il s'est acheminé
» vers le pont tournant en suivant la grande allée des Tui-
» leries. La stature du monarque ne permet guère de le
» méconnaître. La sentinelle l'a reconnu sur-le-champ. Elle
» a crié aux armes. Le prince fugitif est retourné à toutes
» jambes vers le château; il a écrit à l'instant au maire, qui
» s'est rendu au château. Le roi lui a raconté l'événement à
» sa manière. Suivant lui, il n'aurait tenté qu'une simple
» promenade. On dit que M. de La Rochefoucauld l'atten-
» dait au château pour le conduire en lieu de sûreté. » Le ministre attestait que le roi n'était pas sorti du château pendant la nuit, et que sa présence serait certifiée par les officiers municipaux que l'annonce d'une agression nocturne avait retenus auprès du roi au moment même où l'on signalait son évasion.

Le 6, la nouvelle du massacre de quatre administrateurs de Toulon consterna de nouveau l'Assemblée. On discuta ensuite la mise en accusation de La Fayette. La commission extraordinaire nommée pour instruire cette affaire conclut à l'accusation. Vaublanc justifia le général : « S'il avait eu des projets ambitieux ou criminels, il aurait songé d'abord, comme Sylla, César ou Cromwell, à fonder sa puissance sur des victoires. Cromwell a marché à la tyrannie en s'appuyant sur la faction dominante, La Fayette la combat; Cromwell forma un club d'agitateurs, La Fayette abhorre et poursuit les agitateurs; Cromwell fit périr son roi, La Fayette défend la royauté constitutionnelle. »

Brissot, accusé si souvent aux Jacobins de complicité avec La Fayette, voulut lutter de popularité avec Robespierre et ses amis en sacrifiant La Fayette aux soupçons. « Je l'accuse, s'écria-t-il, moi qui fus son ami, je l'accuse d'avoir dirigé nos armées comme s'il eût été d'accord avec la maison d'Autriche! Je l'accuse de n'avoir pas vaincu! Je l'accuse d'avoir consumé le temps à faire rédiger et signer des pétitions à ses troupes! Je l'accuse d'avoir aspiré à devenir le modérateur de la France! Je l'accuse d'avoir abandonné son armée devant l'ennemi! » Le décret d'accusation fut rejeté à une forte majorité.

En sortant de la séance, Vaublanc, insulté, poursuivi, frappé par le peuple, chercha un refuge dans un poste de la garde nationale. Déjà le peuple ne voulait plus des législateurs, mais des complaisants. Girardin et Dumolard subirent les mêmes outrages. Un fédéré pénétra avec Dumolard jusque dans le corps de garde, frappa comme un forcené sur la table, et déclara au courageux représentant que s'il retournait aux séances, il lui couperait la tête d'un coup de sabre. Ces faits, rapportés le lendemain à l'Assemblée, y soulevèrent l'indignation des constitutionnels, le sourire des Girondins, les huées des tribunes. Girardin déclara que la veille, en sortant de la séance, il avait été frappé! « En quel endroit? lui demanda-t-on avec un ricanement ironique. — On me demande en quel endroit j'ai été frappé! reprit avec une spirituelle indignation Girardin. C'est par derrière. Les assassins ne frappent jamais autrement! » Ce mot lui reconquit le respect. Le courage est la première des éloquences, car c'est l'éloquence du caractère. Girardin la possédait au plus haut degré. Élève de Rousseau à Ermenonville, il avait la saillie de Voltaire. Nul ne brava autant les passions brutales de la foule dans ces temps de fureur, et ne se fit pardonner plus d'audace par plus d'esprit.

Le même jour, douze hommes armés se présentèrent

chez Vaublanc, forcèrent sa porte, le cherchèrent en vain dans la maison, et déclarèrent en se retirant que si cet orateur remontait à la tribune, il serait massacré en descendant. Vaublanc y remonta le soir même pour y dénoncer ces tentatives d'intimidation. Homme d'un esprit droit, d'une parole facile et sonore, d'une intrépidité antique, s'il n'avait pas l'éloquence d'un orateur de premier ordre, il avait le dévouement d'un citoyen. Il luttait seul et toujours vaincu contre les Girondins. « Je défie toute violence, dit-il, de nous faire manquer à nos serments à la constitution. Je défie l'imagination la plus barbare de se figurer les traitements indignes dont quelques-uns de nos collègues ont été hier les victimes... Eh quoi! ajouta-t-il, si un de vos ambassadeurs était avili dans une cour étrangère, vous tireriez l'épée pour venger la France outragée en lui ; et vous souffrez que les représentants de la France souveraine et libre soient traités sur le sol de la patrie comme ils ne le seraient pas chez les Autrichiens ou chez les Prussiens ! »

Grangeneuve et Isnard justifièrent Pétion par son impuissance, et accusèrent les aristocrates d'être les instigateurs de ces excès. Guadet fit la proposition dérisoire de demander au roi s'il avait des moyens de sauver l'ordre public et de protéger l'empire. Les risées et les applaudissements de la gauche indiquèrent à Guadet qu'il était compris. Rœderer, procureur-syndic du département, mandé à la barre, ne dissimula rien des dangers publics. Il annonça que le tocsin devait sonner, la nuit, dans les deux quartiers de l'insurrection. Il parla des mesures prises et des forces insuffisantes pour résister au mouvement. Pétion, cité aussi, succéda à Rœderer, justifia la mairie, accusa le département, insinua que la division existait entre les citoyens mêmes appelés à défendre l'ordre, et enveloppa sa complicité avec les Girondins de ces paroles ambiguës qui ont un sens différent selon l'oreille à laquelle on les adresse. Les Girondins comprirent ces paroles comme un encouragement à leur entreprise, les constitutionnels comme un aveu d'impuissance. Pétion se retira dans sa popularité. L'Assemblée ne conclut rien.

IV

Pendant cette indécision calculée de la municipalité et des Girondins, un directoire secret, connu de Pétion, et qu'il avoue lui-même avoir concerté longtemps d'avance le plan de l'insurrection du 10 août, agissait dans l'ombre.

Il y avait à Paris un comité central composé de quarante-trois chefs des fédérés de Paris et des départements, réunis sous les auspices et dans l'enceinte des Jacobins, pour se concerter entre eux sur la direction à imprimer aux mouvements. C'était le quartier général de ce camp de la Révolution. Trop nombreux pour que ses réunions pussent avoir le mystère et l'unité nécessaires aux conjurations, ce comité choisit dans son sein un directoire exécutif secret de cinq membres, d'une résolution et d'une capacité avérées. Il leur donna la direction des résolutions et des préparatifs. Ces cinq membres étaient : Vaugeois, grand vicaire de l'évêque de Blois; Debessé, fédéré de la Drôme; Guillaume, professeur à Caen; Simon, journaliste à Strasbourg, et Galissot, de Langres. Ils s'adjoignirent aussitôt pour collègues les meneurs de Paris qui tenaient d'avance les fils de l'agitation dans les différents quartiers de la capitale, et les principaux démagogues des faubourgs. C'étaient le journaliste girondin Carra, Fournier l'Américain, Westermann, Kieulin l'Alsacien, Santerre, Alexandre, Lazowski, Polonais nationalisé par son fanatisme républicain; Antoine de Metz, ancien membre de l'Assemblée constituante; Lagrey et Garin, électeurs de 1789.

V

La première séance de ce directoire se tint dans un petit cabaret de la rue Saint-Antoine, au *Soleil d'Or*, près de la Bastille, dans la nuit du jeudi au vendredi 26 juillet. Gorsas, rédacteur du *Courrier de Versailles*, et un des chefs de colonne qui avaient marché le 6 octobre pour ramener le roi à Paris, lié depuis avec les Girondins pour arrêter le mouvement qu'il avait accéléré, parut à deux heures du matin dans ce cabaret pour y faire prêter aux conjurés le serment de mourir ou de conquérir la liberté. Fournier l'Américain y apporta un drapeau avec cette inscription : *Loi martiale du peuple souverain !* Carra alla de là prendre chez Santerre cinq cents exemplaires d'une affiche ne portant que ces mots : *Mort à ceux qui tireront sur les colonnes du peuple !*

La seconde séance eut lieu le 4 août au *Cadran bleu*, sur le boulevard de la Bastille. Camille Desmoulins, l'agent et la plume de Danton, y assista. A huit heures du soir les conjurés, n'ayant pu rien résoudre, se transportèrent, pour de plus complètes informations, dans la chambre d'Antoine, l'ex-constituant, rue Saint-Honoré, vis-à-vis l'église de l'Assomption, dans la même maison qu'habitait Robespierre. Madame Duplay, passionnément dévouée aux idées de Robespierre, et tremblante de voir les jours de son hôte compromis par un conciliabule qui désignerait sa maison comme un foyer d'insurrection, monta chez Antoine vers minuit, et lui demanda avec colère s'il voulait faire égorger Robespierre. « Il s'agit bien de Robespierre ! répondit Antoine. Qu'il se cache s'il a peur ! Si quelqu'un doit être égorgé, ce sera nous. »

Carra écrivit de sa main, chez Antoine, le dernier plan de l'insurrection, la marche des colonnes, l'attaque du château. Simon de Strasbourg copia ce plan et en envoya, à minuit, des copies chez Santerre et chez Alexandre, les deux commandants des faubourgs. L'insurrection, mal préparée, fut encore ajournée au 10. Enfin, dans la nuit du 9 au 10, les membres du directoire se subdivisèrent en trois noyaux insurrectionnels et se réunirent en trois endroits différents à la même heure, savoir : Fournier l'Américain avec Alexandre au faubourg Saint-Marceau ; Westermann, Santerre et deux autres au faubourg Saint-Antoine ; Carra et Garin à la caserne des Marseillais et dans la chambre même du commandant, où ils délibérèrent sous les yeux de sa troupe. Des réunions de royalistes, pour concerter le salut du roi, avaient lieu pendant la même nuit à quelques pas de ces conciliabules. Un émissaire d'une de ces réunions contre-révolutionnaires, chargé de papiers importants, se trompa de porte et entra dans la maison où les républicains conspiraient. On reconnut l'erreur en ouvrant les dépêches. Carra proposa de tuer le messager, afin de conserver le secret de la conjuration républicaine que le hasard venait de lui révéler. Mais un crime isolé était inutile, au moment où le tocsin allait trahir la conspiration de tout un peuple.

Le tocsin sonnait en effet dans quelques clochers des quartiers lointains de Paris. Une page d'intime confidence arrachée aux souvenirs de cœur de la jeune femme de Camille Desmoulins, Lucile Duplessis, et tachée du sang de cette jeune victime, a conservé à l'histoire les impressions tour à tour naïves et sinistres que ces premiers coups de tocsin firent sur les conspirateurs du 10 août. Pendant qu'ils arment leurs bras et qu'ils composent leur visage pour le combat ou pour la mort, on lit leurs émotions à travers leur rôle. Le 8 août, Lucile revint de la campagne à Paris pour se rapprocher de Camille Desmoulins à la veille du danger. Elle adorait son mari. Le 9, ils donnèrent un dîner de famille à Fréron, à Rebecqui, à Barbaroux, aux principaux chefs marseillais. Le repas fut gai comme l'imprévoyance de la jeunesse. La présence de cette belle femme, l'amitié, le vin, les fleurs, l'amour heureux, les saillies de Camille, l'espérance de la liberté prochaine, voilaient la mort que pouvait recéler la nuit. On se sépara pour aller chacun à son sort.

Lucile, madame Duplessis sa mère et Camille Desmoulins allèrent chez Danton. Ils trouvèrent sa femme dans les larmes. Son enfant pleurait, sans comprendre, en regardant sa mère, comme s'il eût eu le pressentiment de l'élévation soudaine, des crimes et du supplice auxquels cette soirée fatale allait vouer son père. Danton était serein, résolu, presque jovial, avec une arrière-pensée de gravité ; heureux de l'approche d'un grand mouvement et indifférent au résultat, pourvu qu'il en sortît de l'action pour son génie. On n'était pas bien sûr encore que le peuple se levât en masse assez imposante et que le mouvement pût avoir lieu cette nuit. Madame Desmoulins prétendait qu'il aurait lieu, et qu'il serait triomphant. Elle trouvait ces pronostics dans son bonheur, et elle les affirmait en riant. « Peut-on rire aussi follement dans une heure si inquiète ! lui dit plusieurs fois madame Danton. — Hélas ! répondait la jeune républicaine, qui changeait de physionomie et d'accent comme d'impression, cette gaieté insensée me présage peut-être que je verserai bien des larmes ce soir ! »

VI

Le ciel était serein ; les femmes descendirent pour respirer l'air et firent quelques pas dans la rue. Il y avait assez de mouvement. Plusieurs sans-culottes passèrent en criant : « Vive la nation ! » puis quelques troupes à cheval, enfin une foule immense. Lucile commença à être prise de peur. « Allons-nous-en, » dit-elle à ses compagnes. Madame Danton, accoutumée aux tumultes au milieu desquels vivait son mari, se moqua de la peur de Lucile. Cependant, à force de lui entendre répéter qu'elle tremblait, elle-même, trembla à son tour : « Voilà le tocsin qui va sonner ! » se dirent les femmes, et elles rentrèrent dans la maison de Danton. Les hommes s'armèrent, Camille Desmoulins arriva avec un fusil. Sa femme s'enfuit dans l'alcôve, cacha son visage dans ses deux mains, et se mit à pleurer. Cependant, ne voulant pas révéler sa faiblesse en public, ni dissuader tout haut son mari de prendre part au combat, elle épia le moment de lui parler en secret, et lui dit tout bas ses terreurs. Camille Desmoulins rassura sa femme en lui jurant qu'il ne quitterait pas Danton. Le jeune Fréron, ami de Camille et qui adorait Lucile, avait l'air déterminé à périr. « Je suis las de la vie, disait-il, je ne cherche qu'à mourir. » Les pas de chaque patrouille dans la rue faisaient croire à madame Desmoulins qu'elle voyait son mari et ses amis pour la dernière fois. Elle alla se cacher dans le salon voisin, qui n'était pas éclairé, pour ne pas assister au départ des hommes. Quand ils furent sortis, elle revint s'asseoir sur une chaise près d'un lit, la tête sur son bras, et s'assoupit dans ses larmes.

Après une absence de quelques heures, Danton revint se coucher. Il n'avait pas l'air impatient de se mêler à l'action. A minuit, on vint coup sur coup le chercher. Il partit pour la commune. Le tocsin des Cordeliers tinta. C'était Danton qui le faisait sonner, pendant que sa parole, comme un autre tocsin, réveillait les Marseillais dans leur caserne. Les cloches sonnèrent longtemps ! Seule, baignée de larmes, à genoux devant la fenêtre, la tête cachée dans sa robe, madame Danton écoutait le tintement lugubre et fiévreux de cette cloche. Danton rentra de nouveau. Des hommes affidés venaient de minute en minute lui annoncer le progrès du soulèvement. A une heure, Camille Desmoulins revint aussi, embrassa sa femme et s'endormit quelques instants. Il ressortit avant le jour. Le matin on entendit le canon. A ce bruit, madame Danton pâlit, se laisse glisser sur le plancher et s'évanouit. Les femmes se troublent, éclatent en reproches, et s'écrient que c'est Camille Desmoulins avec sa plume et ses idées qui est la cause de tout. On entend des pleurs, des cris, des gémissements dans la rue. On croyait tout Paris inondé de sang. Camille Desmoulins rentra et dit à Lucile que la première tête qu'il avait vue rouler était celle de Suleau. Suleau était écrivain comme Camille; ses crimes étaient ses opinions et son talent. Ce présage fit pâlir et pleurer Lucile.

VII

Pendant cette même nuit, aux mêmes heures, à peu de distance de la maison de Danton, ces mêmes tintements de tocsin portaient la terreur et la mort à l'oreille d'autres femmes qui veillaient, qui priaient et qui pleuraient aussi sur les dangers de leur mari, de leur frère, de leurs enfants.

La reine et Madame Élisabeth écoutaient du haut des balcons des Tuileries les rumeurs croissantes ou décroissantes des rues de Paris. Leur cœur se comprimait ou se dilatait, selon que ce symptôme de l'agitation de la capitale leur apportait de loin l'espérance ou la consternation. A minuit, les cloches commencèrent à sonner le signal des rassemblements. Les Suisses se rangèrent en bataille comme des murailles d'hommes. Le bruit des cloches s'étant ralenti et les espions disant que les rassemblements avaient peine à se former et que le tocsin *ne rendait pas*, la reine et Madame Élisabeth allèrent se reposer toutes vêtues sur un canapé dans un cabinet des entre-sols, dont les fenêtres ouvraient sur la cour du château. Le roi, sollicité par la reine de revêtir le gilet plastronné qu'elle lui avait fait préparer, s'y refusa avec noblesse. « Cela est bon, lui dit-il, pour me préserver du poignard ou de la balle d'un assassin un jour de cérémonie; mais dans un jour de combat où tout mon parti expose sa vie pour le trône et pour moi, il y aurait de la lâcheté à moi à ne pas m'exposer autant que nos amis. »

Le roi rentré dans son appartement et enfermé avec son confesseur, l'abbé Hébert, pour purifier son âme et pour offrir son sang, les princesses restèrent seules avec leurs femmes. Madame Élisabeth, en ôtant son fichu de ses épaules avant de se coucher sur le canapé, détacha de son sein une agrafe en cornaline sur laquelle la pieuse princesse avait fait graver : *Oubli des offenses, pardon des injures.* « Je crains bien, dit-elle en souriant mélancoliquement, que cette maxime ne soit une vérité que pour nous. Mais elle n'en est pas moins un divin précepte, et elle ne doit pas nous être moins sacrée. » La reine fit asseoir à ses pieds celle de ses femmes qu'elle aimait le plus. Les deux princesses ne pouvaient dormir. Elles s'entretenaient douloureusement à voix basse de l'horreur de leur situation et de leurs craintes pour les jours du roi. A chaque instant l'une d'elles se levait, s'approchait de la fenêtre, regardait, écoutait les mouvements, les bruits sourds, et jusqu'au silence perfide de la ville. Un coup de feu partit dans une des cours. Elles se levèrent en sursaut et montèrent chez le roi pour ne plus le quitter. Ce n'était qu'une fausse alerte. Une courte nuit séparait encore la famille royale du jour suprême qui allait se lever. Cette soirée et cette nuit furent employées en préparatifs militaires contre l'assaut qu'on attendait pour le lendemain.

VIII

Le château des Tuileries, plutôt maison de luxe et de parade de la royauté que son véritable séjour, n'avait aucune de ces défenses dont les souverainetés militaires et féodales avaient jadis fortifié leurs demeures. Destiné aux fêtes et non à la guerre, le ciseau de Philibert Delorme l'avait orné pour le plaisir des yeux et non pour l'intimidation du peuple. Étendant ses légères ailes du quai de la Seine aux rues les plus tumultueuses de Paris, entre des cours et un jardin, flanqué de terrasses aériennes portées sur des colonnes, entouré de gracieux portiques accessibles par deux ou trois marches qui les séparaient seules du sol des jardins, percé au centre par un porche immense qui le traversait de part en part et sous lequel débouchaient les degrés du grand escalier, enfin ouvert de tous côtés par de hautes et larges fenêtres qui laissaient les regards du peuple plonger jusque dans l'intérieur des appartements, ce palais à jour, avec galeries, salles à longues perspectives, théâtre, chapelle, statues, tableaux, musées, ressemblait au salon de la France plutôt qu'à la forteresse de la royauté. C'était le palais des arts dans une ville de liberté et de paix.

Des constructions lourdes, bourgeoises, sans élégance, s'étaient élevées depuis, sous l'influence du mauvais goût de Louis XIV, aux deux extrémités de ce palais des Médicis. Ces constructions contrastaient par leur masse disgracieuse, par leurs étages accumulés et par les toits disproportionnés qui les écrasent, avec l'architecture savante et logique de l'Italie, qui harmonise les lignes comme le musicien harmonise les notes, et qui fait de ses monuments la musique des yeux. Ces deux édifices massifs, réunis au palais central par deux corps de bâtiment surbaissés, s'appelaient, l'un le pavillon de Flore, l'autre le pavillon Marsan. Le pavillon de Flore touchait à la Seine et à l'extrémité du Pont-Royal. Le pavillon Marsan touchait aux rues étroites et tortueuses qui rattachaient le Palais-Royal aux Tuileries.

Un jardin immense, planté régulièrement d'arbres séculaires, rafraîchi de jets d'eau, entrecoupé de pièces de gazon où s'élevaient sur leurs piédestaux des statues de marbre, et de plates-bandes plantées d'arbustes et de fleurs, s'étendait, en largeur, des bords de la Seine jusqu'au pavillon Marsan, sur toute la façade du château, et en longueur depuis le château jusqu'à la place Louis XV, qui le séparait des Champs-Élysées. Les allées de ce jardin, longues et larges comme des pensées royales, semblaient avoir été tracées non pour les promenades d'une famille ou d'une cour, mais pour les colonnes de tout un peuple. Une armée entière camperait dans le seul espace compris entre le château et les arbres. Deux longues terrasses flanquaient ce jardin dans sa longueur : l'une sur le bord de l'eau, réservée à la famille royale ; Louis XVI y avait fait élever un pavillon rustique et planter un petit jardin pour l'exercice et pour l'instruction du Dauphin. L'autre terrasse, appelée terrasse des Feuillants, suivait le bord opposé du jardin depuis le pavillon Marsan jusqu'à la terrasse de l'Orangerie, qui décrivait un demi-cercle à l'extrémité du jardin, et descendait par une rampe vers le pont tournant.

IX

Le pont tournant était l'entrée du jardin des Tuileries du côté des Champs-Élysées. Il tournait en effet sur un fossé profond et était défendu par un poste. La terrasse des Feuillants était coupée de deux escaliers à quelque distance du pavillon Marsan. L'un de ces escaliers conduisait à un café ouvert autrefois sur le jardin, fermé de ce côté depuis les troubles. Il s'appelait le café Hottot. C'était le rendez-vous des orateurs du peuple, que le voisinage de l'Assemblée nationale y attirait depuis que celle-ci siégeait à Paris. L'autre escalier conduisait du jardin à l'Assemblée, dont l'enceinte communiquait au jardin par un passage étroit, obscur et infect, que le roi était obligé de traverser à pied toutes les fois qu'il se rendait en cérémonie au milieu des législateurs.

Du côté du Carrousel, quatre cours, séparées les unes des autres et séparées du Carrousel lui-même par des bâtiments de service bas et décousus et par des murs auxquels étaient adossés des corps de garde, fermaient le château. Ces cours communiquaient entre elles par des portes. La première de ces cours, du côté de la rivière, servait d'avenue au pavillon de Flore et s'appelait la cour des Princes. La seconde était la cour Royale. Elle faisait face au centre du château et conduisait au grand escalier. La troisième était la cour des Suisses. Ces troupes y avaient leur caserne. Enfin la quatrième répondait au pavillon Marsan et s'appelait de son nom. Le pavillon de Flore joignait, par une porte du premier étage, les Tuileries à la longue galerie du Louvre, qui régnait sur le quai de la Seine depuis ce pavillon jusqu'à la colonnade. Cette galerie était destinée à être le musée de la France et à renfermer les chefs-d'œuvre de sculpture et de peinture antiques ou modernes que les siècles se transmettent comme les témoins de leur civilisation et comme le patrimoine intellectuel du génie. Dans la prévision d'un envahissement du peuple, qui aurait pu escalader le Louvre, on avait coupé le plancher intérieur de cette galerie à une distance de soixante pas des Tuileries. Cette rupture de communication rendait l'agression impossible par le premier étage. Un poste de trente Suisses veillait jour et nuit dans l'espace compris entre cette coupure et le pavillon de Flore.

Telle était la disposition des lieux où le roi était condamné à recevoir la bataille du peuple. Cerné dans ce palais, il n'y avait ni arsenal, ni rempart, ni liberté de mouvements, ni retraite. Les Tuileries n'étaient faites que pour régner ou pour mourir.

X

L'imminence de l'attaque était avérée pour tous les partis. Pétion, depuis quelques jours, se rendait souvent au château pour y conférer avec les ministres et avec le roi lui-même sur les moyens de défendre le palais et la constitution. Venait-il exécuter sincèrement les devoirs que ses fonctions lui imposaient? Venait-il réjouir d'avance ses regards des angoisses de la famille royale et de l'impuissance de ses défenseurs? Sa complicité secrète avec les conjurés, ses ressentiments personnels contre le roi et ses liaisons avec Roland laissent les conjectures aussi flottantes que le caractère de cet homme.

XI

Dans la soirée du 9, Pétion se rendit à l'Assemblée et annonça que le tocsin sonnerait dans la nuit. Il donna, de sa main, à M. de Mandat, l'ordre de doubler les postes et de repousser la force par la force.

M. de Mandat, un des trois chefs de division qui commandaient tour à tour la garde nationale, était chargé, à ce titre, du commandement général des Tuileries. C'était un gentilhomme des environs de Paris, capitaine dans les gardes françaises avant la Révolution, puis chef de bataillon de la garde nationale sous M. de La Fayette, dont il partageait les opinions. Dévoué d'esprit à la constitution, de cœur au roi, il croyait confondre ses devoirs d'opinion et ses devoirs de soldat en défendant dans Louis XVI le roi de ses aïeux et le chef légal de la nation. Homme intrépide, mais de peu de ressources dans l'esprit, il était plus propre à bien mourir qu'à bien commander. Le roi se fiait néanmoins avec raison à son dévouement. Le jeudi 9, Mandat donna ordre à seize bataillons choisis dans la garde nationale de se tenir prêts à marcher. A six heures du soir tous les postes furent triplés au château. Depuis deux jours, le régiment des gardes suisses tout entier, au nombre de neuf cents hommes, était arrivé. Un détachement de quelques hommes seulement était resté à la caserne de Courbevoie. M. de Maillardoz commandait les Suisses. On les avait logés dans l'hôtel de Brionne et dans les écuries de la cour Marsan. A onze heures ils étaient sous les armes. On les plaça en avant-postes à l'issue de tous les débouchés.

XII

Trente gardes nationaux stationnaient avec les Suisses dans la cour Royale, au pied du grand escalier. Ils avaient reçu de Mandat l'ordre de repousser la force par la force, tel que Pétion l'avait donné lui-même au commandant général. Paris était dénué de troupes de ligne. Les généraux Wittenkoff et Boissieu, qui commandaient la dix-septième division militaire, dans laquelle Paris était compris, n'avaient sous leurs ordres que la gendarmerie à pied et la gendarmerie à cheval. La gendarmerie à pied était consignée dans ses casernes, à l'exception de cent cinquante hommes placés à l'hôtel de Toulouse pour protéger au besoin le trésor royal. Trente hommes de la gendarmerie à pied de la banlieue de Paris étaient postés au pied de l'escalier dans la cour des Princes. La gendarmerie à cheval comptait six cents cavaliers. Ils étaient commandés par MM. de Rulhière et de Verdière. A onze heures du soir, cette cavalerie se rangea en bataille dans la cour du Louvre. Un faible escadron de gendarmerie à cheval du département arriva dans la nuit et se mit en bataille sur le Carrousel. Quatre pièces d'artillerie étaient placées dans la cour Royale, devant la grande porte, une dans la cour des Suisses, une dans la cour des Princes, une dans la cour Marsan, deux au pont tournant, une à l'embouchure du pont Royal, deux à la porte du Manége. En tout douze pièces de canon. Les artilleurs étaient des volontaires de la garde nationale, fiers de leur supériorité d'armes et peu assouplis à l'obéissance.

Les seize bataillons de garde nationale arrivèrent par détachements d'heure en heure. Réunis avec peine, ils ne formèrent en tout que deux mille combattants. Les officiers suisses fraternisèrent avec les officiers de ces détachements à mesure qu'ils arrivaient. Ils leur déclarèrent que, pleins de déférence pour la nation, leurs soldats suivraient l'exemple de la garde nationale et *ne feraient ni plus ni moins que les citoyens de Paris.* Les Suisses furent massés dans le vestibule. Leur drapeau était là ! Assis sur des bancs et sur les marches de l'escalier, leurs fusils dans les mains, ils y passèrent dans un profond et martial silence les premières heures de la nuit. La réverbération des flambeaux sur leurs armes, le bruit des crosses de fusil retentissant de temps en temps sur le marbre, le *qui vive* à voix sourde des sentinelles, donnaient au palais l'aspect d'un camp devant l'ennemi. Les uniformes rouges de ces huit cents Suisses, assis ou couchés sur les paliers, sur les degrés, sur les rampes, faisaient ressembler d'avance l'escalier des Princes à un torrent de sang. Indifférents à toute cause politique, républicains prêts à combattre contre la république, ces hommes n'avaient pour âme que la discipline, et pour opinion que l'honneur. Ils allaient mourir pour leur parole, et non pour leur idée ou pour leur patrie. Mais la fidélité est une vertu par elle-même ; cette indifférence des Suisses pour la cause du roi ou du peuple rendit leur héroïsme non pas plus saint, mais plus militaire. Ils n'eurent pas le dévouement du patriote, ils eurent celui du soldat.

XIII

A l'exception de ces Suisses, commandés par Maillardoz, Bachmann, d'Erlach, intrépides officiers, les autres troupes éparses dans les jardins et dans les cours, gendarmerie, canonniers, gardes nationaux, ne présentaient ni nombre, ni unité, ni dévouement. Le soldat volontaire ne connaissait pas ses officiers ; l'officier ne comptait pas sur ses soldats. Personne n'avait confiance dans personne. Le courage était individuel comme les opinions. L'esprit de corps, cette âme des troupes, leur manquait. Il était remplacé par l'esprit de parti.

Mais les opinions, au lieu d'être la force, sont le dissolvant des armées. Chacun avait son opinion et cherchait à la faire prévaloir dans des controverses qui devenaient souvent des rixes. Ceux-ci voulaient qu'on prévînt l'attaque, et qu'on marchât sur l'hôtel de ville et sur les principaux débouchés des colonnes du peuple, pour dissoudre les rassemblements avant qu'ils se fussent grossis ; ceux-là demandaient qu'on allât bloquer les Marseillais, encore immobiles dans leur caserne des Cordeliers, les désarmer avec du canon et étouffer ainsi l'incendie dans son principal foyer ; le plus grand nombre, craignant la responsabilité du lendemain s'ils portaient les premiers coups, et enfermés dans la légalité stricte, comme dans une forteresse, voulaient qu'on attendît avec impassibilité l'agression du peuple, et qu'on se bornât à repousser la force par la force, selon la lettre de la constitution. Puritains de la légalité, ils croyaient que la constitution se défendrait d'elle-même.

Quelques-uns se répandaient en sourdes imprécations contre le roi, dont les faiblesses, palliées par des trahisons, avaient amené la patrie à ces extrémités au dehors, les citoyens à cette crise au dedans. Ils montraient du geste les fenêtres du palais et maudissaient une cour *perfide* qui enlaçait un roi bon, mais impuissant, et qui versait ces calamités sur la patrie. Les canonniers disaient tout haut qu'ils pointeraient leurs pièces sur le château plutôt que de tirer sur le peuple. La confusion régnait dans les cours, dans les jardins, dans les postes. Les bataillons incomplets se plaçaient et se déplaçaient au hasard. Les ordres des chefs se croisaient et se neutralisaient. Aucune pensée militaire d'ensemble ne présidait à ces mouvements désordonnés. On se plaçait ici où là, selon le caprice des bataillons ou l'ambition d'un officier. On changeait de place avec la même imprévoyance. Des compagnies entières se détachaient tout à coup des bataillons et s'en allaient, les armes renversées, prendre poste sur le Carrousel ou sur les quais, indécises jusqu'au dernier moment si elles se rangeraient du côté des défenseurs ou du côté des assaillants.

A chaque bataillon nouveau qui arrivait, l'esprit changeait dans la garde nationale. Les bataillons des quartiers du centre, arrivés les premiers et composés de la riche bourgeoisie de Paris, étaient animés de l'esprit de La Fayette, dont ils avaient été trois ans les prétoriens. Vainqueurs au Champ de Mars, à Vincennes et dans vingt émeutes, ils méprisaient la populace et voulaient venger la constitution et le roi des outrages du 20 juin. Les bataillons du faubourg Saint-Germain, privés de leurs officiers par l'émigration, étaient livrés aux seuls prolétaires de ce quartier ; les bataillons des faubourgs, composés d'hommes de travail et qui comptaient plus de piques que de baïonnettes dans les rangs, saturés d'insinuations contre le roi, de calomnies contre la reine, ne comprenaient rien à une constitution qui leur ordonnait de venir défendre le palais d'une cour qu'on leur enseignait tous les jours à abhorrer. Rassemblés machinalement aux sons du rappel autour du drapeau, ils entraient aux Tuileries aux cris de *Vive Pétion!* et de *Vive la nation!* Des cris de *Vive le roi!* leur répondaient des bataillons fidèles et des fenêtres du château. Des regards menaçants, des gestes de défi, des apostrophes injurieuses, s'échangeaient entre ces corps destinés à combattre un moment après pour la même cause. Les canonniers serraient la main aux hommes des piques et leur promettaient leur immobilité ou leur secours devant le peuple. Le bataillon des Filles-Saint-Thomas, alarmé de ces dispositions des canonniers, envoya quarante grenadiers d'élite de ce bataillon prendre poste à côté de ces canonniers, pour les surveiller à leur insu et les empêcher d'emmener leurs pièces.

XIV

Telles étaient à l'extérieur la force, la contenance, les dispositions morales des défenseurs du château : quatre ou cinq mille hommes, quelques-uns dévoués, beaucoup indifférents, la plupart hostiles, commandés par l'impression du moment et dont le nombre variait d'heure en heure selon que la fidélité ou la désertion grossissait ou affaiblissait les rangs. Hors des cours, dans les rues adjacentes et dans le Carrousel, la foule, curieuse ou irritée, encombrait les avenues du château. Les hommes du 20 juin, les fédérés oisifs et errants dans Paris, les Marseillais que la voix de Danton n'avait pas encore rassemblés aux Cordeliers, se groupaient à tous les guichets, à toutes les portes, du côté du jardin, du côté du Pont-Royal, du côté des cours. Ils accueillaient avec des cris de joie les bataillons de piques : « Nous sommes vos frères, et voilà l'ennemi ! leur disaient-ils en leur montrant du geste les fenêtres du roi. Rapportez sa tête et les têtes de sa femme et de ses enfants pour drapeau au bout de vos piques. » Les signes d'intelligence et les éclats de rire répondaient à ces imprécations.

Les portes qui séparaient la cour Royale des Tuileries n'étaient pas fermées. Le flux du peuple menaçait sans cesse d'en franchir le seuil. Deux Suisses furent placés en faction aux deux côtés de cette porte pour en interdire l'entrée. Un Marseillais sortit de la foule, le sabre nu à la main. « Misérables, dit-il aux Suisses en levant sur eux son arme, souvenez-vous que c'est la dernière garde que vous montez ! encore quelques heures, et nous allons vous exterminer ! » Des hommes, des enfants, des femmes, montant sur les épaules les uns des autres, se hissaient sur les toits et sur les murs qui s'étendaient entre le Carrousel et les cours du château. Ils insultaient de là les gardes nationaux et les Suisses. On entendait des appartements du roi ce bouillonnement du peuple grossissant d'heure en heure autour du palais.

XV

Dans l'intérieur du château, les forces, plus homogènes, n'étaient pas plus imposantes. Il y avait plus de résolution, mais non plus d'ensemble. Les chefs des bataillons de garde nationale des Filles-Saint-Thomas et de la butte des Moulins y avaient placé les hommes dont ils se croyaient le plus sûrs. Des volontaires sortis des autres bataillons s'y étaient portés d'eux-mêmes. Ils occupaient assez confusément les postes principaux, les galeries, les antichambres du roi, de la reine, de Madame Élisabeth, au nombre de sept à huit cents hommes. Ces appartements, compris entre l'escalier des Princes dans le pavillon de Flore et le grand escalier dans le pavillon de l'Horloge, centre du palais, embrassaient un immense espace. Madame Élisabeth habitait le pavillon de Flore, arrangé pour le recueillement de sa vie, entre ses oiseaux, ses fleurs, ses ouvrages de main, et les pieuses pratiques de sa vie. La reine occupait les appartements du rez-de-chaussée, dans cette partie massive du palais qui s'étend de l'escalier des Princes au grand escalier. C'était dans ces appartements, composés de chambres presque au niveau de la cour et des jardins, et dans ces entre-sols dont elle avait fait des cabinets particuliers, que la reine recevait les conseillers secrets de la monarchie. Ces pièces communiquaient avec les appartements du roi par des escaliers de service. Le roi occupait à côté de ses enfants les grands appartements du premier étage dans le même corps de logis. Ces pièces régnaient derrière la galerie des Carrache, ainsi nommée du nom des peintres qui l'avaient décorée. Elles avaient leurs fenêtres sur le jardin. Des corridors obscurs et tortueux les desservaient.

Le roi, amoureux des habitudes simples et laborieuses de l'homme du peuple, avait fait pratiquer dans ses grands appartements des réduits écartés où il aimait à se retirer pour se livrer soit à l'étude, soit aux travaux de serrurerie. Autant les autres esprits aiment à monter, autant le sien aimait à descendre. Dans ces chambres étroites d'où ses regards n'apercevaient que les cimes des arbres des Tuileries et des Champs-Elysées, au milieu de ses livres d'histoire et de voyage, de ses cartes de géographie ou des outils de son atelier, il aimait à se faire illusion sur sa condition. Il ne se souvenait plus qu'il était roi; il se croyait un homme vulgairement heureux, entouré de sa femme, de ses enfants et des instruments de son métier quotidien. Il dérobait aux soucis du trône ces heures d'obscurité et de paix. Il abdiquait un moment le rang suprême. Il croyait que la destinée l'oubliait, parce qu'il oubliait la destinée.

XVI

Toute cette partie du palais, ainsi que la galerie des Carrache, la salle du Conseil, la chambre du Lit, les salles des Gardes, le théâtre, la chapelle, était devenue une place d'armes couverte de fusils en faisceaux, de postes militaires et de groupes d'hommes armés. Les uns, assis en silence sur les banquettes, s'assoupissaient, leurs fusils entre leurs jambes; les autres étaient étendus, enveloppés dans leurs manteaux, sur le parquet des salles; le plus grand nombre, se formant en groupes dans les embrasures des fenêtres et sur les larges balcons du château éclairés par la lune, s'entretenaient à voix basse des préparatifs de l'attaque et des hasards de la nuit. De minute en minute, Mandat, commandant général, et ses aides de camp passaient des jardins et des cours chez le roi, de chez le roi dans les postes. Les ministres, les généraux, M. de Boissieu, M. de La Chesnaye, commandant en second de la garde nationale sous M. de Mandat; d'Ermigny, commandant de la gendarmerie; Carl et Guinguerlo, ses lieutenants; Rœderer, les membres du département de Paris, deux officiers municipaux, Leroux et Borie, Pétion lui-même, parcouraient sans cesse les appartements; leurs physionomies, plus sombres ou plus sereines selon les nouvelles qu'ils portaient au roi, répandaient la confiance ou l'inquiétude dans les salles. Des demi-mots jetés en passant par ces chefs aux commandants des postes circulaient. Les heures étaient longues comme l'incertitude et agitées comme l'attente.

XVII

Pendant que ces troupes légales se groupaient aux ordres de la loi autour du chef constitutionnel du royaume, d'autres défenseurs volontaires, appelés du fond de leur province ou de leurs demeures par les dangers de cette journée, se pressaient autour du roi pour le couvrir de leurs corps. Sans autre titre que leur courage pour entrer au château, où leur présence était suspecte à la garde nationale, ils s'y glissaient un à un, sans uniforme, cachant leurs armes, baissant la tête, et comme honteux de venir apporter leur sang et leur vie.

C'étaient d'abord les officiers de la garde constitutionnelle récemment licenciée par le décret de l'Assemblée, mais conservant leurs armes sous la main, leur serment dans leur cœur. C'étaient ensuite quelques jeunes royalistes de Paris, qui, à l'âge où la générosité fait l'opinion, s'étaient épris des larmes de la reine, des vertus de sa sœur, de l'innocence des enfants, des supplices de la royauté, et qui trouvaient glorieux de se ranger du parti des faibles. André Chénier, Champcenetz, Suleau, Richer-Serizy, tous les écrivains royalistes et constitutionnels quittaient tour à tour l'épée pour la plume, la plume pour l'épée. Ils étaient là. C'étaient aussi quelques fidèles serviteurs de la domesticité du château attachés à la cour de père en fils, pour qui le foyer du roi était, pour ainsi dire, leur propre foyer; vieillards venus de Versailles, de Fontainebleau, de Compiègne, à la nouvelle des périls de leur maître. Quelques-uns menaient avec eux leurs enfants élevés dans les pages, qui avaient à peine la force de porter une arme. Mais ces familles inféodées par des bienfaits à la royauté s'offraient tout entières à leur maître, sans se réserver ni la vieillesse ni l'enfance, prêtes à tout rendre au trône de qui elles tenaient tout. Enfin c'étaient environ deux cents gentilshommes de Paris ou des provinces, la plupart braves officiers retirés récemment de leur régiment, et qui n'avaient voulu ni trahir leur caste en marchant contre leurs frères émigrés, ni trahir la nation en émigrant. Accourus de leurs provinces pour offrir leurs bras au roi, ils représentaient à eux seuls tout ce qui restait en France de cette noblesse militaire qui était allée porter son camp à l'étranger. Placés entre leur conscience qui leur défendait de combattre la patrie, le peuple qui les suspectait, et la cour qui leur reprochait leur fidélité au sol, ces gentilshommes faisaient leur devoir sans espérance et sans illusion ; sûrs de l'ingratitude de la cour si la royauté triomphait, sûrs de mourir si le peuple était vainqueur.

Dévouement austère qui n'avait son prix qu'en lui-même ; mort ingrate et méconnue, seul rôle que le malheur des temps laissât à cette noblesse, qui voulait rester à la fois fidèle comme les chevaliers et nationale comme les citoyens ! Le vieux et intrépide maréchal de Mailly, âgé de quatre-vingts ans, mais jeune de dévouement à son malheureux maître, dont il était aussi l'ami, passa la nuit, armé, debout, à la tête de ces gentilshommes. MM. d'Hervilly, de Pont-Labbé, de Vioménil, de Casteja, de Villers, de Lamartine, de Virieu, du Vigier, de Clermont-d'Amboise, de Bouves, d'Autichamp, d'Allonville, de Maillé, de Chastenay, de Damas, de Puységur, tous militaires de grades et d'armes divers, commandaient sous le maréchal de Mailly des pelotons de cette troupe d'élite.

XVIII

On divisa ce corps de réserve en deux compagnies, l'une sous les ordres de M. de Puységur, lieutenant général, et de M. de Pont-Labbé, maréchal de camp ; l'autre ayant pour capitaine M. de Vioménil, lieutenant général, et pour lieutenant M. d'Hervilly, naguère commandant de la garde constitutionnelle dissoute. Ces officiers avaient espéré trouver des armes de combat au château. On avait négligé cette

précaution. La plupart n'avaient pour défense que leur épée
et des pistolets à leur ceinture. Quelques officiers civils de
la maison du roi, qui s'étaient joints à cette troupe, s'étaient
armés à la hâte de chenets et de pincettes arrachés aux
foyers des appartements. Ces armes étaient ennoblies par
le courage désespéré des serviteurs qui les saisissaient pour
défendre la demeure de leur souverain.

M. d'Hervilly fit passer en revue par le roi et par la reine
ces deux compagnies rangées en haie dans les salles. La
famille royale, plus touchée de l'attachement de cette noblesse qu'effrayée de son petit nombre, adressa des paroles
de reconnaissance à ces loyaux officiers. Quelques mots
énergiques de Marie-Antoinette, la dignité de son geste,
l'assurance de son regard, électrisèrent tellement cette poignée de braves, qu'ils tirèrent leurs épées, et chargèrent
spontanément leurs armes sans autre commandement qu'un
élan unanime et martial. Ce geste était un serment. La victoire était dans leur attitude. Quelques grenadiers de la
garde nationale se confondirent dans leurs rangs, pour
montrer la confiance mutuelle et l'unité de dévouement qui
animaient tous les amis du roi sans distinction d'armes.

La masse des gardes nationaux répandus dans les appartements et dans les cours murmura de cette manifestation
royaliste, et affecta de voir une conspiration dans cette fidélité. On demanda l'éloignement de ces gentilshommes. La
reine, se plaçant à la porte de la chambre du Conseil, entre
eux et la garde nationale, résista avec fermeté à cette demande d'expulsion des derniers et des plus fidèles amis du
roi : « Voyez, messieurs, dit-elle à la garde nationale en
montrant du geste la colonne des royalistes, ce sont nos
amis et les vôtres! Ils viennent partager vos dangers, ils ne

demandent que l'honneur de combattre avec vous. Placez-les où vous voudrez, ils vous obéiront, ils suivront votre exemple, ils montreront partout aux défenseurs de la monarchie comment on meurt pour son roi. » Ces paroles calmèrent l'irritation de ceux qui les entendirent de près; mais mal répétées et mal interprétées par ceux qui étaient les plus éloignés, elles portèrent la jalousie et le ressentiment parmi les bataillons.

Un de ces gentilshommes, en passant devant un corps de gardes nationaux en bataille dans la cour Royale, eut l'imprudence de s'approcher des officiers qui le commandaient : « Allons, messieurs de la garde nationale, leur dit-il, c'est le moment de montrer du courage! » Ce mot blessa la susceptibilité des citoyens. « Du courage! soyez tranquille, lui répondit un des capitaines de ce bataillon, nous n'en manquerons pas, mais ce n'est pas à côté de vous que nous le montrerons. » Puis, sortant des rangs et des cours, il passa sur le Carrousel et alla se ranger du côté du peuple. La moitié du bataillon le suivit.

Tout présageait la défection, rien n'imprimait l'élan. On attendait le sort et on ne le préparait pas. Le roi priait au lieu d'agir.

XIX

Plus chrétien que roi, renfermé pendant de longues heures avec le P. Hébert, son confesseur, il employait à se résigner ces instants suprêmes que les catastrophes les plus désespérées laissent encore aux grands caractères pour ressaisir la fortune. Quatre ou cinq mille combattants, ayant pour champ de bataille le palais des rois, avec des baïonnettes disciplinées, des canons, de la cavalerie, un roi à leur tête, une reine intrépide, des enfants innocents au milieu d'eux, une assemblée indécise à leur porte, la légalité et la constitution de leur côté, et l'opinion au moins partagée dans la nation, pouvaient peut-être repousser ces masses confuses et désordonnées que l'insurrection amenait lentement sur le château, rompre ces colonnes de peuple qui ne se grossissent que des incertains qu'elles entraînent, foudroyer ces Marseillais, qui étaient odieux dans Paris, balayer les faubourgs, rallier les bataillons flottants de la force civique par le prestige de la victoire, imposer à l'Assemblée, dont la majorité hésitait encore la veille, reprendr un moment l'ascendant de la légalité et de la force, faire appel à La Fayette et à Luckner, opérer la jonction avec les troupes à Compiègne, placer le roi au centre de l'armée, entre l'étranger et son peuple, et faire reculer à la fois la coalition et la Révolution quelques jours. Mais pour cela il fallait un héros : la monarchie n'avait qu'une victime.

LIVRE VINGT ET UNIÈME

Courage et attitude de la reine. — Commune insurrectionnelle constituée en municipalité. — Pétion mis en état d'arrestation simulée. — Meurtre de Mandat. — Santerre nommé à sa place au commandement général de la garde nationale. — Intérieur du château. — Les dames de la reine. — La duchesse de Maillé. — Rœderer. — Masse toujours croissante des assaillants. — Le roi passe la revue des troupes. — Double esprit de la garde nationale. — Danton harangue les Marseillais. — Il rentre chez lui pour attendre l'événement.

I

Pendant les longues heures de cette nuit et les premières heures de l'aube, la reine et Madame Élisabeth passaient alternativement de la chambre du roi dans la chambre où dormaient les enfants, et de là dans la salle du Conseil, où siégeaient les ministres en permanence. Elles traversaient les salles pleines de leurs défenseurs; cachant leurs larmes, et inspirant par leur sérénité apparente, par leur sourire et par leurs paroles, la confiance qu'elles n'avaient pas encore perdue. La présence de ces deux princesses errantes, la nuit, dans ce palais au milieu des armes : l'une, reine et mère, tremblante à la fois pour son mari et pour ses enfants ; l'autre, sœur dévouée, tremblante pour son frère, toutes deux insensibles à leurs propres périls, était le plus éloquent appel à la compassion, à la générosité, au courage des défenseurs du château.

Marie-Antoinette, que les pamphlets de ses ennemis ont représentée dans cette nuit suprême comme une furie couronnée poussant l'exaltation jusqu'au délire, l'abattement jusqu'aux larmes, tantôt déclarant qu'elle se ferait clouer aux murs de son palais, tantôt présentant des pistolets au roi pour lui conseiller le *suicide*, n'eut ni ces emportements ni ces faiblesses. Elle fut avec dignité et avec naturel, sans héroïsme affecté comme sans abattement timide, ce que son sexe, son rang, sa qualité d'épouse, de mère, de reine, voulaient qu'elle fût dans un moment où tous les sentiments que ces titres divers devaient agiter en elle se traduisaient dans son attitude. Au niveau de toutes ses tendresses, de toutes ses grandeurs, de toutes ses catastrophes, son âme, sa physionomie, ses paroles, ses actes reflétèrent fidèlement toutes les phases du trône à la captivité qu'elle eut à traverser dans ces longues heures. Elle fut femme, mère, épouse, reine menacée ou atteinte dans tous ses sentiments. Elle craignit, elle espéra, elle désespéra, elle se rassura tour à tour. Mais elle espéra sans ivresse et se découragea sans avilissement. Les forces et les tendresses de son âme furent égales aux coups de la destinée. Elle pleura non de faiblesse, mais d'amour ; elle s'attendrit, mais sur ses enfants ; elle voila ses angoisses et sa douleur du respect qu'elle devait à elle-même, à la royauté, au sang de sa mère Marie-Thérèse, au peuple qui la regardait. Après avoir pleuré au berceau de son fils, de sa fille, aux genoux du roi, dans les bras de sa sœur et de son amie, elle essuyait sur ses joues la trace des larmes, et faisait disparaître la rougeur de ses yeux. Elle reparaissait devant la foule, sérieuse mais tranquille, attendrie mais ferme, ayant un cœur, sans doute, mais le possédant.

Telle fut Marie-Antoinette pendant cette crise de vingt-quatre heures, succédant à tant de crises qui auraient pu épuiser son courage : femme comme toutes les femmes, mieux inspirée par la nature que par la politique, plus faite pour supporter héroïquement que pour diriger les circonstances extrêmes, plus à sa hauteur dans l'action que dans le conseil.

11

Le roi avait fait appeler Rœderer, procureur-syndic du département de Paris. Pétion n'était pas encore au château. Il arrive enfin, rend compte au roi de l'état de Paris, refuse de la poudre au commandant général Mandat, qui se plaint à lui de n'avoir que trois coups à tirer par homme. Sous prétexte de l'extrême chaleur qui l'incommode dans le cabinet du roi, Pétion sort, entraîne Rœderer : ils descendent ensemble dans le jardin. Pétion est entouré d'officiers municipaux affidés et de jeunes gardes nationaux qui chantent et folâtrent autour de lui. Ce groupe de magistrats et de gardes nationaux se promène tranquillement aux clartés de la lune sur la terrasse du bord de l'eau, en s'entretenant de choses légères, comme dans une soirée de fête. A l'extrémité de la terrasse, ils entendent battre le rappel au château. Ils reviennent. Le ciel était pur, l'air immobile. On entendait distinctement le tocsin des faubourgs. Pétion, qui affectait une impassibilité stoïque et qui dissimulait le danger, laissa Rœderer remonter seul auprès du roi. Il resta dehors, sur la terrasse près du grand escalier. Il craignait pour ses jours.

Quoique la nuit ne fût pas obscure, le château projetait son ombre très-loin sur le jardin. On avait posé des lampions allumés sur les dalles de pierre qui bordent la terrasse. Quelques grenadiers des Filles-Saint-Thomas, dont le bataillon stationnait sur cette terrasse, et qui abhorraient dans Pétion l'instigateur secret de l'insurrection, éteignirent du pied les lampions, et se pressèrent autour du maire comme pour faire de lui un otage. Il comprit le mouvement. Il entendit des mots, il entrevit des gestes sinistres. « Sa tête répondra des événements de la nuit, » dit un grenadier à ses camarades. Masquant ses craintes sous une attitude rassurée, Pétion s'assit sur le rebord de la terrasse, au milieu de quelques officiers municipaux, à quelque distance des grenadiers. Il affecta de causer tranquillement une partie de la nuit avec ceux qui l'entouraient. On murmurait tout haut au château et dans les rangs des défenseurs du trône que, puisqu'il avait eu l'audace de venir affronter la vengeance des royalistes, il fallait le retenir et l'exposer lui-même aux coups qu'il préparait à la monarchie. Un officier municipal, nommé Mouchet, voyant la situation embarrassée de Pétion et averti par un signe d'intelligence du maire, courut à l'Assemblée nationale et parla à plusieurs membres : « Si vous ne mandez pas sur-le-champ le maire de Paris à votre barre, il va être assassiné ! » dit-il.

Louis XVI, agenouillé devant Dieu, et le cœur plus plein de pardon que de vengeance, ne songeait point à un assassinat. Mais l'Assemblée feignit de croire à une pensée criminelle de la cour. Elle manda le maire. Deux huissiers, précédés de gardes et de flambeaux, vinrent avec appareil signifier le décret libérateur à Pétion. Au même instant, le ministre de la justice l'envoyait prier de monter chez le roi. « Si je monte, dit-il, je ne redescendrai jamais. » Pétion se rendit à l'Assemblée, et de là à l'hôtel de ville. Il y fut retenu par ses complices de Charenton, et ne reparut plus au château.

III

Il était plus de minuit. Toutes les fenêtres des Tuileries étaient ouvertes. On s'y pressait en foule pour écouter le tocsin. Chacun nommait successivement le quartier, l'église, le clocher d'où partait le rappel des révolutions.

Dans la ville, les citoyens sortaient à ce bruit de leurs maisons et se tenaient sur le seuil de leurs portes, prêts à suivre le torrent où il voudrait les entraîner. Les sections, convoquées insurrectionnellement depuis dix heures, avaient délibéré presque à huis clos, et envoyé chacune des commissaires à l'hôtel de ville, pour remplacer le conseil de la commune par une commune insurrectionnelle. Le mandat unanime et concerté de ces commissaires était de prendre toutes les mesures que commanderaient le salut de la patrie et la conquête de la liberté. Ces commissaires, réunis sans opposition à l'hôtel de ville, au nombre de cent quatre-vingt-douze membres, se constituèrent dictatorialement en municipalité, conservèrent dans leur sein Pétion, Danton, Manuel, nommèrent pour leur président provisoire Huguenin, du faubourg Saint-Antoine, l'orateur de la pétition du 20 juin. Tallien, jeune patriote de vingt-cinq ans, et rédacteur d'un journal intitulé *l'Ami des citoyens*, fut élu secrétaire de la commune. Cette municipalité devint, dès onze heures du soir, le comité dirigeant des mouvements du peuple et le gouvernement de l'insurrection. Pétion, dans un état d'arrestation simulée, pour sauver en lui la pudeur de la loi, ne prit plus part aux actes de la nuit.

IV

Le commandant général Mandat, homme confiant et qui répondait toujours hardiment du roi au peuple et du peuple au roi, acheva ses dernières dispositions sur la foi des ordres que Pétion lui avait signés comme maire de Paris. Mandat envoya cinq cents hommes avec du canon à l'hôtel de ville pour garder le passage de l'arcade Saint-Jean, par laquelle devait déboucher la colonne du faubourg Saint-

Antoine. Il plaça également un bataillon avec deux pièces de canon au Pont-Neuf pour disputer le passage de ce pont aux Marseillais, les refouler dans le faubourg Saint-Germain et les rejeter vers le Pont-Royal, où le canon du pavillon de Flore les foudroierait à leur apparition. A ces dispositions, bonnes en elles-mêmes, il ne manquait que des troupes solides pour les exécuter. A peine Mandat avait-il donné ces ordres, qu'un arrêté de la municipalité l'appela à l'hôtel de ville pour venir rendre compte de l'état du château et des mesures qu'il avait prises pour maintenir la sûreté de Paris.

A la réception de cet arrêté, Mandat hésite entre ses pressentiments et son devoir légal. D'après la loi, la municipalité avait la garde nationale sous son autorité et pouvait appeler son commandant. Mandat, d'ailleurs, ignorait que cette municipalité, changée violemment par les sections, n'était plus qu'un comité d'insurrection. Il consulte Rœderer, qui, dans la même ignorance du changement opéré à l'hôtel de ville, lui conseille de s'y rendre. Mandat, comme averti par un présage intérieur, cherche des prétextes, invente des excuses, tente des délais. Il se décide enfin à partir. Son fils, enfant de douze ans, s'obstine à l'accompagner. Mandat monte à cheval, et, suivi de son fils et d'un seul aide de camp, il se rend par les quais à l'hôtel de ville. Il monte les marches du perron. Son âme se trouble à l'aspect de ces visages austères et inconnus. Il comprend qu'il a à répondre devant des conspirateurs des mesures prises contre le succès de la conspiration. « Par quel ordre, lui dit Huguenin, as-tu doublé la garde du château? — Par l'ordre de Pétion, répond en balbutiant l'infortuné Mandat. — Montre cet ordre. — Je l'ai laissé aux Tuileries. — Depuis quand cet ordre a-t-il été donné? — Depuis trois jours; je le rapporterai. — Pourquoi as-tu fait marcher les canons? — Quand le bataillon marche, les canons le suivent. — La garde nationale ne retient-elle pas de force Pétion au château? — Cela est faux; les gardes nationaux ont été pleins de déférence et de respect pour le maire de Paris. Moi-même je l'ai salué en partant. » Au milieu de ces interrogations, on dépose sur la table du conseil général une lettre de Mandat au commandant du poste de l'hôtel de ville. On en demande la lecture. Mandat ordonnait au bataillon de service de dissiper l'attroupement qui se portait au château en l'attaquant en flanc et par derrière. Cette lettre est l'arrêt de mort de Mandat. Le conseil ordonne qu'il soit conduit à l'Abbaye. Le président, en donnant cet ordre, fait un geste horizontal qui en explique le sens. Un coup de pistolet abat l'infortuné commandant sur les marches de l'hôtel de ville. Les piques et les sabres l'achèvent. Son fils, qui l'attendait sur le perron, se précipite sur le cadavre de son père et le dispute en vain aux meurtriers. Le corps de Mandat, lancé dans la Seine, fait disparaître l'ordre de Pétion.

On a accusé du crime celui dans l'intérêt de qui le crime était commis. L'histoire, sévère pour la duplicité d'esprit de Pétion, n'a jamais pris sa main dans le sang. Il servait la Révolution par des faiblesses, par des complicités morales, jamais par l'assassinat. L'ordre de tirer sur le peuple, si on l'eût retrouvé, accusait la municipalité tout entière; la mort de Mandat anéantissait le seul témoignage. Cette mort par des mains inconnues n'accusa personne, et le flot de la Seine couvrit la responsabilité de la municipalité. Le conseil nomma sur-le-champ Santerre commandant général de la garde nationale à la place de Mandat. Pétion, qui rentrait alors chez lui en sortant de l'Assemblée, trouva à sa porte six cents hommes envoyés par Santerre pour le garder dans sa maison et pour défendre sa vie des embûches de la cour.

V

La nouvelle de la mort de Mandat, apportée aux Tuileries par son aide de camp, répandit la consternation dans l'âme du roi et de la reine, l'hésitation dans la garde nationale. La Chesnaye, chef de bataillon, prit le commandement. Mais l'hôtel de ville occupé par les sections, une municipalité révolutionnaire et le commandement général donné à Santerre brisaient sa force morale dans ses mains. Le sort de Mandat lui présageait le sien. Les deux avant-postes de l'hôtel de ville et du Pont-Neuf étaient forcés. Le faubourg Saint-Antoine, au nombre de quinze mille hommes, débouchait par l'arcade Saint-Jean. Les Marseillais et le faubourg Saint-Marceau, au nombre de six mille hommes, franchissaient le Pont-Neuf. Une foule immense de curieux grossissait à l'œil cette armée du peuple et en portait l'apparence à plus de cent mille hommes. Ces deux corps allaient faire leur jonction sur le quai du Louvre et s'avancer sans obstacle vers le Carrousel. La gendarmerie à cheval, en bataille dans la cour du Louvre, se voyant cernée à tous les guichets, ne pouvant charger contre des murs dans l'enceinte étroite où on l'avait emprisonnée, murmurait contre ses chefs et se partageait en deux détachements : l'un continuait à occuper inutilement la cour du Louvre, l'autre allait se ranger en bataille sur la place du Palais-Royal. Du côté des Champs-Élysées, de la place Vendôme et de la rue Saint-Honoré, nul obstacle n'avait contenu l'affluence du peuple. Des masses immenses bloquaient le jardin.

Le procureur du département, Rœderer, apprenant la mort de Mandat et l'installation d'un conseil insurrectionnel, écrivit au conseil de département de se rendre au château pour prendre des mesures contre la nouvelle municipalité ou pour ratifier ses ordres. Le département, sans autre empire sur le peuple que la loi brisée dans ses mains, envoya des commissaires chez le roi pour se concerter avec Rœderer. C'étaient MM. Levieillard et de Fauconpret, Lefebvre d'Ormesson et Beaumes (d'Aix). Rœderer et les membres du département passèrent ensemble dans une petite pièce donnant sur le jardin, à côté de la chambre du roi. Rœderer demanda au roi de signer un ordre au conseil de département pour l'autoriser à se déplacer du lieu habituel de ses séances. « Mes ministres ne sont pas là, répondit Louis XVI ; je donnerai l'ordre quand ils seront revenus. »

Il ne faisait pas encore jour dans les appartements. Un moment après, on entendit une voiture rouler dans la cour. On entr'ouvrit les contrevents du cabinet du roi pour connaître la cause de ce bruit ; c'était la voiture de Pétion qui s'en allait à vide. Le jour commençait à poindre.

Madame Élisabeth s'approcha de la fenêtre et regarda le ciel. Il était rouge comme de la réverbération d'un incendie. « Ma sœur, dit-elle à la reine, venez donc voir poindre l'aurore ! » La reine se leva, regarda le ciel et soupira. Ce fut le dernier jour où elle vit le soleil à travers une fenêtre sans barreaux. Toute étiquette avait disparu. L'agitation avait confondu les rangs. A chaque nouvelle qu'on apportait au roi ou à la reine, une foule de serviteurs, d'amis, de militaires se pressaient familièrement autour d'eux et donnaient leurs impressions ou leur avis. Le roi était obligé de changer souvent de place et de chercher des pièces dans ses appartements pour écouter ceux de ses ministres qui avaient à l'entretenir en particulier.

Vers trois heures, il se retira de nouveau dans sa chambre, laissant la reine, Madame Élisabeth, les ministres et Rœderer dans la salle du Conseil. On croit qu'accablé des fatigues et des émotions de la journée et de la nuit, et rassuré par les avis qu'il venait de recevoir, il alla chercher dans quelques moments de sommeil les forces dont il aurait besoin au lever du jour. La reine et Madame Élisabeth avaient auprès d'elles la princesse de Lamballe, la princesse de Tarente, mesdames de La Roche-Aymon et de Ginestous ; mesdames de Tourzel, gouvernante des enfants de France ; de Makau, de Bouzy et de Villefort, sous-gouvernantes : femmes de cour que les dangers et les revers de leurs maîtres élevèrent tout à coup, dans cette nuit, jusqu'au complet oubli d'elles-mêmes, cet héroïsme naturel aux femmes ! La duchesse de Maillé, dame du palais qui n'était pas au château la veille et que ses opinions populaires avaient rendue suspecte à la cour dans les premiers jours de la Révolution, ayant appris dans la nuit la prochaine attaque du château et les dangers de la famille royale, sortit à pied de sa demeure, se jeta seule, sans déguiser son nom et son attachement à la reine, au milieu des flots de peuple qui obstruaient les avenues des Tuileries, pour y pénétrer. La foule l'écartait comme une insensée. « Laissez-moi aller, s'écriait-elle, là où l'amitié et le devoir m'appellent. Les femmes n'ont-elles pas aussi leur honneur! C'est leur cœur! Le mien est à la reine! Votre patriotisme est de la haïr, le mien est de mourir à ses pieds! »

VI

Les femmes du peuple, touchées de cette démence de fidélité qui bravait la mort, repoussèrent sans insulte la duchesse de Maillé et la reconduisirent de force à son hôtel. La reine, Madame Élisabeth, toutes ces femmes, tous ces magistrats, tous ces militaires, s'asseyaient au hasard sur les banquettes ou sur les tabourets de la chambre du Conseil. Les princesses s'entretenaient fréquemment avec Rœderer. Rœderer montra dans toute cette nuit, comme au 20 juin, le caractère d'un grand citoyen. Quoique dévoué au parti de la constitution, il inspira confiance à la famille royale. Son attitude fut celle de la loi. Intrépide comme magistrat, triste comme citoyen, respectueux comme homme, son attendrissement sur les angoisses que contenait ce palais n'échappa ni à la reine, ni à sa sœur, ni au roi. Madame Élisabeth s'approchait souvent pour l'interroger avec son triste enjouement. La reine sentait en lui un conseiller austère mais loyal, le roi un dernier ami.

Vers quatre heures, le roi sortit de sa chambre à coucher et reparut dans la chambre du Conseil. On voyait au froissement de son habit et au désordre de sa coiffure qu'il s'était jeté un moment sur son lit. Ses cheveux, poudrés et bouclés d'un côté de la tête, étaient aplatis et sans poudre de l'autre côté. Ses traits pâlis, ses yeux bourrelés, les muscles de sa bouche détendus et palpitants de mouvements involontaires, attestaient qu'il avait pleuré en secret. Mais la même sérénité régnait sur son front et le même sourire de bonté sur ses lèvres. Il n'était pas au pouvoir des choses humaines d'imprimer un ressentiment dans l'âme ou sur les traits de ce prince. Ses amis n'ont jamais aimé, ses ennemis n'ont jamais méprisé en lui que sa bonté : c'était son défaut et sa vertu. La reine et Madame Élisabeth se jetèrent avec un sourire de bonheur dans ses bras; elles l'entraînèrent dans l'embrasure d'une fenêtre et lui parlèrent quelques minutes à voix basse. Les gestes étaient ceux de la plus tendre familiarité; chacune des deux princesses tenait une des mains du roi dans les siennes. Il les regardait tour à tour avec tristesse et semblait leur demander pardon des tourments qu'elles subissaient à cause de lui. Tout le monde s'était éloigné avec respect.

La famille royale passa ensuite du côté des cours, pour juger sans doute du nombre et de l'attitude des troupes campées sous le palais. Un peu après, la reine fit appeler Rœderer. Il trouva cette princesse dans l'appartement de Thierri, valet de chambre du roi. Cette chambre ouvrait sur le petit atelier de serrurerie de Louis XVI. Marie-Antoinette était seule, assise près de la cheminée, le dos tourné à la fenêtre. M. Dubouchage, ministre de la marine, entra et se tint un peu à l'écart, comme un homme qui surveille et qui attend. La reine, visiblement inquiète de ce qu'elle avait vu dans les cours, du petit nombre de défenseurs et de ce qu'on lui avait rapporté de la masse toujours croissante des assaillants, commençait à retomber de l'exaltation des premières espérances dans la prostration du découragement. C'était un de ces moments où la réalité qu'on ne veut pas voir apparaît pour la première fois confusément, et où l'on se révolte encore contre elle tout en la reconnaissant.

Marie-Antoinette demanda à Rœderer ce qu'il y avait à faire dans les circonstances telles qu'elles se révélaient depuis le lever du jour. Rœderer ne lui dissimula pas ce qui pouvait déchirer son cœur pour éclairer sa raison. Il lui présenta, pour la première fois, l'idée de placer le roi et sa famille sous la sauvegarde de la nation en les conduisant dans le sein de la représentation nationale, et en les rendant ainsi inviolables et sacrés comme la constitution elle-même. « Si le roi doit périr, madame, dit Rœderer, il faut qu'il périsse du même coup que la constitution. Mais le peuple s'arrêtera devant sa propre image personnifiée dans l'Assemblée de ses représentants. L'Assemblée elle-même ne pourra s'empêcher de défendre un roi qui confondra son existence avec la sienne. L'insurrection, criminelle devant la demeure du roi, sera parricide devant le sanctuaire de la nation. » Tels furent les conseils de Rœderer; Marie-Antoinette rougissait en les écoutant : on voyait que sa fierté de reine luttait dans son âme avec sa tendresse d'épouse et de mère. M. Dubouchage, gentilhomme loyal et marin intrépide, vint au secours des perplexités de la princesse. « Ainsi, monsieur, dit-il à Rœderer, vous proposez de mener le roi à son ennemi ! — L'Assemblée est moins ennemie que vous ne le pensez, répliqua le procureur du département, puisqu'au dernier vote monarchique quatre cents de ses membres contre deux cents ont voté pour La Fayette. Au reste, entre les dangers je choisis le moindre, et je propose le seul parti que la destinée laisse ouvert au salut du roi. »

VII

La reine, avec un accent de résolution, comme si elle eût cherché à se rassurer elle-même par le son de sa propre voix : « Monsieur, lui dit-elle, il y a ici des forces ; il est temps de savoir qui l'emportera enfin du roi ou des factions. » Rœderer proposa d'entendre le commandant général qui avait succédé à l'infortuné Mandat : c'était La Chesnaye. On le fit appeler ; il vint. On lui demanda si l'état des dispositions extérieures de défense était suffisant pour rassurer le château, et s'il avait pris des mesures pour arrêter les colonnes qui marchaient sur la demeure du roi. La Chesnaye répondit affirmativement et ajouta que le Carrousel était gardé ; puis adressant la parole d'un ton d'humeur et de reproche à la reine : « Madame, lui dit-il, je ne dois pas vous dissimuler que les appartements sont pleins de gens inconnus qui circonviennent le roi, et dont la présence offusque et aigrit la garde nationale. — La garde nationale a tort, répondit la reine ; ce sont des hommes sûrs. » L'attitude et le langage de Marie-Antoinette convainquirent

Rœderer qu'il y avait au château une résolution arrêtée d'accepter la bataille et qu'on y voulait une victoire pour imposer à l'Assemblée. Il insinua au moins que le roi écrivît au corps législatif et lui demandât assistance. M. Dubouchage combattit encore cette idée. « Si cette idée ne vaut rien, reprit Rœderer, que deux ministres se rendent à l'Assemblée et lui demandent d'envoyer des commissaires au château !. »

On adopta ce parti. MM. de Joly et Champion sortirent pour se rendre à l'Assemblée.

L'Assemblée délibérait tranquillement sur la traite des nègres quand les deux ministres se présentèrent. M. de Joly, ministre de la justice, peignit les périls de la situation, l'urgence des mesures, et déclara que le roi désirait qu'une députation de la représentation nationale vînt s'associer à ses efforts pour préserver la constitution et protéger par sa présence la sûreté de sa famille. L'Assemblée passa dédaigneusement à l'ordre du jour. Elle était peu nombreuse, distraite, comme assoupie, et dans l'attitude des corps politiques qui attendent une grande ruine et qui se tiennent à l'écart de l'événement.

VIII

MM. de Joly et Champion sortirent découragés. Rœderer et les ministres étaient restés en conférence dans la petite pièce attenante à la chambre du roi. Les membres du département arrivèrent. Ils apprirent aux ministres la formation de la nouvelle municipalité. Elle venait de faire distribuer des cartouches aux Marseillais. Le bataillon des Cordeliers et les Marseillais devaient être déjà en marche. La loi, détrônée partout, n'avait plus d'asile que les Tuileries. Ils insistèrent pour que le roi allât demander protection à l'Assemblée. « Non! répondit M. Dubouchage, qui venait d'entendre de la fenêtre les outrages vomis par les bataillons de piques contre le roi; il n'y a plus de sûreté pour lui qu'ici! il faut qu'il y triomphe ou qu'il y périsse! »

Les membres du département, et Rœderer à leur tête, résolurent alors de se rendre eux-mêmes au corps législatif, de lui faire connaître la situation, les conseils qu'ils donnaient au roi, et de provoquer enfin de l'Assemblée une résolution qui sauvât tout. Ces membres du département rencontrèrent aux abords de l'Assemblée les deux ministres qui en sortaient. « Qu'allez-vous faire? leur dit le ministre de la justice; nous venons de supplier l'Assemblée d'appeler le roi dans son enceinte, à peine nous a-t-elle écoutés; elle n'est pas en nombre pour rendre un décret, à peine compte-t-on soixante membres! » Le département, découragé, rentra au château avec les ministres. Les canonniers qui stationnaient avec leurs pièces sous le vestibule, au pied du grand escalier, les arrêtèrent. « Messieurs, leur dirent-ils avec une anxiété qui se révélait sur leurs visages, est-ce que nous serons obligés de faire feu sur nos frères? — Vous n'êtes là, répondit Rœderer, que pour garder la demeure du roi et empêcher qu'on n'en force l'entrée. Ceux qui tireraient sur vous ne seraient plus vos frères! »

Ces paroles ayant paru tranquilliser les canonniers, on pria Rœderer et ses collègues d'aller les répéter dans les cours, où les mêmes scrupules agitaient les gardes nationaux. Rœderer et ses collègues traversèrent le vestibule et entrèrent dans la cour Royale. Elle présentait un formidable aspect de défense. A droite était rangé en haie un bataillon de grenadiers de la garde nationale, qui s'étendait des fenêtres du château jusqu'au mur du Carrousel. A gauche, et faisant face à ce bataillon civique, un bataillon des gardes suisses. Ces deux bataillons, en croisant leurs feux, auraient anéanti les colonnes du peuple qui auraient pénétré du Carrousel dans la cour. Entre ces deux haies de baïonnettes, cinq pièces de canon braquées contre le Carrousel étaient rangées devant la grande porte des Tuileries et auraient foudroyé les assaillants de ce côté, comme les cinq pièces de canon en position à la porte du jardin les auraient mitraillés de l'autre côté. Des dispositions pareilles donnaient aux autres cours une apparence inexpugnable. La députation du département alla droit au bataillon de la garde nationale. Rœderer, se plaçant au centre, le harangua en termes précis, fermes et modérés, comme il convient à un organe impassible de la loi. « Point d'attaque, ferme contenance, ferme défensive ! »

IX

Le bataillon ne témoigna ni enthousiasme ni hésitation. Le procureur-syndic se transporta au milieu de la cour pour adresser la même allocution aux canonniers. Les canonniers affectèrent de s'éloigner hors de portée de la voix, comme pour éviter d'entendre un appel auquel ils ne voulaient pas obéir. Un d'eux cependant, homme d'un extérieur martial et d'une physionomie résolue, s'étant approché du magistrat, lui dit : « Mais si l'on tire sur nous, serez-vous là? — J'y serai, répondit Rœderer, et non derrière vos pièces, mais devant, afin que, si quelqu'un doit périr dans cette journée, nous périssions les premiers pour la défense des lois. — Nous y serons tous! » s'écrièrent en masse les membres du département. A ces mots, le canonnier, par un geste plus expressif que les paroles, déchargea sa pièce, en répandit la charge à terre, et mettant le pied sur la mèche qui était allumée, il l'éteignit. C'était la loi qui désarmait devant le peuple. Le peuple applaudit le canonnier du haut des murs du Carrousel.

Pendant que le département échouait ainsi devant les canonniers, des officiers municipaux remettaient aux Suisses l'ordre de repousser la force par la force. A quelques pas plus loin, des émissaires marseillais, ayant pénétré dans les cours, haranguaient ces soldats étrangers pour les engager à ne point faire feu sur des patriotes qui voulaient être libres et républicains comme eux. Tout à coup on entendit frapper à coups redoublés à la porte Royale. Rœderer y accourt; il fait ouvrir un guichet. On introduit un jeune homme maigre, pâle, exalté, officier des canonniers de l'insurrection. Il dit que son rassemblement veut se rendre à l'Assemblée, bloquer le corps législatif jusqu'à ce que la déchéance du roi ait été décrétée, et que le peuple a douze pièces de canon au Carrousel. « Nous demandons, ajoute-t-il, qu'on nous livre passage à travers le château et le jardin pour aller présenter le vœu du peuple au corps législatif; nous ne voulons point faire de mal. Nous sommes tous des citoyens comme vous! Nous ne voulons point attenter à la liberté de l'Assemblée, nous voulons lui rendre au contraire cette liberté étouffée sous les conspirations de la cour. » Après un dialogue fiévreux entre ce jeune homme d'un côté et les magistrats de l'autre, aux coups répétés qui ébranlaient la porte, et au mugissement de la multitude grossissant derrière le mur, le département se retire, et l'heure prépare seule le dénoûment.

X

La reine, prévoyant que ce dénoûment arriverait avec le jour, qu'il serait sanglant, et ne voulant pas que l'assaut du château, le fer des Marseillais, surprissent ses enfants dans leurs lits, les fit réveiller, habiller et conduire auprès d'elle à cinq heures du matin. Le roi et la reine les embrassèrent avec un redoublement de tendresse, comme on étreint plus fortement ce qu'on craint de se voir arracher. Le Dauphin était insouciant et folâtre comme son âge. Cette heure inusitée de son lever, cet appareil militaire des appartements, du jardin, des cours, amusaient ses yeux : l'éclat de ces armes lui masquait la mort. Sa sœur, plus âgée et plus mûre, comprenait la destinée dans les yeux de sa mère et dans les prières de sa tante. La présence de ces deux beaux enfants entre ces deux princesses émut les gardes nationaux postés dans les appartements et porta jusqu'aux larmes l'enthousiasme des volontaires campés dans la galerie des Carrache. Le maréchal de Mouchy et les ministres engagèrent le roi à fortifier par sa présence ces bonnes dispositions, et à passer en revue toutes les forces que le dévouement à sa personne ou l'obéissance à la loi réunissait autour du château. Quoique les troupes fussent peu nombreuses et peu résolues, combien de fois l'aspect d'un prince faisant appel à une poignée de défenseurs, dans les extrémités de sa fortune, avait-il multiplié leur nombre par leur élan et retourné le sort!

Mais pour répandre cette électricité morale dans des masses, il faut en avoir en soi-même le foyer. Les héros seuls communiquent l'héroïsme. Louis XVI n'avait rien, ni dans la parole, ni dans l'âme, qui pût enflammer une multitude. Elle cherchait en lui un roi, elle ne trouvait qu'un père de famille. L'extérieur même de l'homme enlevait tout prestige au roi. Si les bataillons indécis avaient vu sortir, avec le jour, des portes de son palais, un prince à cheval, jeune, fier, bouillonnant d'ardeur, prêt à jouer sa vie avec cette fortune qui favorise la jeunesse; si un vieillard découvrant son front eût étalé ses cheveux blancs devant son peuple et fait appel à la pitié, cette dernière éloquence des revers; si quelques mots lancés de son cœur dans celui des soldats avaient circulé de rang en rang, et imprimé un de ces courants d'émotion martiale qui entraînent si aisément les hommes rassemblés; si un drapeau, un geste, une épée tirée à propos eût fasciné les yeux et courbé cette forêt de baïonnettes sous le plus léger frémissement d'enthousiasme, on aurait combattu, on aurait vaincu; et la constitution, raffermie par une victoire, aurait vacillé quelques mois de plus.

Mais Louis XVI n'avait dans sa personne ni la grâce de la jeunesse qui séduit, ni la majesté de la vieillesse qui attendrit les hommes. Rien de martial ne révélait en lui son chef au soldat, son père au peuple. Au lieu de revêtir un uniforme et de monter à cheval, il était à pied, en habit violet, couleur de deuil des rois; sans bottes, sans éperons, avec une chaussure de cour, des souliers à boucles, des bas de soie blancs, un chapeau sous le bras, ses cheveux frisés et poudrés de la veille, sans qu'une main attentive eût réparé dans cette coiffure le désordre des sommeils rapides et des agitations de la nuit. Son regard, intimidé non par le danger, mais par la représentation, était terne, indécis, errant; sa bouche avait le sourire gracieux mais banal de toutes les heures de sa vie de prince. Sa personne manquait entièrement d'accent; on attendait tout, il n'inspirait rien. Il fallait réfléchir pour être attendri. Il n'avait, dans cette revue, d'autre prestige que celui de son abattement.

XI

Cependant la seule présence de ce roi arraché au sommeil par l'insurrection, de cette reine, de cette sœur en habits de deuil, de ces enfants menés par la main, venant solliciter processionnellement et en silence, dans les salles et dans les cours de leur demeure, la fidélité de leurs amis, l'honneur du soldat, la pitié de leurs ennemis, avait par elle-même une éloquence qui pouvait se passer de paroles.

Le roi en balbutiait quelques-unes, à peine entendues, toujours les mêmes, comme un refrain qui dispense de penser : « Eh bien, messieurs! on dit qu'ils viennent... Je ne sais pas ce qu'ils veulent... Nous verrons... Ma cause est celle de la constitution et de tous les bons citoyens... Nous ferons notre devoir, n'est-ce pas? »

Ces paroles, prononcées de distance en distance et interrompues par de rares acclamations et par le retentissement des armes que les postes présentaient au roi, suffisaient à la contenance, mais ne suffisaient pas à la gravité du moment. La reine, qui suivait pas à pas le roi, relevait ces paroles par la noblesse de son attitude, par le mouvement à la fois fier et gracieux de sa tête et par l'expression de son regard. Elle aurait voulu inspirer son âme au roi; elle souffrait de ne révéler que par l'attitude, par la rougeur et par l'émotion muette, les sentiments que son sexe l'obligeait à contenir dans son sein. On voyait qu'elle pleurait en dedans, mais que le courage et la dignité séchaient ses larmes à mesure qu'elles sortaient. Sa respiration était courte, forte, bruyante; sa poitrine se soulevait sous l'indignation. Ses traits fatigués et pâlis par l'insomnie, mais tendus par la volonté et exaltés par l'intrépidité de son âme; ses yeux qui parlaient par des éclairs continus à tous les yeux fixés sur elle; son regard qui implorait, qui remuait, qui bravait à la fois, selon qu'il rencontrait des visages froids, amis ou hostiles; l'anxiété avec laquelle elle cherchait sur les physionomies l'impression des paroles du roi; sa lèvre relevée et palpitante, ses narines renflées par l'émotion, l'attitude de sa tête redressée par le péril, sa démarche triste, ses bras affaissés, ses poses fières, les traces encore récentes de cette beauté qui commençait à pâlir sous ses années, comme sa fortune sous ses malheurs ; le souvenir des adorations qu'elle avait respirées dans ces mêmes salles où elle implorait en vain quelques bras pour la défendre ; ces rayons de soleil du matin pénétrant dans les appartements et ondoyant sur ses cheveux comme une couronne vacillant sur sa tête ; ces armes diverses, cette foule, ces acclamations, ces silences au milieu desquels elle s'avançait : tout imprimait à sa personne une majesté de courage, de dignité, de tristesse, qui égalait aux yeux des spectateurs la solennité de la scène et la grandeur de l'événement. C'était la Niobé de la monarchie ; c'était la statue de la royauté tombée du trône, mais sans être ni souillée ni dégradée par sa chute. Elle ne régna jamais tant que ce jour-là.

XII

Elle fut reine malgré son peuple et malgré le sort. Son aspect attendrit, dans l'intérieur, les gardes nationaux les plus indécis et fit tirer du fourreau tous les sabres. Gardes-suisses, gendarmerie, grenadiers, volontaires, gentilshommes, bourgeoisie, peuple, toutes les armes, tous les postes, toutes les salles, tous les escaliers s'émurent d'un même enthousiasme à son passage ; tous les regards, tous les gestes, toutes les paroles lui promirent mille vies pour sa vie. La pâleur des grandes émotions était répandue sur les visages. Des larmes roulaient dans les yeux des soldats les plus aguerris. Pleine de séduction pour la garde nationale, de bienveillante dignité pour les gardes-suisses, de grâce et d'abandon pour ses amis, elle fut, en passant dans les rangs des gentilshommes réunis dans la grande galerie, l'objet d'un culte chevaleresque. Les uns lui demandaient sa main à baiser, les autres la priaient de toucher seulement leurs armes; ceux-ci jetaient leurs manteaux sous ses pieds et sous ceux du Dauphin et de Madame Royale; ceux-là, plus familiers, élevaient l'enfant dans leurs bras au-dessus de leur tête, drapeau vivant pour lequel ils juraient de mourir!

A ces transports, la reine s'exalte elle-même; saisissant deux pistolets à la ceinture de M. de Maillardoz, commandant des Suisses, elle les présente au roi : « Voilà l'instant de se montrer, lui dit-elle, ou de périr avec gloire au milieu de ses amis! » Le roi remit ces pistolets à M. de Maillardoz; il sentit que la vue de ces armes le dépopulariserait, et que sa meilleure défense aux yeux des citoyens était son inviolabilité et la loi.

Après avoir visité tous les postes de l'intérieur avec sa famille, le roi, descendu dans le vestibule du grand escalier, fit remonter la reine, Madame Élisabeth et les enfants dans leurs appartements. Il voulut achever seul la revue des forces extérieures. Il craignit que la reine, tant calomniée aux oreilles du peuple, n'eût à subir quelques outrages, et peut-être quelques dangers personnels en passant devant le front des bataillons.

XIII

Le roi s'avança dans la cour Royale, suivi de MM. de Boissieu et de Menou, maréchaux de camp, commandant au château; de MM. de Maillardoz et de Bachmann, officiers supérieurs des Suisses; de M. de Lajard, ancien ministre de la guerre; de M. Dubouchage, ministre de la marine, et du prince de Poix-Noailles, ancien capitaine des gardes du corps. Le bruit des tambours qui battaient aux champs, les commandements des officiers qui ordonnaient de porter les armes, les acclamations de la foule des royalistes qui se pressaient aux portes, aux fenêtres, sur les balcons du château, et qui élevaient leurs chapeaux en l'air en criant : « Vive le roi! » entraînèrent un peu les bataillons et leur arrachèrent quelques derniers cris de fidélité. La reine, Madame Élisabeth, les femmes, les serviteurs qui les entouraient, pleurèrent de joie en contemplant du haut du balcon de la salle des Gardes ces signes d'attachement. Cette joie fut courte et inquiète. Deux bataillons douteux entrèrent dans les cours pendant la revue. Silencieux et mornes, ils contrastaient avec les bataillons dévoués. Les canonniers, jusque-là impassibles, allèrent fraterniser avec eux. M. de Boissieu jugea qu'il était prudent d'éloigner ces bataillons, et leur assigna leur place plus loin du palais, sur la terrasse du bord de la Seine. Ils défilèrent devant le roi pour s'y rendre, aux cris de : « Vive la nation! »

Des cours, le roi passa dans le jardin. Les bataillons royalistes des quartiers des Petits-Pères et des Filles-Saint-Thomas, rangés en bataille à droite et à gauche de la grande porte, sur la terrasse du château, le couvrirent de leurs baïonnettes, de leur enthousiasme et de leurs serments. Des grenadiers l'entourèrent et le prièrent d'aller passer en revue leurs camarades placés à l'extrémité du jardin, au pont tournant, pour raffermir par sa présence ce poste si important à la défense. Le roi s'y hasarda, malgré les représentations de quelques personnes de sa suite qui lui faisaient craindre d'être attaqué en chemin par les bataillons de piques rangés sur la terrasse du bord de l'eau.

Le faible cortége royal traversa le jardin dans toute sa longueur sans accident. Les grenadiers du pont tournant se montrèrent pleins de résolution et d'énergie. Mais deux esprits se partageaient la garde nationale comme la France. A peine le roi eut-il quitté le pont tournant pour revenir au château, que les bataillons de piques, ceux du faubourg Saint-Marceau et les deux bataillons entrés pendant la revue et postés par M. de Boissieu sur la terrasse de la Seine, élevèrent en immenses clameurs leurs insultes et leurs menaces contre la cour. Cette clameur monta du jardin jusqu'aux appartements des Tuileries. La reine, assise dans la chambre du roi, s'y reposait un moment, entourée de ses enfants, de sa sœur, des ministres et de Rœderer. Ce bruit fit voler un des ministres vers la fenêtre. La reine s'y précipita. Le ministre l'écarta respectueusement; il ferma la fenêtre pour épargner à cette princesse la vue des gestes et des outrages contre son mari. « Grand Dieu! dit-elle, c'est le roi qu'on hue! Nous sommes perdus! » Elle retomba anéantie sous ces alternatives de vie ou de mort.

Le roi rentra défait, inondé de sueur, le désespoir dans l'âme, la rougeur sur le front. Pendant tout le trajet du pont tournant aux Tuileries, il avait dévoré le désespoir et l'ignominie. Il avait vu brandir de loin contre sa personne les piques, les sabres, les baïonnettes rassemblés pour le défendre. Les poings levés, les gestes meurtriers, les apostrophes cyniques, les mouvements de rage de quelques forcenés s'efforçant de descendre de la terrasse dans le jardin pour venir fondre sur son escorte, retenus à peine par leurs camarades et se vengeant de leur impuissance par leurs imprécations, l'avaient accompagné jusqu'à la porte. Son faible cortége n'avait pu même le préserver de danger pour sa vie. Un homme, en uniforme de garde national, d'une figure sinistre, portait souvent la main sous son uniforme, comme pour y chercher un poignard, et suivait le roi pas à pas. Un grenadier s'attacha à cet homme et se plaça sans cesse entre le roi et lui. En rentrant au poste, après avoir mis le roi à l'abri dans son palais, ce grenadier s'évanouit d'horreur de la scène dont il avait été témoin.

A peine Louis XVI était-il rentré que deux de ces bataillons du bord de l'eau sortirent par la grille du Pont-Royal, avec leurs canons, et se rangèrent en bataille sur le quai, entre le jardin et le pont, pour attendre les Marseillais et pour attaquer ensemble. Deux autres bataillons se débandèrent dans la cour Royale. Ils rentrèrent au Carrousel et s'y postèrent pour attendre les bataillons en retard et pour les entraîner dans leur défection. Une masse immense de peuple, de fédérés de Brest, d'insurgés des faubourgs, s'accumula sur la place, autour de ces bataillons.

XIV

Il était sept heures. Le tocsin n'avait pas cessé de tinter pendant la nuit. Depuis que l'heure matinale où le peuple se lève pour se rendre à ses travaux du jour avait sonné, les rues et les places, d'abord lentes à se remplir, s'étaient encombrées de foule. Ces masses de peuple, stagnantes dans leurs mouvements, attendaient que les bataillons de leurs quartiers se fussent rassemblés pour les suivre. A peine apercevait-on un faible courant vers le Louvre et vers le Pont-Royal, dans les rues qui versent du faubourg Saint-Antoine et du faubourg Saint-Marceau dans le centre de Paris. Les deux foyers d'impulsion étaient maintenant, l'un à l'hôtel de ville avec Santerre et Westermann; l'autre dans l'ancien bâtiment des Cordeliers, où siégeait le club de ce nom, et où les Marseillais avaient été casernés.

Les Cordeliers avec leur club et leur caserne étaient au quartier Saint-Marceau et à la rive gauche de la Seine ce que l'hôtel de ville était pour le faubourg Saint-Antoine et pour la rive droite : le cœur et le bras de l'insurrection. A minuit, Danton, Camille Desmoulins, Fabre d'Églantine, Carra, Rebecqui, Barbaroux et les principaux meneurs du club s'étaient constitués en séance permanente. Danton, l'orateur des Cordeliers et l'homme d'État du peuple, avait fait ouvrir la salle aux Marseillais. « Aux armes! leur avait-il dit. Vous entendez le tocsin, cette voix du peuple. Il vous appelle au secours de vos frères de Paris. Vous êtes accourus des extrémités de l'empire pour défendre la tête de la nation menacée dans la capitale par les conspirations du despotisme ! Que ce tocsin sonne la dernière heure des rois et la première heure de la vengeance et de la liberté du peuple ! Aux armes, et ça ira ! »

A peine Danton avait-il proféré ces rapides paroles que l'air du *Ça ira* ébranla les voûtes des Cordeliers. Carra, Fabre d'Églantine, Rebecqui, Barbaroux, Fournier l'Américain, avaient passé la nuit à ranger les Marseillais sous les armes, et à grouper autour de leurs bataillons les fédérés de Brest. Un grand nombre de fédérés isolés des départements s'étaient joints à cette tête de colonne, et avaient formé un véritable campement révolutionnaire dans les cours et dans les bâtiments des Cordeliers. Les canonniers brestois et marseillais s'étaient couchés, la mèche allumée, auprès de leurs pièces. Danton s'était retiré incertain encore des succès de la nuit. Pendant qu'on le croyait occupé à nouer dans de mystérieux conciliabules les dernières trames de la conjuration, il était rentré dans l'intérieur de sa maison, et s'était couché tout habillé pour dormir un instant; pendant que sa femme veillait et pleurait à côté de son lit. Après avoir conçu le plan et imprimé l'impulsion, il avait abandonné l'action aux hommes de coups de main, et le sort de la pensée à la lâcheté ou à l'énergie du peuple. Ce n'était point timidité, c'était une théorie profonde des révolutions. Danton avait la philosophie des tempêtes; il savait qu'une fois formées il est impossible de les diriger, et qu'il y a dans les convulsions des peuples, comme dans les batailles, des hasards auxquels un homme ne peut rien que s'asseoir et s'endormir en les attendant.

LIVRE VINGT-DEUXIÈME

Les insurgés se mettent en marche. — Westermann s'empare du commandement de l'avant-garde. — Dispositions qu'il prend. — Ses antécédents. — Rœderer engage le roi à se rendre dans le sein de l'Assemblée. — Le roi s'y résout. — Départ. — Traversée du jardin. — Aspect de l'Assemblée. — Paroles du roi. — Réponse du président (Vergniaud). — Le roi et sa famille dans la loge du logographe. — Réponse du peintre David au roi. — Arrestation de Suleau et de plusieurs autres royalistes. — Ils sont massacrés. — Confusion générale au château. — Victoire passagère des Suisses. — Émotion de l'Assemblée. — Les Marseillais attaquent de nouveau les Tuileries. — Défense et massacre général des Suisses. — Le peuple au sac du château. — Égorgements. — MM. de Virieu, de Lamartine, de Vioménil. — Le jeune Charles d'Autichamp. — Le vicomte de Broves. — Les dames d'honneur et les femmes de la reine. — MM. Sallas, Marchais, Diet. — M. de Clermont-Tonnerre est égorgé. — Westermann chez Danton.

I

A peine Santerre eut-il concerté les dernières mesures à l'hôtel de ville avec les nouveaux commissaires des sections, qu'il se mit en marche par le quai, en envoyant assigner aux Marseillais le Pont-Neuf pour point de jonction des deux colonnes. Ces deux colonnes se confondirent en désordre au roulement du tambour et au chant du *Ça ira* sur la place du Louvre, et inondèrent sans obstacle le Carrousel. Un homme monté sur un petit cheval noir précédait les colonnes. Arrivé aux guichets du Carrousel, il s'empara du commandement par le seul droit de l'uniforme et par l'autorité de Danton. Cette foule lui obéit par ce besoin de direction et d'unité qui subordonne les masses au moment du danger. Il fit défiler sa troupe en bon ordre, la rangea en bataille sur le Carrousel, plaça les canons au centre, étendit ses deux ailes de manière à cerner et à dominer les bataillons incertains qui semblaient attendre la fortune pour se prononcer. Ces dispositions prises avec le coup d'œil et le sang-froid d'un général consommé, il poussa son cheval au petit pas vers la porte de la cour Royale, accompagné d'un groupe de fédérés de Brest et de Marseillais, frappa de la poignée de son sabre sur la porte, et demanda, avec le ton du commandement, qu'on ouvrît au peuple. Westermann était Alsacien, d'une famille considérée dans la bourgeoisie de sa province. Mêlé à des intrigues suspectes qui tendaient à contrefaire les billets de la caisse d'escompte, il avait été condamné à une réclusion perpétuelle à Saint-Lazare. Sa jeunesse et son activité d'esprit fermentaient dans les prisons. Il s'en échappa la veille de la prise de la Bastille. Devenu secrétaire de la municipalité d'Haguenau, sa beauté, son audace, son éloquence, lui donnèrent un grand empire sur la ville, qu'il agita dans le sens des idées nouvelles. Une réaction d'opinion l'en chassa. Il y rentra en vertu d'un décret de l'Assemblée constituante, après un combat livré entre les troupes de ligne qui l'appuyaient et la garde nationale qui le repoussait. Son triomphe fut de quelques heures. Arrêté de nouveau par ordre du département, et enfermé à Saint-Lazare pour y subir sa première condamnation, il se réclama de Danton. Danton, sentant tout le parti qu'on pouvait tirer d'un pareil homme, le fit mettre en liberté la veille du 10 août. Westermann avait flairé de loin la guerre civile et les fortunes militaires que les révolutions recèlent dans leur sein pour les soldats heureux. Il s'était donné à la cause du peuple pour grandir ou pour mourir. Danton lui fit trouver une armée et lui donna la direction de cette foule après l'avoir soulevée. Tel était Westermann. Santerre, quoique commandant général, avait senti la supériorité du jeune Allemand, et lui avait laissé le commandement de cette avant-garde et les hasards de cette expédition.

Westermann, voyant que les Suisses et les grenadiers nationaux refusaient d'ouvrir les portes, fit avancer cinq pièces de canon et menaça de les enfoncer. Ces portes en bois, tombant de vétusté, ne pouvaient résister à la première décharge. A l'approche de Westermann, les officiers municipaux Borie et Leroux, Rœderer et les autres membres du département, témoins de l'hésitation des troupes et frappés de l'imminence du danger, remontèrent précipitamment au château. Ils traversent les salles qui précèdent la chambre du roi. La consternation de leurs visages parlait assez. Louis XVI était assis devant une table placée à l'entrée de son cabinet. Il avait les mains appuyées sur ses genoux, dans l'attitude d'un homme qui attend et qui écoute. La reine, les yeux rouges et les joues animées par l'angoisse, était assise avec Madame Élisabeth et les ministres entre la fenêtre et la table du roi ; la princesse de

Lamballe, madame de Tourzel et les enfants, près de la reine.

« Sire, dit Rœderer, le département désire parler à Votre Majesté sans autres témoins que sa famille. » Le roi fit un geste ; tout le monde se retira, excepté les ministres. « Sire, poursuivit le magistrat, vous n'avez pas cinq minutes à perdre ; ni le nombre, ni les dispositions des hommes réunis ici pour vous défendre, ne peuvent garantir vos jours et ceux de votre famille. Les canonniers viennent de décharger leurs pièces. La défection est partout, dans le jardin, dans les cours ; le Carrousel est occupé par les Marseillais. Il n'y a plus de sûreté pour vous que dans le sein de l'Assemblée. C'est l'opinion du département, seul corps constitué qui ait en ce moment la responsabilité de votre vie et de la constitution. — Mais, dit le roi, je n'ai pas vu beaucoup de monde au Carrousel. — Sire, répliqua Rœderer, il y a douze pièces de canon, et l'armée innombrable des faubourgs s'avance sur les pas des Marseillais. » M. Gerdret, administrateur du département, connu de la reine, dont il était le fournisseur, ayant appuyé de quelques mots l'avis de Rœderer : « Taisez-vous, monsieur Gerdret, lui dit la reine, il ne vous appartient pas d'élever ici la voix ; laissez parler le procureur-syndic. » Puis, se tournant vers Rœderer : « Mais, monsieur, lui dit-elle fièrement, nous avons des forces ! — Madame, tout Paris marche, » répliqua Rœderer ; et reprenant aussitôt sur un ton plus affirmatif son dialogue avec le roi : « Sire, le temps presse ; ce n'est plus une prière, ce n'est plus un conseil que nous vous adressons, il ne nous reste qu'une ressource : nous vous demandons la permission de vous faire violence et de vous entraîner à l'Assemblée. »

Le roi releva la tête, regarda fixement Rœderer pendant
quelques secondes, pour lire dans ses yeux si ses instances
recélaient le salut ou le piége ; puis se tournant vers la reine
et l'interrogeant d'un regard rapide : « Marchons! » dit-il,
et il se leva. A ce mot, Madame Élisabeth avançant la tête
par-dessus l'épaule du roi : « Monsieur Rœderer, s'écria-
t-elle, au moins répondez-vous de la vie du roi? — Oui,
madame, autant que de la mienne, » répondit en termes
douteux Rœderer. Il recommanda au roi de ne se faire accompagner de personne de sa cour, et de n'avoir d'autre
cortége que le département et une double haie de grenadiers nationaux. Les ministres réclamèrent pour eux le
droit de ne pas se séparer du chef du pouvoir exécutif. La
reine implora la même faveur pour madame de Tourzel, la
gouvernante de ses enfants. Le département y consentit.
Rœderer, s'avançant alors sur la porte du cabinet du roi et
élevant la voix : « Le roi et sa famille se rendent à l'Assemblée seuls, sans autre cortége que le département et les
ministres; ouvrez-leur passage, » cria-t-il à la foule des
spectateurs.

II

La nouvelle du départ du roi se répandit en un instant
dans tout le palais. L'heure suprême de la monarchie n'aurait pas sonné plus foudroyante et plus sinistre à l'oreille de
ses défenseurs. Le respect seul contint l'indignation et la

douleur dans l'âme des gardes-suisses et des gentilshommes dont on refusait le bras et le sang. Des larmes de honte roulaient dans leurs yeux. Quelques-uns arrachèrent de leur poitrine la croix de Saint-Louis et brisèrent leurs épées sous leurs pieds.

Pendant que M. de La Chesnaye faisait avancer l'escorte du roi pour former la haie autour de sa personne, ce prince s'arrêta quelques minutes dans son cabinet, parcourut lentement le cercle formé par les personnes de son intimité, et leur annonça sa résolution. La reine, assise et immobile, cachait son visage dans le sein de la princesse de Lamballe. La garde arriva. Le cortége défila en silence à travers une foule de visages consternés. Les yeux n'osaient rencontrer les yeux. En traversant la salle appelée l'*Œil-de-Bœuf*, le roi prit sans rien dire le chapeau du garde national qui marchait à sa droite, et mit sur la tête de ce grenadier son chapeau orné d'une plume blanche. Le garde national étonné ôta respectueusement de son front le chapeau du roi, le plaça sous son bras et marcha tête nue. Nul n'a su la pensée de Louis XVI en faisant cet échange. Se souvenait-il du bonnet rouge qui, posé sur sa tête, avait flatté le peuple au 20 juin, et voulait-il se populariser devant la garde nationale en se revêtant d'une partie de l'uniforme de l'armée civique? Nul n'osa l'interroger sur ce geste; mais on ne peut l'attribuer à la peur dans un prince si impassible devant l'outrage et si serein devant la mort.

Au moment de quitter le péristyle et de faire le dernier pas hors du seuil de son palais, le roi, s'adressant au procureur-syndic qui marchait devant lui : « Mais que vont devenir, dit-il, nos amis qui sont restés là-haut? » Rœderer rassura le prince sur leur sort en lui disant que rien ne s'opposait à la sortie de ceux qui étaient sans armes et sans uniforme, assertion involontairement trompeuse, que l'heure et la mort allaient démentir. Enfin, sur les degrés mêmes qui descendent du vestibule au jardin, Louis XVI eut encore comme un dernier avertissement de sa destinée et un dernier remords de son abdication volontaire. Il se retourna du côté des cours, jeta un regard par-dessus les têtes de ceux qui le suivaient, suspendit sa marche, et dit aux membres du département : « Mais il n'y a pourtant pas grande foule au Carrousel ! » On lui répéta les assertions de Rœderer. Il parut écouter sans y croire, et fit enfin le dernier pas hors du seuil, comme un homme fatigué de contredire, et qui cède plutôt à la lassitude et à la fatalité qu'à la conviction.

III

Le roi traversa les jardins sans obstacle entre deux haies de baïonnettes qui marchaient du même pas que lui. Le département et des officiers municipaux marchaient en tête, la reine s'appuyait sur le bras de M. de Saint-Priest, Madame Élisabeth et les enfants fermaient la marche. Le vaste espace du jardin qui s'étend d'une terrasse à l'autre était désert ; les consignes des troupes ne laissaient apercevoir personne, même sur la terrasse des Feuillants, ordinairement livrée au peuple. Les parterres, les fleurs, les statues, les gazons brillaient de l'éclat d'une matinée d'été. Un soleil brûlant se réverbérait sur le sable. Le ciel était pur, l'air sans mouvement. Cette fuite ressemblait à la promenade de Louis XIV à travers ces jardins. Rien n'en troublait le silence que le pas mesuré des colonnes et le chant des oiseaux dans les branches. La nature ne semblait rien savoir de ce qui se passait dans le cœur des hommes ce jour-là. Elle faisait briller ce deuil comme elle aurait souri à une fête. Seulement les précoces chaleurs de cette année avaient jauni déjà les marronniers des Tuileries. Quand le cortége entra sous les arbres, les pieds s'enfonçaient dans les amas de feuilles tombées pendant la nuit et que les jardiniers venaient de rassembler en tas pour les balayer pendant le jour. Le roi s'en aperçut; soit par insouciance affectée d'esprit, soit par une triste allusion à son sort : « Voilà bien des feuilles, dit-il; elles tombent de bonne heure cette année. » Manuel avait écrit quelques jours auparavant dans un journal que la royauté n'irait que jusqu'à la chute des feuilles. Le Dauphin, qui marchait à côté de madame de Tourzel, s'amusait à amonceler ces feuilles mortes avec ses pieds et à les rouler sur le passage de sa sœur. Enfance qui jouait sur le chemin de la mort!

Le président du département se détacha en cet endroit du cortége pour aller prévenir l'Assemblée de l'arrivée du roi et des motifs de sa retraite. La lenteur de la marche donna le temps à une députation de venir dans le jardin avant que le cortége eût achevé de le traverser. « Sire, dit l'orateur de la députation, l'Assemblée, empressée de concourir à votre sûreté, vous offre, à vous et à votre famille, asile dans son sein. » Les représentants se mêlèrent au cortége et entourèrent le roi.

La marche des colonnes à travers le jardin aperçue du

café Hottot et des fenêtres du Manége, l'approche du roi annoncée dans les groupes, avaient tout à coup amoncelé la foule sur le point de la terrasse des Feuillants qu'il fallait traverser pour passer du jardin dans l'enceinte de l'Assemblée. Arrivé au pied de l'escalier qui monte de la grande allée sur cette terrasse, une masse compacte d'hommes et de femmes criant et gesticulant avec rage refusèrent passage à la famille royale. « Non, non, non, ils ne viendront pas tromper une fois de plus la nation! il faut que cela finisse! ils sont cause de tous nos malheurs! A bas le *Veto!* à bas l'Autrichienne! La déchéance ou la mort! » Les attitudes injurieuses, les gestes menaçants accompagnaient ces paroles. Un homme colossal, en habit de sapeur, nommé Rocher, chef ordinaire des tumultes dans la cour du Manége, se signalait dans cette foule par la violence de ses vociférations et par la frénésie de ses insultes. Derrière lui des figures moins égarées, mais plus sinistres, échauffaient encore la fureur du rassemblement. Rocher tenait à la main une longue perche qu'il dardait d'en haut sur le cortége royal, et avec laquelle il s'efforçait ou de repousser ou d'atteindre le roi. On harangua cette foule. Les députés attestèrent qu'un décret de l'Assemblée appelait le roi et sa famille dans son sein. La résistance fléchit. Rocher se laissa désarmer de sa pique par le procureur-syndic, qui jeta l'arme dans le jardin. L'escorte, autorisée par un second décret à pénétrer sur le sol du pouvoir législatif, forma une double haie sur la terrasse. Le roi parvint ainsi jusqu'à l'entrée du passage qui conduisait de la terrasse à l'Assemblée.

Quelques hommes de la garde du corps législatif le reçurent là et marchèrent à côté de lui. « Sire, lui dit un de ces hommes à l'accent méridional, n'ayez pas peur, le peuple est bon! mais il ne veut pas qu'on le trahisse plus longtemps. Soyez un bon citoyen, Sire, et chassez de votre palais vos prêtres et votre femme! » Le roi répondit sans colère à cet homme. La foule engorgeait le couloir étroit et sombre. Un mouvement tumultueux et irrésistible sépara un moment la reine et ses enfants du roi, qui les précédait. La mère tremblait pour son fils. Ce même sapeur qui venait de se répandre en invectives et en menaces de mort contre la reine, adouci tout à coup par ces angoisses de femme, prend l'enfant qu'elle menait par la main; il l'élève dans ses bras au-dessus de la foule, le porte devant elle, lui fait jour avec ses coudes, entre dans la salle sur les pas du roi, et dépose, aux applaudissements de la tribune, le prince royal sur le bureau de l'Assemblée.

IV

Le roi, sa famille, les deux ministres, se dirigèrent vers les siéges destinés aux ministres, et y prirent place à côté du président. Vergniaud présidait. Le roi dit : « Je suis venu ici pour éviter un grand crime. J'ai pensé que je ne pouvais être plus en sûreté qu'au milieu de vous. — Vous pouvez compter, Sire, répondit Vergniaud, sur la fermeté de l'Assemblée nationale; ses membres ont juré de mourir en soutenant les droits du peuple et les autorités constituées. » Le roi s'assit. L'Assemblée était peu nombreuse, un silence de stupeur régnait dans la salle; les physionomies étaient mornes; les regards, respectueux et attendris, se portaient involontairement sur le roi, sur la reine, sur Madame Élisabeth, sur la jeune princesse, déjà dans tout l'éclat de son adolescence, sur cet enfant que la reine tenait par la main et dont elle essuyait le front. La haine s'amortissait devant ce sentiment des vicissitudes soudaines qui venaient d'arracher ce roi, ce père, ces enfants, ces femmes à leur demeure, sans savoir s'ils y rentreraient jamais ! Jamais le sort ne donna plus de douleurs secrètes en spectacle. C'étaient les angoisses du cœur humain à nu. Le roi les voilait d'impassibilité, la reine de dignité, Madame Élisabeth de piété, la jeune fille de larmes, le Dauphin d'insouciance. Le public n'apercevait rien d'indigne du rang, du sexe, de l'âge, du moment. La fortune semblait avoir trouvé des âmes égales à ses coups.

V

La délibération commença. Un membre se leva et fit observer que la constitution interdisait de délibérer devant le roi. « C'est juste, » dit en inclinant le front Louis XVI.

Pour obéir à ce scrupule ironique de la constitution, au moment où la constitution n'existait plus, on décréta que le roi et sa famille seraient placés dans une tribune de journalistes, qu'on appelait la tribune du logographe.

Cette loge, de dix pieds carrés, derrière le président,

était de niveau avec les rangs élevés de l'Assemblée. Elle n'était séparée de la salle que par une grille en fer scellée dans le mur. On y conduisit le roi. Les jeunes secrétaires qui notaient les discours pour reproduire littéralement les séances se rangèrent un peu pour prêter place à la famille de Louis XVI. Le roi s'assit sur le devant de la loge; la reine dans un angle, pour voiler son visage par l'ombre d'un enfoncement; Madame Élisabeth, les enfants, leur gouvernante, sur une banquette de paille adossée au mur nu; dans le fond de la loge, les deux ministres, quelques officiers de la maison du roi, le duc de Choiseul, Carl, commandant de la gendarmerie à cheval. M. de Sainte-Croix, M. Dubouchage, le prince de Poix, MM. de Vioménil, de Montmorin, d'Hervilly, de Briges, courtisans de la dernière heure, se tinrent debout près de la porte. Un poste de grenadiers de la garde de l'Assemblée, avec quelques officiers supérieurs de l'escorte du roi, remplissait le couloir et interceptait l'air. La chaleur était étouffante, la sueur ruisselait du front de Louis XVI et des enfants. L'Assemblée et les tribunes, qui s'encombraient de minute en minute, exhalaient l'haleine d'une fournaise dans cette étroite embouchure. L'agitation de la salle, les motions des orateurs, les pétitions des sectionnaires, le bruit des conversations entre les députés, y montaient du dedans. Les tumultes du peuple qui pressait les murs, les assauts donnés aux portes pour forcer les consignes, les vociférations des rassemblements, les cris des sicaires qui commençaient à égorger dans la cour du Manége, les supplications des victimes, les coups qui assénaient la mort, les corps qui tombaient, tous ces bruits y pénétraient du dehors.

A peine le roi était-il dans cet asile, qu'un redoublement

de clameur extérieure fit craindre que les portes ne cédassent, et que le peuple ne vînt immoler le roi sans retraite dans ce cachot. Vergniaud donna l'ordre d'arracher la grille de fer qui séparait la loge de la salle, pour que Louis XVI pût se réfugier au milieu des députés, si une invasion du peuple avait lieu par les couloirs. A défaut d'ouvriers et d'outils, quelques députés, les plus rapprochés du roi, ainsi que MM. de Choiseul, le prince de Poix, les ministres, le roi lui-même, accoutumé à se servir de son bras pour ses rudes travaux de serrurerie, réunirent leurs efforts, et arrachèrent le grillage de ses scellements. Grâce à cette précaution, il restait encore un dernier rempart au roi contre le fer du peuple. Mais aussi la majesté royale était à découvert devant les ennemis qu'elle avait dans la salle. Les dialogues dont elle était l'objet parvenaient sans obstacle à ses oreilles. Le roi et la reine voyaient et entendaient tout. Spectateurs et victimes à la fois, ils assistèrent de là pendant quatorze heures à leur propre dégradation.

Dans la loge même du logographe, un homme jeune alors, signalé depuis par ses services, M. David, depuis consul général et député, notait respectueusement pour l'histoire l'attitude, la physionomie, les gestes, les larmes, la couleur, la respiration et jusqu'aux palpitations involontaires des muscles du visage que les émotions de ces longues heures imprimaient aux traits de la famille royale.

Le roi était calme, serein, désintéressé de l'événement comme s'il eût assisté à un drame dont un autre eût été l'acteur. Sa forte nature lui faisait sentir le besoin pressant de nourriture, même sous les émotions de son âme. Rien ne suspendait sa puissante vie. L'agitation même de son esprit aiguillonnait ses sens. Il craignit que ses forces physiques ne vinssent à le trahir. On lui apporta du pain, du vin, des viandes froides; il mangea avec autant de calme qu'il l'eût fait à un rendez-vous de chasse après une longue course à cheval dans les bois de Versailles.

La reine, qui savait que les calomnies populaires traduisaient les forts besoins de nourriture du roi en grossière sensualité et même en ivrognerie, souffrait intérieurement de le voir manger dans un pareil moment. Elle refusa tout, le reste de la famille l'imita. Elle ne parlait pas; ses lèvres étaient serrées, ses yeux ardents, secs, ses joues enflammées; sa contenance triste, abattue, mais toujours ferme; ses bras affaissés, reposant sur ses genoux comme s'ils eussent été liés : le visage, l'expression, l'attitude d'un héros désarmé qui ne peut plus combattre, mais qui se révolte encore contre la fortune.

Madame Élisabeth, debout derrière son frère et le couvant des yeux, ressemblait au génie surhumain de cette maison. Elle ne participait aux scènes qui l'environnaient que par l'âme du roi, de la reine et des enfants. La douleur n'était sur son visage qu'un contre-coup qu'elle sentait seulement dans les autres. Elle levait souvent les yeux au plafond. On la voyait prier intérieurement.

Madame Royale versait de grosses larmes que la chaleur séchait sur ses joues. Le jeune Dauphin regardait dans la salle et demandait à son père les noms des députés. Louis XVI les lui désignait, sans qu'on pût apercevoir dans ses traits ou reconnaître au son de sa voix s'il nommait un ami ou un ennemi. Il adressait quelquefois la parole à ceux qui passaient devant la loge en se rendant à leur banc. Les uns s'inclinaient avec l'expression d'un douloureux respect;

les autres détournaient la tête et affectaient de ne pas le voir. La catastrophe apaisait l'irritation ; la convenance ajournait l'outrage. Un seul fut cruel : ce fut le peintre David. Le roi, l'ayant reconnu dans le nombre de ceux qui se pressaient pour le contempler, dans le couloir à la porte de la loge du logographe, lui demanda s'il aurait bientôt fini son portrait. « Je ne ferai désormais le portrait d'un tyran, répondit David, que quand sa tête posera devant moi sur un échafaud. » Le roi baissa les yeux et dévora l'insulte. David se trompait d'heure. Un roi détrôné n'est plus qu'un homme ; un mot courageux devant la tyrannie devient lâche devant l'adversité.

VI

Pendant que la salle se remplissait, et restait dans cette attente agitée mais inactive qui précède les grandes résolutions, le peuple, qu'aucune force armée ne contenait du côté de la rue Saint-Honoré, avait fait irruption dans la cour des Feuillants jusqu'au seuil même de l'Assemblée. Il demandait à grands cris qu'on lui livrât vingt-deux prisonniers royalistes, arrêtés pendant la nuit, aux Champs-Élysées, par la garde nationale.

Ces prisonniers étaient accusés d'avoir fait partie de patrouilles secrètes, répandues dans les différents quartiers par la cour pour examiner les dispositions du peuple et pour diriger les coups des satellites du château. Les uniformes de ces prisonniers, leurs armes, les cartes d'entrée aux Tuileries saisies sur eux, prouvaient en effet que c'étaient des gardes nationaux, des volontaires dévoués au roi, envoyés aux environs du château pour éclairer la défense. A mesure qu'on les avait arrêtés, on les avait jetés dans le poste de la garde nationale élevé dans la cour des Feuillants. A huit heures, on y amena un jeune homme de trente ans en costume de garde national. Sa figure fière, irritée, l'élégance martiale de son costume, l'éclat de ses armes et le nom de Suleau, odieux au peuple, nom que quelques hommes murmuraient en le voyant passer, avaient attiré les regards sur lui.

C'était en effet Suleau, un de ces jeunes écrivains royalistes qui, comme André Chénier, Roucher, Mallet-Dupan, Sérizy et plusieurs autres, avaient embrassé le dogme de la monarchie au moment où il semblait répudié par tout le monde, et qui, séduits par le danger même de leur rôle, prenaient la générosité de leur caractère pour une conviction de leur esprit. La liberté de la presse était l'arme défensive qu'ils avaient reçue des mains de la constitution, et dont ils se servaient avec courage contre les excès de la liberté. Mais les révolutions ne veulent d'armes que dans la main de leurs amis. Suleau avait harcelé les partis populaires, tantôt par des pamphlets sanglants contre le duc d'Orléans, tantôt par des sarcasmes spirituels contre les Jacobins; il avait raillé cette toute-puissance du peuple, qui n'a pas de longues rancunes, mais qui n'a pas non plus de pitié dans ses vengeances.

La populace haïssait Suleau comme toute tyrannie hait son Tacite. Le jeune écrivain montra en vain un ordre des commissaires municipaux qui l'appelait au château. On le jeta avec les autres dans le corps de garde. Son nom avait grossi et envenimé l'attroupement. On demandait sa tête. Un commissaire, monté sur un tréteau, harangue la foule et veut suspendre le crime en promettant justice. Théroigne de Méricourt, en habit d'amazone et le sabre nu à la main, précipite le commissaire du haut de la tribune et l'y remplace. Elle allume par ses paroles la soif du sang dans le peuple, qui l'applaudit; elle fait nommer par acclamation des commissaires qui montent avec elle au comité de la section pour arracher les victimes à la lenteur des lois. Le président de la section, Bonjour, premier commis de la marine, ambitieux du ministère, défend à la garde nationale de résister aux volontés du peuple. Deux cents hommes armés obéissent à cet ordre et livrent les prisonniers. Onze d'entre eux s'évadent par une fenêtre de derrière. Les onze autres sont bloqués dans le poste. On vient les appeler un à un pour les immoler dans la cour. Quelques gardes nationaux, plus humains ou moins lâches, veulent, malgré l'ordre de Bonjour, les disputer aux assassins. « Non, non, dit Suleau, laissez-moi aller au-devant des meurtriers! Je vois bien qu'aujourd'hui le peuple veut du sang. Peut-être une seule victime lui suffira-t-elle! Je payerai pour tous! » Il allait se précipiter par la fenêtre. On le retint.

VII

L'abbé Bougon fut saisi avant lui. C'était un auteur dramatique. Homme à la taille colossale et aux bras de fer, l'abbé Bougon lutta avec l'énergie du désespoir contre les égorgeurs. Il en entraîna plusieurs dans sa chute. Accablé par le nombre, il fut mis en pièces.

M. de Solminiac, ancien garde du roi, périt le second, puis deux autres. Ceux qui attendaient leur sort dans le corps de garde entendaient les cris et les luttes de leurs compagnons. Ils mouraient dix fois. On appela Suleau. On l'avait dépouillé au poste de son bonnet de grenadier, de son sabre et de sa giberne. Ses bras étaient libres. Une femme l'indiquant à Théroigne de Méricourt, qui ne le connaissait pas de visage, mais qui le haïssait de renommée et qui brûlait de tirer vengeance des risées auxquelles elle avait été livrée par sa plume, Théroigne le saisit par le collet et l'entraîne. Suleau se dégage. Il arrache un sabre des mains d'un égorgeur, il s'ouvre un passage vers la rue, il va s'échapper. On court, on le saisit par derrière, on le renverse, on le désarme, on lui plonge la pointe de vingt sabres dans le corps : il expire sous les pieds de Théroigne. On lui coupe la tête, on la promène dans la rue Saint-Honoré.

Le soir, un serviteur dévoué racheta à prix d'or cette tête des mains d'un des meurtriers, qui en avait fait un trophée. Le fidèle domestique rechercha le cadavre et rendit ces restes défigurés à la jeune épouse de Suleau, mariée seulement depuis deux mois, fille du peintre Hàll, célèbre par sa beauté, et qui portait dans son sein le fruit de cette union.

Pendant la lutte de Suleau avec ses assassins, deux des prisonniers soustraits à l'attention du peuple parvinrent encore à s'évader. Un seul restait : c'était le jeune du Vigier, garde du corps du roi. La nature semblait avoir accompli en lui le type de la forme humaine. Sa beauté, admirée des statuaires, était devenue un surnom; elle arrêtait la foule dans les lieux publics. Aussi brave que beau, aussi adroit que fort, il employa pour défendre sa vie tout ce que l'élévation de la taille, la souplesse des muscles, l'aplomb du corps ou la vigueur des bras pouvaient prêter de prodige au lutteur antique. Seul et désarmé contre soixante, cerné, abattu, relevé tour à tour, il sema son sang sur toutes les dalles, il lassa plusieurs fois les meurtriers, il fit durer sa défense désespérée plus d'un quart d'heure. Deux fois sauvé, deux fois ressaisi, il ne tomba que de lassitude et ne périt que sous le nombre. Sa tête fut le trophée d'un combat. On l'admirait encore au bout de la pique où ses sicaires l'avaient arborée. Tel fut le premier sang de la journée : il ne fit qu'altérer le peuple.

VIII

Le départ du roi avait laissé le château dans l'incertitude et dans le trouble. Une trêve tacite semblait s'être établie d'elle-même entre les défenseurs et les assaillants. Le champ de bataille était transporté des Tuileries à l'Assemblée. C'était là que la monarchie allait se relever ou s'écrouler. La conquête ou la défense d'un palais vide ne devait coûter qu'un sang inutile. Les avant-postes des deux partis le comprenaient. Cependant, d'un côté l'impulsion donnée de si loin à une masse immense de peuple ne pouvait guère revenir sur elle-même à la seule annonce de la retraite du roi à l'Assemblée, et de l'autre les forces militaires que le roi avait laissées sans les licencier dans les Tuileries ne pouvaient, à moins d'ordres contraires, livrer la demeure royale et rendre les armes à l'insurrection. Un commandement clair et précis du roi pouvait prévenir ce choc en autorisant une capitulation. Mais ce prince, en abandonnant les Tuileries, n'avait pas abdiqué tout espoir d'y rentrer : « Nous reviendrons bientôt, » avait dit la reine à ses femmes, qui l'attendaient dans ses appartements. La famille royale ne voyait dans les événements de la nuit que les préparatifs d'un second 20 juin. Elle ne s'était rendue à l'Assemblée que pour sommer par sa démarche le corps législatif de la défendre, pour se décharger de la responsabilité du combat, et pour passer loin des périls extrêmes des heures d'anxiété. Le maréchal de Mailly, à qui le commandement des forces du château était confié par le roi, avait ordre d'empêcher par la force la violation du domicile royal.

Deux espérances vagues restaient donc encore au fond des pensées du roi et de la reine pendant ces premières perplexités de la journée. La première, c'était que la majorité de l'Assemblée, touchée de l'abaissement de la royauté, et fière de lui donner asile, aurait assez de générosité et assez d'empire sur le peuple pour ramener le roi dans son palais et pour venger en lui le pouvoir exécutif. La seconde, c'est que le peuple et les Marseillais, engageant le combat aux portes du château, seraient foudroyés par les Suisses et par les bataillons de la garde nationale, et que cette victoire gagnée aux Tuileries dégagerait le roi de l'Assemblée. Si telle n'eût pas été l'espérance du roi et de ses conseillers, était-il croyable que ce prince eût laissé écouler tant de longues heures, depuis sept heures jusqu'à dix heures de la matinée, sans envoyer à ses défenseurs, par un des ministres ou par un des nombreux officiers généraux qui l'entouraient, l'ordre de capituler et de se replier, en assurant seulement la sûreté de tant de vies compromises par son silence? Il attendait donc un événement quelconque, soit au dedans, soit au dehors. Son seul tort était de ne pas le diriger. Même après avoir mis sa femme, sa sœur, ses enfants sous la protection de l'Assemblée, il pouvait regagner le palais avec son escorte, rallier ses défenseurs et recevoir l'assaut. Vainqueur, il ressaisissait le prestige de la victoire; vaincu, il ne tombait pas plus bas dans l'infortune, et il tombait en roi.

IX

Le château, dépourvu d'une partie de ses forces militaires et de toute sa force morale par l'absence du roi et de son escorte, ressemblait plus en ce moment à un lieu public peuplé d'une foule confuse qu'à un quartier général. Nul n'y donnait d'ordres, nul n'en récevait; tout y flottait au hasard. Parmi les Suisses et les gentilshommes, les uns parlaient d'aller rejoindre le roi à l'Assemblée et de mourir en le défendant malgré lui; les autres, de former une colonne d'attaque, de balayer le Carrousel, d'enlever la famille royale et de la conduire, à l'abri de deux ou trois mille baïonnettes, à Rambouillet, et de là à l'armée de La Fayette. Ce dernier parti offrait des chances de salut. Mais tout le monde était capable de proposer, personne de résoudre. L'heure dévorait ces vains conseils. Les forces diminuaient. Deux cents Suisses, avec M. Bachmann et l'état-major, et trois cents gardes nationaux des plus résolus avaient suivi le roi à l'Assemblée et se tenaient à ses ordres aux portes du Manége. Il ne restait donc dans l'intérieur des Tuileries que sept cents Suisses, deux cents gentilshommes mal armés, et une centaine de gardes nationaux, en tout environ mille combattants disséminés dans une multitude de postes; dans les jardins et dans les cours, quelques bataillons débandés et des canons prêts à se tourner contre le palais. Mais l'intrépide attitude des Suisses et les murailles seules de ce palais, qu'on avait si souvent dépeint comme le foyer des conspirations et l'arsenal du despotisme, imprimaient au peuple une terreur qui ralentissait l'investissement.

X

A neuf heures dix minutes, les portes de la cour Royale furent enfoncées sans que la garde nationale fît aucune démonstration pour les défendre. Quelques groupes du peuple pénétrèrent dans la cour, mais sans approcher du château. On s'observait, on échangeait de loin des paroles qui n'avaient rien de la menace ; on semblait attendre d'un commun accord ce que l'Assemblée déciderait du roi. Les colonnes du faubourg Saint-Antoine n'étaient pas encore au Carrousel. Aussitôt qu'elles commencèrent à déboucher du quai sur cette place, Westermann ordonna aux Marseillais de le suivre. Il entra le premier, à cheval, le pistolet à la main, dans la cour. Il forma sa troupe lentement et militairement en face du château. Les canonniers, passant aussitôt à Westermann, retirèrent les quatre pièces de canon qui étaient braquées contre l'entrée de la cour et les tournèrent contre la porte du palais. Le peuple répondit à cette manœuvre par des acclamations de joie. On embrassait les canonniers ; on criait : « A bas les Suisses ! Il faut que les Suisses rendent les armes au peuple ! »

Mais les Suisses, impassibles aux portes et aux fenêtres

du château, entendaient ces cris, voyaient ces gestes sans donner aucun signe d'émotion. La discipline et l'honneur semblaient pétrifier ces soldats. Leurs sentinelles placées sous la voûte du péristyle passaient et repassaient à pas mesurés, comme si elles eussent monté leur garde dans les cours désertes et silencieuses de Versailles. Chaque fois que cette promenade alternative du soldat en faction le ramenait du côté des cours et en vue du peuple, la foule intimidée se repliait sur les Marseillais; elle revenait ensuite vers le château, quand les Suisses disparaissaient sous le vestibule. Cependant cette multitude s'aguerrissait peu à peu et se rapprochait toujours davantage. Une cinquantaine d'hommes des faubourgs et des fédérés finirent par s'avancer jusqu'au pied du grand escalier. Les Suisses replièrent leur poste sur le palier et sur les marches séparées du péristyle par une barrière en bois. Ils laissèrent seulement une sentinelle en dehors de cette barrière. Le factionnaire avait ordre de ne pas faire feu, quelle que fût l'insulte. Sa patience devait tout subir. Le sang ne devait pas couler d'un hasard. Cette longanimité des Suisses encouragea les assaillants. Le combat commença par un jeu : le rire préluda à la mort. Des hommes du peuple, armés de longues hallebardes à lames recourbées, s'approchèrent du factionnaire, l'accrochèrent par son uniforme ou par son ceinturon avec le crochet de leur pique, et, l'attirant de force à eux aux bruyants éclats de joie de la foule, le désarmèrent et le firent prisonnier. Cinq fois les Suisses renouvelèrent leur sentinelle; cinq fois le peuple s'en empara ainsi. Les bruyantes acclamations des vainqueurs et la vue de ces cinq Suisses désarmés encourageant la foule qui hésitait jusque-là au milieu de la cour, elle se précipita en masse avec de grands cris sous la voûte ; là, quelques hommes féroces, arrachant les Suisses des mains des premiers assaillants, assommèrent ces soldats sans armes à coups de massue en présence de leurs camarades. Un premier coup de feu partit au même moment de la cour ou d'une fenêtre, les uns disent du fusil d'un Suisse, les autres du pistolet d'un Marseillais. Ce coup de feu fut le signal de l'engagement.

XI

A cette explosion, les capitaines de Durler et de Reding, qui commandaient le poste, rangent leurs soldats en bataille derrière la barrière, les uns sur les marches de l'escalier, les autres sur le perron de la chapelle qui domine ces marches, le reste sur la double rampe de l'escalier à deux branches qui part du perron de la chapelle pour monter à la salle des Gardes : position formidable, qui permet à cinq feux de se croiser et de foudroyer le vestibule. Le peuple, refoulé par le peuple, ne peut l'évacuer. La première décharge des Suisses couvre de morts et de blessés les dalles du péristyle. La balle d'un soldat choisit et frappe un homme d'une taille gigantesque et d'une grosseur énorme, qui venait d'assommer à lui seul quatre des factionnaires désarmés. L'assassin tombe sur le corps de ses victimes. La foule épouvantée fuit en désordre jusqu'au Carrousel. Quelques coups de fusil partis des fenêtres atteignent le peuple jusque sur la place. Le canon du Carrousel répond à cette décharge, mais ses boulets, mal dirigés, vont frapper les toits. La cour Royale se vide et reste jonchée de fusils, de piques, de bonnets de grenadiers. Les fuyards se glissent et rampent le long des murailles, à l'abri des guérites des sentinelles à cheval. Quelques-uns se couchent à terre et contrefont les morts. Les canonniers abandonnent leurs pièces et sont entraînés eux-mêmes dans la panique générale.

A cet aspect, les Suisses descendent en masse du grand escalier et se divisent en deux colonnes : l'une, commandée par M. de Salis, sort par la porte du jardin pour aller s'emparer de deux pièces de canon qui étaient à la porte du Manége et les ramener au château; l'autre, au nombre de cent vingt hommes et de quelques gardes nationaux, sous les ordres de MM. de Durler et Pfyffer, débouche par la cour Royale en passant sur les cadavres de leurs camarades égorgés. La seule apparition des soldats balaye la cour. Ils s'emparent des quatre pièces de canon abandonnées, ils les ramènent sous la voûte du vestibule; mais ils n'ont ni munitions ni mèches pour s'en servir.

Le capitaine de Durler, voyant la cour évacuée, pénètre lui-même dans le Carrousel par la porte Royale, s'y forme en bataillon carré et fait un feu roulant des trois fronts de sa troupe sur les trois parties de la place. Le peuple, les fédérés, les Marseillais, se replient sur les quais, sur les rues, et impriment un mouvement de reflux et de terreur qui se communique jusqu'à l'hôtel de ville et jusqu'aux boulevards. Pendant que ces deux colonnes parcouraient le Carrousel, quatre-vingts Suisses, une centaine de gentilshommes volontaires et trente gardes nationaux, se formant spontanément en colonne dans une autre aile du château, descendaient par l'escalier du pavillon de Flore et volaient au secours de leurs camarades. En traversant la cour des Princes pour se rendre au bruit de la fusillade dans la cour Royale, une décharge de canons à mitraille partie de la porte des Princes en renverse un grand nombre et foudroie les murs et les fenêtres des appartements de la reine. Réduite à cent cinquante combattants, cette colonne se détourne, marche au pas de course sur les canons, les reprend, entre au Carrousel, éteint le feu des Marseillais et revient dans les Tuileries par la porte Royale. Les deux corps ramènent les canons, et, rapportant leurs blessés sous le vestibule, ils rentrent au château.

XII

Les Suisses écartent les cadavres qui jonchaient le péristyle pour faire place à leurs blessés. Ils les couchent sur des chaises et sur des banquettes. Les marches et les colonnes ruissellent de sang. De son côté, M. de Salis ramenait par le jardin les deux pièces de canon qu'il était allé reprendre à la porte du Manége. Ses soldats, foudroyés en allant et en revenant par le feu croisé des bataillons de garde nationale qui occupaient la terrasse du bord de l'eau et celle des Feuillants, avaient laissé trente hommes, sur cent, morts ou mourants dans le trajet. Ils n'avaient pas riposté par un seul coup de fusil à cette fusillade inattendue de la garde nationale. La discipline avait vaincu en eux l'instinct de leur propre conservation. Leur consigne était de mourir pour le roi, et ils mouraient sans tirer sur un uniforme français.

Si, au moment de cette évacuation soudaine des Tuileries et du Carrousel par l'effet de la sortie des Suisses, ces soldats étrangers eussent été secondés par quelques corps de cavalerie, l'insurrection, refoulée et coupée de toutes parts, livrait le champ de bataille aux défenseurs du roi. Les neuf cents hommes de gendarmerie postés depuis la veille dans la cour du Louvre, sur la place du Palais-Royal, aux Champs-Élysées et à l'entrée du Pont-Royal du côté de la rue du Bac, étaient plus que suffisants pour jeter le désordre dans ces masses confuses et désarmées du peuple. Mais ce corps, sur lequel on comptait le plus au château, s'abandonna lui-même et faiblit sous la main de ses commandants. Déjà, depuis l'arrivée des Marseillais au Carrousel, les cinq cents gendarmes de la cour du Louvre donnaient tous les signes de l'insubordination. Ils répondaient aux incitations des bandes armées qui passaient sur les quais en élevant leurs chapeaux en l'air et en criant : « Vive la nation ! » Au premier coup de canon qui retentit dans le Carrousel, ils remontèrent précipitamment à cheval et se crurent parqués dans cette enceinte pour la boucherie. Le maréchal de Mailly leur envoya l'ordre de sortir en escadrons par la porte de la Colonnade, de couper l'armée de Santerre par une charge sur le quai, de se diviser ensuite en deux corps dont l'un refoulerait le peuple vers le faubourg Saint-Antoine et l'autre vers les Champs-Élysées. Là un autre escadron de gendarmerie, en bataille sur la place Louis XV avec du canon, chargerait ces masses et les jetterait dans le fleuve. M. de Rulhières, qui commandait cette gendarmerie, ayant rassemblé ses officiers pour leur communiquer cet ordre, ils répondirent tous que leurs soldats les abandonneraient, et que, pour conserver une apparence d'empire sur eux et pour prévenir une défection éclatante, il fallait les éloigner du champ de bataille et les porter sur un autre point. « Lâches que vous êtes! s'écria un de ces officiers indigné en s'adressant à ses cavaliers, si vous ne voulez que courir, allez aux Champs-Élysées, il y a de la place. » Au moment de ce flottement des esprits, la foule des fuyards, qui s'échappait du Carrousel sous le feu des Suisses, faisait irruption dans la cour du Louvre, se jetait dans les rangs, entre les jambes des chevaux, en criant : « On massacre nos frères! » A ces cris, la gendarmerie se débanda, prit par pelotons la porte qui conduit à la rue du Coq, et se sauva au galop par toutes les rues voisines du Palais-Royal.

XIII

Les Suisses étaient vainqueurs, les cours vides, les canons repris; le silence régnait autour des Tuileries. Les Suisses rechargèrent leurs armes et reformèrent leurs rangs à la voix de leurs officiers. Les gentilshommes entourant le maréchal de Mailly le conjuraient de former une colonne d'attaque de toutes les forces disponibles qui restaient au château, de se porter au Manége avec du canon, d'y rallier les cinq cents hommes de l'escorte du roi encore en bataille sur la terrasse des Feuillants, d'appeler les Suisses laissés à la caserne de Courbevoie, et de sortir de Paris avec la famille royale enfermée dans cette colonne de feu. Les serviteurs du roi, les femmes de la reine, la princesse de Lamballe, se pressant à toutes les fenêtres du château, avaient l'âme et les regards fixés sur la porte du Manége, croyant à chaque instant voir le cortége royal en sortir pour venir achever et utiliser la victoire des Suisses. Vain espoir! cette victoire sans résultat n'était qu'un de ces courts intervalles que les catastrophes inévitables laissent aux victimes, non pour triompher, mais pour respirer.

XIV

Les coups de canon des Marseillais et les décharges des Suisses, en venant ébranler inopinément les voûtes du Manége, avaient eu des contre-coups bien différents dans le cœur des hommes dont la destinée, les idées, le trône, la vie, se décidaient à quelques pas de cette enceinte dans ce combat invisible. Le roi, la reine, Madame Élisabeth, le petit nombre d'amis dévoués enfermés avec eux dans la loge du logographe, pouvaient-ils s'empêcher de faire dans le mystère de leur âme des vœux involontaires pour le triomphe de leurs défenseurs et de répondre par les palpitations de l'espérance à chacune de ces décharges d'un combat dont la victoire les sauvait et les couronnait de nouveau. Cependant ils voilaient sous la douloureuse consternation de leur physionomie ce qui pouvait se cacher de joie secrète dans leur cœur; ils s'observaient devant leurs ennemis; ils s'observaient devant Dieu lui-même, qui leur aurait reproché de se réjouir du sang versé. Leurs traits étaient muets, leurs cœurs fermés, leurs pensées suspendues au bruit extérieur. Ils écoutaient, pâles et en silence, éclater leur destinée dans ces coups.

Les coups de canon redoublent; le bruit de la mousqueterie semble se rapprocher et grossir; les vitraux tintent comme si le vent des boulets les faisait frémir en passant sur la salle; les tribunes s'agitent et poussent des cris d'effroi et d'horreur. Une expression générale de colère et de solennelle intrépidité se répand sur les figures des députés; ils prêtent l'oreille au bruit et regardent avec indignation le roi. Vergniaud, triste, muet, et calme comme le patriotisme, se couvre en signe de deuil. A ce geste, qui traduit la pensée publique par un signe, les députés se lèvent sous une impression électrique, et, sans tumulte, sans vains discours, ils profèrent d'une seule voix le cri de : « Vive la nation! » Le roi se lève à son tour et annonce à l'Assemblée qu'il vient d'envoyer aux Suisses l'ordre de cesser le feu et de rentrer dans leurs casernes. M. d'Hervilly sort pour aller porter cet ordre au château. Les députés se rassoient et attendent quelques minutes en silence l'effet de l'ordre du roi.

Tout à coup des décharges de mousqueterie plus rapprochées éclatent sur la salle. Ce sont les feux de bataillon des gardes nationaux de la terrasse des Feuillants qui tirent sur la colonne de M. de Salis. Des voix s'écrient dans les tribunes que les Suisses vainqueurs sont aux portes et viennent égorger la représentation nationale. On entend des pas précipités, des cliquetis d'armes dans les couloirs. Quelques hommes armés s'efforcent de pénétrer dans la salle. D'intrépides députés se jettent au-devant d'eux et les repoussent. L'Assemblée croit que les Suisses vainqueurs viennent l'immoler à leur vengeance. L'enthousiasme de la liberté l'enivre d'une joie funèbre. Pas un seul mouvement de terreur n'avilit la nation qui va mourir en elle. « C'est le moment de tomber dignes du peuple au poste où il nous a envoyés, » dit Vergniaud. A ces mots les députés reprennent leurs places sur leurs bancs. « Jurons tous, à ce moment suprême, de vivre ou de mourir libres! »

L'Assemblée entière se lève ; tous les bras sont tendus, toutes les lèvres s'ouvrent pour jurer ; les tribunes, soulevées par ce mouvement d'héroïsme, se lèvent avec l'Assemblée : « Et nous aussi nous jurons de mourir avec vous! » s'écrient-elles. Les citoyens qui se pressent à la barre, les journalistes dans leurs tribunes, les secrétaires du logographe eux-mêmes, à côté du roi, debout, tendent une main en signe de serment, élèvent de l'autre leur chapeau en l'air et s'associent, par un irrésistible élan, à cette sublime acceptation de la mort pour la cause de la liberté. Ce n'était point un de ces serments de parade où des corps politiques bravent le péril absent et jettent le défi à la faiblesse. La mort tonnait sur leurs têtes, frappait à leurs portes. Nul n'avait le secret du combat. Le cœur des citoyens vola au-devant du fer. La mort les eût frappés dans l'orgueil et dans la joie de leur serment. Les officiers suisses se retirèrent. Les décharges s'éloignèrent en s'affaiblissant. Les députés, les tribunes, les spectateurs, restèrent quelques minutes debout, les bras tendus, les regards de défi tournés vers la porte. Le péril était passé qu'ils gardaient encore leur attitude. Le feu de l'enthousiasme semblait les avoir foudroyés! L'histoire le redira toutes les fois qu'elle voudra faire respecter le berceau de la liberté et grandir l'image des nations.

XV

Les Suisses qui avaient occasionné ce mouvement étaient des officiers de l'escorte du roi, cherchant un refuge dans l'enceinte, pour éviter le feu des bataillons de la terrasse des Feuillants. On les fit entrer dans la cour du Manége, et on les désarma par ordre du roi.

Pendant cette scène, M. d'Hervilly parvenait au château à travers les balles, au moment où la colonne de M. de Salis y rentrait avec les canons. « Messieurs, leur cria-t-il du haut de la terrasse du jardin d'aussi loin que sa voix put être entendue, *le roi vous ordonne de vous rendre tous à l'Assemblée nationale.* » Il ajouta de lui-même, et dans une dernière pensée de prévoyance pour le roi : « Avec vos canons! » A cet ordre, M. de Durler rassemble environ deux cents de ses soldats, fait rouler un canon du vestibule dans le jardin, essaye en vain de le décharger, et se met en marche vers l'Assemblée, sans que les autres postes de l'extérieur, prévenus de cette retraite, eussent le temps de le suivre. Cette colonne, criblée en route par les balles de la garde nationale, arrive en désordre et mutilée à la porte du Manége; elle est introduite dans les murs de l'Assemblée et met bas les armes. Les Marseillais, informés de la retraite d'une partie des Suisses, et témoins de la défection de la gendarmerie, marchent une seconde fois en avant; les masses des faubourgs Saint-Marceau et Saint-Antoine inondent les cours. Westermann et Santerre, le sabre à la main, leur montrent le grand escalier et les poussent à l'assaut au chant du *Ça ira*; la vue de leurs camarades morts, couchés sur le Carrousel, les enivre de vengeance; les Suisses ne sont plus à leurs yeux que des assassins soldés. Ils se jurent entre eux de laver ces pavés, ce palais, dans le sang de ces étrangers; ils s'engouffrent comme un torrent de baïonnettes et de piques sous les larges voûtes du péristyle. D'autres colonnes, tournant le château, pénètrent dans le jardin par la porte du Pont-Royal et du Manége, et s'accumulent au pied des murs. Six pièces de canon ramenées de l'hôtel de ville et placées aux angles de la rue Saint-Nicaise, de la rue des Orties et de la rue de l'Échelle, lancent les boulets et la mitraille sur le château. Les faibles détachements épars dans les appartements se rallient, sans ordre et sans unité, au poste le plus rapproché d'eux. Quatre-vingts hommes se groupent sur les marches du grand escalier; de là ils font d'abord deux feux de file qui renversent dans le vestibule quatre cents Marseillais.

Les cadavres de ces combattants servent de marchepied aux autres pour escalader la position. Les Suisses se replient lentement de marche en marche, laissant un rang des leurs sur chaque degré. Leur feu diminue avec leur nombre, mais tous tirent jusqu'à la mort. Le dernier coup de fusil ne s'éteignit qu'avec la dernière vie.

Quatre-vingts cadavres jonchaient l'escalier. De ce moment le combat ne fut plus qu'un massacre. Les Marseillais, les Brestois, les fédérés, le peuple, inondent les appartements. Les Suisses isolés qu'ils rencontrent sont immolés partout; quelques-uns essayent de se défendre, et ne font qu'ajouter à la rage de leurs bourreaux et aux horreurs de leur supplice. La plupart jettent leurs armes au pied du peuple, se mettent à genoux, tendent la tête au coup ou demandent la vie; on les saisit par les jambes et par les bras, on les lance tout vivants par les fenêtres. Un peloton de dix-sept d'entre eux s'était réfugié dans la sacristie de la chapelle. Ils y sont découverts. En vain l'état de leurs armes, qu'ils montrent au peuple, atteste qu'ils n'ont pas fait feu de la journée. On les désarme, on les déshabille, et on les égorge aux cris de : « Vive la nation! » Pas un n'échappe.

XVI

Ceux qui se trouvaient au moment de l'attaque dans le pavillon de Flore et dans les appartements de la reine se réunirent aux deux cents gentilshommes et à quelques gardes nationaux sous le commandement du maréchal de Mailly. Ils formèrent à eux tous une masse d'environ cinq cents combattants, et tentèrent d'obéir à l'ordre du roi en évacuant le château militairement et en se rendant auprès de sa personne à l'Assemblée. L'issue sur la cour était occupée par les masses de peuple et foudroyée par le canon. La sortie par le jardin était praticable encore, quoique sous le feu des bataillons du faubourg qui occupaient le Pont-Royal et le bord de l'eau. La colonne prend cette direction ; mais la grille de la Reine, qui donnait accès au jardin, était fermée. On fait des efforts désespérés pour la forcer. La grille résiste. On parvient avec peine à faire fléchir un des barreaux de fer massif sous le levier des baïonnettes. On pratique une ouverture par où la colonne ne peut s'échapper qu'homme à homme. C'est par ce guichet que cinq cents soldats, gentilshommes et gardes nationaux, doivent sortir, choisis et visés à loisir par les fusils de deux bataillons. Ils sortent néanmoins ; car les cris de leurs camarades massacrés derrière eux leur font préférer une balle prompte et mortelle à un massacre atroce et lent. Les sept premiers qui traversent la grille tombent en la franchissant, les autres passent au pas de course sur leurs corps et s'élancent vers le jardin. Les habits rouges des Suisses désignent ces soldats aux feux des bataillons. Cet acharnement contre eux sauve une partie des gentilshommes. La balle choisit l'étranger et épargne le Français. Tous les Suisses meurent ou sont atteints dans la fuite. Parmi les serviteurs du roi et les volontaires, deux seulement sont tués : M. de Clermont d'Amboise et M. de Castéja. Les autres atteignent les arbres, qui les protégent, reçoivent à bout portant le feu d'un poste de garde nationale placé au milieu du jardin, laissent trente morts dans la grande allée, et parviennent à la porte du Manége. Là M. de Choiseul, au nom du roi, se porte intrépidement au-devant d'eux, les rallie et pénètre, l'épée à la main, dans l'enceinte de l'Assemblée, pour mettre ces Français sous la sauvegarde de la nation.

XVII

Le reste de la colonne fugitive du château espère se faire jour par le pont tournant. Elle y parvient en se couvrant des arbres, dont les troncs sont déchirés par les boulets et par les balles. Une décharge à mitraille partant du pont la rejette vers la terrasse de l'Orangerie. Soixante Suisses et quinze gentilshommes jonchent de leurs corps les bords du grand bassin sous la statue de César. Un grand nombre d'autres, atteints par les balles ou par les éclats de branches qui tombent des marronniers sur leurs têtes, échappent en teignant de leur sang la grande allée : MM. de Virieu, de Lamartine, de Vioménil, sont de ce nombre. Arrivés au pied de la terrasse de l'Orangerie, ces officiers délibèrent sous le feu et se divisent en deux opinions et en deux colonnes. Les uns retournent à l'Assemblée, les autres se décident à franchir la place Louis XV, sous le feu des pièces de canon du pont tournant, et à se rallier dans les Champs-Élysées à la gendarmerie, dont ils aperçoivent un escadron en bataille. Ceux qui rentrèrent au Manége furent reçus, désarmés, envoyés après la victoire dans les prisons de Paris, et massacrés le 2 septembre. Ceux qui sortirent du jardin par la grille de l'Orangerie périrent, les uns sur la place Louis XV, les autres aux Champs-Élysées, sous le sabre de cette gendarmerie qui se joignit au peuple pour les achever. Quelques-uns, comme M. de Vioménil, reçurent asile dans les caves de la rue Saint-Florentin, de la rue Royale, et surtout dans l'hôtel de l'ambassadeur de Venise, Pisani, qui brava la mort pour sauver la vie à des inconnus. Quelques autres s'emparèrent d'une pièce de canon gardée par un faible détachement, auprès du pont Louis XV, et voulurent s'en servir pour protéger leur retraite. Une charge de gendarmerie la leur enleva et les refoula dans la Seine. M. de Villers, récemment sorti de ce corps dont il était major, croyant que cette gendarmerie venait à son secours, s'élança au-devant de ses anciens camarades. « A nous, mes amis! » leur cria-t-il. A ces mots, un des officiers de cet escadron, qui le reconnut, tira froidement un de ses pistolets de sa fonte et lui cassa la tête à bout portant. Les autres l'achevèrent à coups de sabre.

La retraite des faibles restes de ces défenseurs du château ne fut qu'une suite de hasards individuels. Ceux-ci, jetant leurs armes et dépouillant toute apparence militaire, se perdaient dans la masse des spectateurs du combat; ceux-là se firent jour, le pistolet à la main, jusqu'au bord de l'eau, s'emparèrent de bateaux abandonnés, et, traversant la Seine, se jetèrent dans les bois d'Issy et de Meudon. Ils durent la vie à l'hospitalité désintéressée de pauvres villageois étrangers aux discordes civiles. L'hospitalité est la charité du pauvre. Les autres, divisés par petits groupes, s'enfoncèrent dans les rues latérales des Champs-Élysées, ou franchirent les palissades et les murs des jardins.

XVIII

Un de ces détachements, au nombre de trente, dont vingt-neuf Suisses et un jeune page de la reine à leur tête, se jeta dans la cour de l'hôtel de la marine, au coin de la rue Royale. Le page représente en vain à ses compagnons que, forcés dans cet étroit asile, ils y périront tous. Ils persistent et se fient à la générosité du peuple. Un groupe de huit fédérés se présente devant la porte. Les Suisses en sortent un à un, jetant leurs fusils aux pieds des fédérés; ils croient leurs ennemis attendris par ce geste de vaincus qui s'abandonnent à la merci du vainqueur. « Lâches, leur crie un des fédérés, vous ne vous rendez qu'à la peur, vous n'aurez point de quartier! » En parlant ainsi, il plonge le fer de sa pique dans la poitrine d'un des Suisses; il en tue un autre d'un coup de pistolet. On leur scie la tête avec des sabres pour la promener en trophée.

A cette vue, les Suisses indignés retrouvent leur énergie dans le désespoir. Ils ressortent à la voix du page, ils ramassent leurs fusils, ils font une décharge sur les fédérés. Ils en tuent sept sur huit. Mais d'autres fédérés amènent une pièce de canon chargée à mitraille devant la porte et font feu. Vingt-trois soldats, sur vingt-sept, tombent sous le coup. Les quatre autres, avec le page, à la faveur de la fumée, se glissent, sans être vus, dans une cave de l'hôtel. Ils s'ensevelissent dans le sable humide et trompent ainsi la fureur de leurs ennemis. La nuit tombe. Le concierge de l'hôtel, qui seul a le secret de leur fuite, leur apporte des aliments et des couvertures; il réchauffe leurs membres engourdis par le froid et par l'humidité de ces voûtes glacées; il leur procure des vêtements moins suspects; il coupe leurs cheveux et leurs moustaches. Ils sortent un à un sous ces déguisements.

Soixante autres qui se retiraient en bon ordre, sous le commandement de quatre officiers, à travers les Champs-Élysées, se dirigeant sur leur caserne de Courbevoie, sont enveloppés par la gendarmerie et ramenés à l'hôtel de ville. Arrivés sur la place de Grève, leur escorte les massacre, jusqu'au dernier, aux acclamations du peuple et sous les yeux du conseil de la commune.

Trente hommes, commandés par M. de Forestier de Saint-Venant, jeune officier suisse à peine adolescent, sont cernés de toutes parts sur la place Louis XV. Sûrs de mourir, ils veulent du moins venger leur sang. Ils chargent à la baïonnette le poste de gendarmerie et de canonniers qui entoure la statue de Louis XV, au milieu de la place. Trois fois ils enfoncent ce poste. Trois fois des renforts y arrivent et cernent de plus près ces trente hommes. Ils tombent un à un, décimés lentement par le feu qui les enveloppe. Réduits au nombre de dix, ils parviennent à forcer le passage, se jettent dans les Champs-Élysées et combattent, d'arbre en arbre, jusqu'à la mort. M. de Forestier, seul survivant et sans blessure, est près d'escalader la muraille d'un jardin; un gendarme à cheval franchit le fossé qui sépare la promenade de la chaussée et le renverse mort d'un coup de carabine dans les reins.

Le jeune Charles d'Autichamp, sortant du palais, et se

retirant seul par la rue de l'Échelle, est arrêté par deux Brestois. Il décharge des deux mains ses pistolets sur leur poitrine et les tue tous les deux. Le peuple s'empare de lui et le traîne à la place de Grève pour y être immolé. C'était le moment où l'on égorgeait les soixante Suisses. Un mouvement de la foule le sépare des hommes qui l'escortent; on veut le ressaisir; il ramasse une baïonnette tombée sous ses pieds, il la plonge dans le cœur d'un garde national qui le tient au collet; il blesse ou menace tout ce qui s'approche, s'élance dans une maison dont la porte est ouverte, monte l'escalier, sort par le toit, redescend par une autre maison dans une rue de derrière, jette son arme, compose ses traits, et échappe à la vengeance de dix mille bras. Un vieux gentilhomme de quatre-vingts ans, le vicomte de Broves, député à l'Assemblée constituante, blessé au château, et cachant sa blessure, est trahi par le sang qui coule de ses cheveux sur ses joues. Le peuple reconnaît un ennemi et l'immole sur le perron de l'église Saint-Roch.

XIX

Pendant que les débris des forces militaires du château se dispersaient ou périssaient ainsi au dehors, le peuple impitoyable, monté à l'assaut des appartements sur les cadavres des Marseillais et des Suisses, assouvissait sa vengeance dans l'intérieur. Gentilshommes, pages, prêtres, bibliothécaires, valets de chambre, serviteurs du roi, huissiers de la chambre, simples serviteurs, tous ceux qu'il rencontrait dans ce palais étaient à ses yeux les complices des crimes de la royauté. Les murs mêmes leur inspiraient haine et vengeance. Ces murs avaient recélé dans leur sein, selon eux, toutes les trames du clergé, de l'aristocratie et des cours, depuis la conjuration de la Saint-Barthélemy jusqu'aux trahisons du comité autrichien et aux décharges perfides de ces satellites étrangers qui venaient d'assassiner le peuple. Ils croyaient laver le sang dans le sang : le sang ruisselait partout; on ne marchait que sur des cadavres. La mort même ne suffisait pas à la haine. Un ressentiment féroce poursuivait au delà de la vie l'assouvissement de cette rage ; elle dépravait la nature, elle ravalait le peuple au-dessous de la brute, qui frappe, mais qui ne dépèce pas. A peine les victimes étaient-elles tombées sous le fer des Marseillais qu'une horde forcenée, les mains tendues vers sa proie, se précipitait sur les cadavres qu'on lui jetait du haut des balcons, les dépouillait de leurs vêtements, se repaissait de leur nudité, leur arrachait le cœur, en faisait ruisseler le sang comme l'eau de l'éponge, coupait leur tête et étalait d'obscènes trophées aux regards et aux dérisions des mégères de la rue. Personne ne se défendait plus; le combat n'était qu'un égorgement.

Des bandes armées d'hommes des faubourgs, la pique ou le couteau à la main, se répandaient par les escaliers intérieurs et par les corridors obscurs de cet immense labyrinthe dans tous les étages du château, enfonçant les portes, sondant les planchers, brisant les meubles, jetant les objets d'art ou de luxe par les fenêtres, brisant pour briser, mutilant par haine, ne cherchant point la dépouille, mais la ruine. Dans ce sac général du palais, il y eut dévastation, non pillage. Le peuple même, dans sa férocité, aurait rougi de chercher autre chose que ses ennemis. Le but de son soulèvement, c'était le sang; ce n'était pas l'or. Il s'observait lui-même. Il montrait ses mains rouges, mais vides. Quelques voleurs vulgaires, surpris en flagrant délit d'appropriation des objets pillés, furent pendus à l'instant par d'autres hommes du peuple avec un écriteau signalant la honte de leur action. La passion déprave, mais elle élève aussi. L'enthousiasme général qui soulevait ce peuple l'eût fait rougir de penser à autre chose qu'à la vengeance et à la liberté. La fureur qui le possédait lui laissait le sentiment de la dignité de sa cause. Il se souillait de meurtres, il s'enivrait de tortures; mais, jusque dans le sang, la masse respectait en soi le combattant de la liberté. Tableaux, statues, vases, livres, porcelaines, glaces, chefs-d'œuvre de tous les arts accumulés par les siècles dans le palais de la splendeur et des délices des souverains, tout vola en lambeaux, tout roula en éclats, tout fut réduit en poussière ou en cendre. Par un jeu bizarre de la destinée, il n'y eut d'épargné et d'intact qu'un tableau de la chambre du lit du roi représentant la Mélancolie, par Fetti : comme si l'emblème de la tristesse et de la vanité des choses humaines était le seul monument éternel qui dût survivre à la destinée des dynasties et des palais!

XX

Les femmes de la reine, les dames d'honneur des princesses, les femmes de chambre de service, la princesse de Tarente, mesdames de La Roche-Aymon, de Ginestous, la jeune Pauline de Tourzel, fille de la marquise de Tourzel, gouvernante des enfants de France, s'étaient rassemblées dès le commencement du combat dans les appartements de la reine. Les décharges d'artillerie, la mitraille des canons du Carrousel rejaillissant sur les murs, l'invasion du peuple, la sortie des Suisses, la victoire d'un moment suivie d'un assaut plus terrible, les cris, le silence, la fuite des victimes poursuivies au-dessus de leurs têtes dans la galerie des Carrache, la chute des corps jetés par les balcons dans la cour, les rugissements de la foule sous leurs fenêtres, avaient suspendu en elles la respiration et la vie. Elles mouraient de mille coups depuis trois heures.

La foule, qui avait fait sa première irruption par l'autre escalier du château, n'avait pas encore découvert leur asile. On n'y parvenait que par l'escalier dérobé qui montait de l'appartement de la reine dans celui du roi, et par l'escalier des Princes, obstrué par une masse immobile de cadavres marseillais. Une des bandes armées d'égorgeurs trouva enfin l'accès de l'escalier dérobé et s'y rua dans les ténèbres. Ces degrés intérieurs desservaient des corridors bas et obscurs, des entre-sols pratiqués entre les deux grands étages. Ces entre-sols servaient de logement aux hommes et aux femmes de la domesticité intime de la famille royale. Les portes en sont enfoncées à coups de hache. Les assassins immolent les heiduques de la reine. Madame Campan, sa femme de chambre favorite, et deux de ses femmes de service, se précipitent aux genoux des égorgeurs. Leurs mains embrassent les sabres levés sur elles. « Que faites-vous? s'écrie d'en bas la voix d'un Marseillais; on ne tue pas les femmes! — Levez-vous, misérables, la nation vous fait grâce, » répond un homme à longue barbe qui venait d'assassiner un heiduque. Il fit monter les trois femmes sur une banquette placée dans l'embrasure d'une fenêtre, où la foule pouvait les voir et les entendre, et leur dit de crier : « Vive la nation ! » La foule battit des mains.

Deux huissiers de la chambre du roi, MM. Sallas et Marchais, qui pouvaient s'évader en livrant la porte, meurent pour obéir à leur serment. Ils enfoncent leur chapeau sur leur tête et mettent l'épée à la main : « C'est ici notre poste, disent-ils aux Marseillais; nous voulons tomber sur le seuil que nous avons juré de défendre. » L'huissier de la chambre de la reine, nommé Diet, reste seul, factionnaire généreux, à l'entrée de l'appartement où les femmes sont réfugiées, et tombe en la défendant. Son cadavre, couché en travers de la porte, sert encore de rempart aux femmes. La princesse de Tarente, qui entend tomber ce dernier et fidèle gardien, va elle-même ouvrir la porte aux Marseillais. Leur chef, frappé de l'assurance et de la dignité de cette femme devant la mort, contient un moment sa troupe. La princesse, tenant par la main la jeune et belle Pauline de Tourzel, que sa mère lui a confiée : « Frappez-moi, dit-elle aux Marseillais, mais sauvez l'honneur et la vie de cette jeune fille. C'est un dépôt que j'ai juré de rendre à sa mère. Rendez-lui sa fille et prenez mon sang. »

Les Marseillais attendris respectent et sauvent ces femmes. On les aide à franchir les cadavres qui jonchent les antichambres et les corridors.

Quelques hommes du peuple, en saccageant les appartements, avaient brisé les fontaines de marbre des bains de la reine. L'eau mêlée au sang inondait les pavés, et teignait de rouge les pieds et les robes traînantes de ces fugitives. On les confia à des hommes du peuple, qui les conduisirent furtivement, le long de la rivière au-dessous du quai, jusqu'au pont Louis XV, et les remirent en sûreté à leurs familles.

XXI

La poursuite des victimes cherchant à se dérober à la mort dura trois heures. Les caves, les cuisines, les souterrains, les passages secrets, les toits même, dégouttaient de sang. Quelques Suisses qui s'étaient cachés dans les écuries sous des monceaux de fourrage y furent étouffés par la fumée ou brûlés vifs. Le peuple voulait faire un immense bûcher des Tuileries. Déjà les écuries, les corps de garde, les bâtiments de service qui bordaient les cours, étaient en flammes. Des bûchers formés des meubles, des tableaux, des collections, des bibliothèques des courtisans qui logeaient au château, flamboyaient dans le Carrousel. Des députations de l'Assemblée et de la commune préservèrent avec peine le Louvre et les Tuileries. Il semblait au peuple que ce palais laissé debout rappellerait tôt ou tard la tyrannie. C'était un remords de sa servitude qui s'élèverait devant lui. Il voulait l'effacer, pour qu'une royauté nouvelle n'eût pas une pierre d'attente dans la ville de la liberté. Ne pouvant incendier les pierres, il se vengea sur les hommes. Tous les citoyens d'un attachement notoire à la cour ou suspects d'attendrissement sur la chute du roi qui furent rencontrés et reconnus tombèrent sous ses coups. La plus innocente et la plus illustre de ces victimes fut M. de Clermont-Tonnerre.

Un des premiers apôtres de la réforme politique, aristocrate populaire, orateur éloquent de l'Assemblée constituante, il ne s'était arrêté dans la révolution qu'aux limites de la monarchie. Il voulait cet équilibre des trois pouvoirs qu'il croyait voir réalisé dans la constitution britannique. La Révolution, qui voulait non balancer, mais déplacer les pouvoirs, l'avait répudié, comme elle avait dépassé Mounier, Malouet, Mirabeau lui-même. Elle le haïssait d'autant plus qu'elle avait plus espéré en lui. Quand les principes deviennent fureur, la modération devient trahison. M. de Clermont-Tonnerre fut accusé dans la matinée du 10 août d'avoir un dépôt d'armes dans son hôtel. Un attroupement entoura sa maison et le conduisit à la section de la Croix-Rouge pour rendre compte des piéges qu'il tendait au peuple. Son hôtel, visité par la populace, le disculpa. Le peuple, détrompé par la voix d'un honnête homme, passe aisément de l'injustice à la faveur; il applaudit l'accusé et le reconduisit triomphalement à sa demeure. Mais les sicaires à qui une main invisible avait désigné la victime frémissent de la voir échapper. Un serviteur expulsé ameute contre son ancien maître un rassemblement de forcenés. En vain M. de Clermont-Tonnerre, monté sur une borne, harangue avec sang-froid ses assassins : un coup de feu qu'il reçoit au visage étouffe sa parole dans son sang. Il se précipite dans un hôtel ouvert de la rue de Vaugirard et monte jusqu'au quatrième étage ; ses meurtriers le suivent, l'égorgent sur l'escalier, le traînent sanglant dans la rue, et n'abandonnent qu'un cadavre à ses amis consternés. Défiguré, mutilé, dépecé par les armes ignobles qui souillent ce qu'elles tuent, sa jeune femme ne reconnaît le corps de son mari qu'à ses vêtements.

XXII

Le combat à peine terminé, Westermann, couvert de poudre et de sang, vint recevoir chez Danton les félicitations de son triomphe. Il était accompagné de quelques-uns des héros de cette journée. Danton les embrassa. Brune, Robert, Camille Desmoulins, Marat, Fabre d'Églantine, coururent l'un après l'autre embrasser leur chef, et recevoir les nouveaux mots d'ordre pour la soirée. Les femmes pleuraient de joie en revoyant vainqueurs leurs maris, qu'elles avaient crus immolés par le canon des

Suisses. Danton paraissait rêveur ; on eût dit qu'étonné et comme repentant de la victoire, il flottait entre deux partis à prendre; mais il était de ces hommes qui n'hésitent pas longtemps et qui laissent décider les événements. Sa fortune se levait avec ce jour. Le lendemain il était ministre.

FIN DU TOME DEUXIÈME DES GIRONDINS.

TABLE DES SOMMAIRES

LIVRE ONZIÈME.

Le triomphe de l'indiscipline et du meurtre a son contre-coup. — Le gouvernement impuissant et désarmé. — Rigueurs de l'hiver. — Cherté des grains. — Le gouvernement rendu responsable de ces calamités. — L'accusation d'accaparement est un arrêt de mort. — Assassinat de Simoneau, maire d'Étampes. — Le duc d'Orléans cherche à se rapprocher du roi. — Son portrait. — Sa disgrâce. — Ses voyages. — Madame de Genlis chargée de l'éducation de ses enfants. — Parti d'Orléans. — La réconciliation entre le duc d'Orléans et le roi échoue. — Le duc d'Orléans passe aux Jacobins. — Armements de l'empereur. — La France se décide à la guerre... Page 3

LIVRE DOUZIÈME.

Mort de Léopold. — Destitution de M. de Narbonne. — Assassinat de Gustave, roi de Suède. — Le cabinet de Louis XVI. — Tous les partis se réunissent pour le renverser. — Brissot l'homme politique de la Gironde. — Ministère girondin. — Dumouriez à la guerre. — Roland à l'intérieur..................... 41

LIVRE TREIZIÈME.

Dumouriez. — Son portrait. — Difficultés de la situation de Roland. — Dumouriez conciliateur entre le roi et la nation. — Conseils qu'il donne à la reine. — Sa présence aux Jacobins. — Il se coiffe du bonnet rouge et embrasse Robespierre. — Lettre du roi à l'Assemblée. — Le roi donne son adhésion au choix des nouveaux ministres. — L'harmonie semble régner dans le conseil. — Réunion des Girondins chez madame Roland. — Lettre confidentielle de Roland au roi. — Rapports secrets entre Vergniaud, Guadet, Gensonné et le château. — Dissentiments entre Dumouriez et les Girondins. — Dumouriez se rapproche de Danton. — Antagonisme de Brissot et de Robespierre. — Discours de Brissot. — Discours de Robespierre.. 69

LIVRE QUATORZIÈME.

Les journaux prennent parti dans ces guerres intestines. — Négociations de Dumouriez avec l'Autriche. — Le duc de Brunswick. — Le roi propose la guerre. — Acclamations générales. — La guerre est votée. — Plan de campagne de Dumouriez. — La Fayette temporise. — Considérations sur la Belgique. — Coblentz capitale de l'émigration française. — Le comte de Provence. — Le comte d'Artois. — Le prince de Condé. — Louis XVI otage de la France. — La reine regardée comme l'âme du comité autrichien. — Manifeste du duc de Brunswick. 125

LIVRE QUINZIÈME.

Discorde dans le conseil des ministres. — Camp de vingt mille hommes autour de Paris. — Le roi refuse de nouveau sa sanction au décret contre les prêtres. — Roland, Clavière et Servan sont destitués. — Roland lit à l'Assemblée sa lettre confidentielle au roi. — Le roi refuse définitivement de sanctionner le décret contre les prêtres. — Rassemblements au faubourg Saint-Antoine. — Dumouriez donne sa démission. — Nouveau ministère formé le 17 juin. — Départ de Dumouriez pour l'armée. — Ses adieux au roi. — La maison de madame Roland centre du parti girondin. — On y conspire la suppression de la monarchie. — Barbaroux. — Buzot ami de madame Roland. — Danton. — Sa naissance. — Son portrait. — Hostilités en Belgique. — Revers. — Leurs causes. — Généraux. — Paris consterné. — État de la France......... 159

LIVRE SEIZIÈME.

Le pouvoir passe dans la commune de Paris. — Pétion. — Sa popularité. — Caractère des factions. — Les hommes qui les fomentent. — Réunion de Charenton. — Attaque résolue contre le château. — Journée du 20 juin. — Le peuple, parti de la place de la Bastille, se recrute dans sa marche. — Ses chefs : Santerre, Saint-Huruge, Théroigne de Méricourt. — Tableau de ce soulèvement populaire. — L'Assemblée permet aux conjurés armés de défiler devant elle. — Elle suspend sa séance. — Troupes disposées dans les cours des Tuileries. — Gentilshommes accourus au château. — Le roi fait ouvrir les portes. — Pétion, maire de Paris, se dérobe à sa responsabilité. — Les insurgés aux Tuileries. — Dévouement de Madame Élisabeth. — Le roi forcé de mettre le bonnet rouge sur sa tête. — La reine et ses enfants au milieu des insurgés. — L'Assemblée rouvre sa séance. — Elle est impuissante à arrêter les masses. — Pétion revient aux Tuileries et disperse enfin la sédition. — Les Marseillais à Paris. — Leur chant de guerre. — Le peuple se porte à leur rencontre. — Origine de la *Marseillaise*....... 187

LIVRE DIX-SEPTIÈME.

Réaction contre le 20 juin. — Pétion suspendu par le directoire de Paris. — Indignation de l'armée. — La Fayette vient à Paris. — Son discours à l'Assemblée. — Double rôle de Danton. — Les démarches de La Fayette sans résultat. — La reine compte sur Danton. — Intelligences des Girondins avec la cour. — Guadet secrètement introduit aux Tuileries. — Son attendrissement............ 251

LIVRE DIX-HUITIÈME.

Troisième lettre de La Fayette à l'Assemblée. — Alarmes des patriotes. — Robespierre à l'écart des mouvements. — Motions de Danton. — La Fayette accusé par l'Assemblée. — Le roi sanctionne la suspension de Pétion. — Irritation des partis. — Vergniaud prend la parole. — Mœurs et caractère de Vergniaud. — Son éducation. — Son portrait. — Discours de Vergniaud. — Adresse des Jacobins aux fédérés rédigée par Robespierre. — Danton provoque une nouvelle pétition au Champ de Mars........... 271

LIVRE DIX-NEUVIÈME.

Premières insurrections en Bretagne et dans le Vivarais. — Exaltation des patriotes. — Chabot. — Grangeneuve. — Tentative de réconciliation des partis à l'Assemblée. — Lamourette. — La suspension de Pétion envenime les ressentiments. — Terreur de la reine à l'approche du jour de la fédération. — Craintes de la famille royale.— Espoir de la reine. — Outrages à la famille royale. — L'armoire de fer. — Le roi et la famille royale au Champ de Mars. — Assassinats. — D'Éprémesnil. — Situation de la garde nationale. — Barbaroux et Rebecqui chefs des Marseillais. — Madame Roland âme du 10 août. — Pétion complice. — Barbaroux, Danton, Santerre à la tête du mouvement. — Conciliabules secrets à Charenton. — Repas aux Champs-Élysées. — Rixes entre les Marseillais et les royalistes. — Tentative des amis de Robespierre pour lui donner la dictature...................... 295

LIVRE VINGTIÈME.

Fermentation. — Les Marseillais et la commune de Paris demandent la déchéance. — La cour se prépare à la résistance. — Mise en accusation de La Fayette rejetée. — Les députés constitutionnels insultés. — Préparatifs des insurgés. — Nuit du 9 au 10 août. — Le tocsin. — Scènes intimes chez les conjurés. — Angoisses de la reine et de Madame Élisabeth. — Description des Tuileries. — Dénombrement des troupes. — Esprit qui les anime. — Possibilité de repousser les insurgés............................ 333

LIVRE VINGT ET UNIÈME.

Courage et attitude de la reine. — Commune insurrectionnelle constituée en municipalité. — Pétion mis en état d'arrestation simulée. — Meurtre de Mandat. — Santerre nommé à sa place au commandement général de la garde nationale. — Intérieur du château. — Les dames de la reine. — La duchesse de Maillé. — Rœderer. — Masse toujours croissante des assaillants. — Le roi passe la revue des troupes. — Double esprit de la garde nationale.

— Danton harangue les Marseillais. — Il rentre chez lui pour attendre l'événement.................................... 371

LIVRE VINGT-DEUXIÈME.

Les insurgés se mettent en marche. — Westermann s'empare du commandement de l'avant-garde. — Dispositions qu'il prend. — Ses antécédents. — Rœderer engage le roi à se rendre dans le sein de l'Assemblée. — Le roi s'y résout. — Départ. — Traversée du jardin. — Aspect de l'Assemblée. — Paroles du roi. — Réponse du président (Vergniaud). — Le roi et sa famille dans la loge du logographe. — Réponse du peintre David au roi. — Arrestation de Suleau et de plusieurs autres royalistes. — Ils sont massacrés. — Confusion générale au château. — Victoire passagère des Suisses. — Émotion de l'Assemblée. — Les Marseillais attaquent de nouveau les Tuileries. — Défense et massacre général des Suisses. — Le peuple au sac du château. — Égorgements. — MM. de Virieu, de Lamartine, de Vioménil. — Le jeune Charles d'Autichamp. — Le vicomte de Broves. — Les dames d'honneur et les femmes de la reine. — MM. Sallas, Marchais, Diet. — M. de Clermont-Tonnerre est égorgé. — Westermann chez Danton.................... 401

FIN DU DIXIÈME VOLUME

PARIS. — TYPOGRAPHIE COSSON ET COMP., RUE DU FOUR-SAINT-GERMAIN, 43.

www.ingramcontent.com/pod-product-compliance
Lightning Source LLC
Chambersburg PA
CBHW070542230426
43665CB00014B/1787